# 大学新生
# 适应性发展概论

主　编　金　艳
副主编　方　芳
编委会　金　艳　方　芳　李艳鸽　严蔷薇
　　　　张万里　徐　莺　江秋玮　林　凡

WUHAN UNIVERSITY PRESS
武汉大学出版社

图书在版编目(CIP)数据

大学新生适应性发展概论/金艳主编.—武汉：武汉大学出版社，2020.9(2023.1 重印)
ISBN 978-7-307-21740-9

Ⅰ.大… Ⅱ.金… Ⅲ.大学生—入学教育 Ⅳ.G645.5

中国版本图书馆 CIP 数据核字(2020)第 156276 号

责任编辑:胡国民　　责任校对:李孟潇　　版式设计:马　佳

出版发行：**武汉大学出版社**　(430072　武昌　珞珈山)
(电子邮箱:cbs22@ whu.edu.cn　网址：www.wdp. com.cn)
印刷:湖北金海印务有限公司
开本:720×1000　1/16　印张:17　字数:236 千字　插页:1
版次:2020 年 9 月第 1 版　2023 年 1 月第 8 次印刷
ISBN 978-7-307-21740-9　定价:40.00 元

# 目　　录

# 第一章　大学，我来了！

☞ **内容导入**

大学，是梦想与青春赛跑的地方，面对未来的大学生活，我们可能满怀憧憬，希望尽快步入美好的大学校园；也可能担心迟疑，不知道自己是否能够很好地适应人生新的阶段。

"生活的意义是什么？大学我应该做些什么有意义的事？"

"要是我不喜欢大学的专业，我该怎么办？要不要转专业？"

"怎么做才能利用好大学时光？大学四年该如何规划？"

"我是被调剂的(落档的)，我来到这所学校/这个专业，我觉得一切都完了，我很后悔当时没有再努力一点，我甚至觉得自己一点都不勇敢，或许我鼓起勇气去复读会更好。我该怎么办？"

"在大学我要考哪些证书？锻炼自己什么能力？"

"毕业以后干什么？出国？考研？工作？"

以上这些都是准大学生们对未来大学生活可能持有的困惑和疑问，在大学新生适应问题当中，类似的问题占比超过所有问题的一半，针对如何了解大学，如何规划自己的人生，我们准备了三个话题，跟大家一起进行探讨。

# 第一节　大学之大：读大学，到底读什么？

## 一、我眼中的大学

在高考之前，很多人其实对于上大学没有一个深刻、清晰的概念，觉得上大学就是上大学，和以前的高中、初中的差别也就在于时间宽松、选择自由，老师教什么就学什么，进校后该做什么事去做就行了。到了填报高考志愿的时候，才知道了大学划分为不同的批次；大学有不同的类别：综合类、理工类、师范类、专业类；大学设置了许多专业，等等。拿到录取通知书之后，我们可通过很多渠道了解大学所处的地理位置、城市的气候、大学的各种办学条件（比如校园环境、饮食住宿条件、图书馆、运动场地等）。可即便是这样，我们依然觉得对大学还很陌生，不知道该如何融入这个新的环境中去，进而真正成为它的一分子。下面我们简单地来谈谈如何了解大学。

《中庸》的开篇便是"大学之道，在明明德，在亲民，在止于至善"。讲的是大学的宗旨，在于彰显自身所具有的光明德性，再推己及人，使人人都能去除污染而自新，而且精益求精，做到最完善的地步并且保持不变。虽说此大学非彼大学，然而在追求的宗旨方面却有着相当程度的同一性。

清华永远的校长梅贻琦说："大学者，非有大楼之谓也，有大师之谓也。"这就是说，大学首要的精神还是在于对知识的追求和学术研究的纯粹。

我们要如何去了解一所大学呢？

可以说，大学不仅是一种客观的物质存在，更是一种文化存在和精神存在。在一定程度上说，大学的文化存在和精神存在，具有超越物质存在的历史价值。

大学文化具有自己鲜明的特点。首先，大学文化是一种追求真理的文化。大学以传承、整理和创新知识为己任，是知识的集散地和创造原点。其次，大学文化是一种追求理想和人生抱负的文化。最后，大学文化也是崇尚学术、严谨求是、具有强烈批判精神的文化。

大学文化的核心和灵魂就是大学精神。在中国高等教育一个多世纪的历史中，不少大学形成了各具特色的大学精神。我们经常谈到对一些大学的印象，比如说：清华稳重，北大活跃；清华理性，北大感性；清华技术，北大情怀。其实就是对这些大学文化特点的概括。不同的校园文化氛围就好比处在一个巨大的磁场，对其中每一个人都产生了磁吸效应，我们个人的世界观、人生观、价值观都会受之影响，并在我们的精神世界里留下深深的烙印。

可以说，大学是知识的海洋，是接受人文精神和科学精神熏陶的园地。我们将在这里接触更多优秀的人和思想，只要你有能力和想法，你都可以进行大胆的尝试；人生理想将在这里初步确立，未来的发展在这里奠基，新的美好将在这里开始。

## 二、大学需要的能力和意识

大学是我们人生发展的重要阶段，是个体社会化的中转站。在这里，我们将第一次开始尽情地追逐自己的理想和兴趣，第一次独立地参与团体和社会生活，第一次自由地处理学习和生活中的各种问题，支配所有属于自己的时间。大学塑造的不仅仅是知识，还有体系化的思考、价值观的锻造、人格的完善、良好习惯的养成、学习能力的培养。我们将养成以下三种能力：

### (一)体系化思考的能力

大学实施的是高等教育，教育的本质是什么呢？是帮助我们理解如何去思考，教我们学会如何去看待这个世界，在纷繁复杂的人生旅途中，知道什么对你是有用的、重要的；学会控制自己的想法和行为，成为一个真正独立、有价值判断的人。大学时期形成的思维方式往往能够影响人的一生，我们称其为“体系化的思考”。

问一问自己：我有认识事物的坐标系吗？谈论一个人、一件事，该从哪个角度去挖掘？能否形成系统？没有体系化的思考与知识，认识就没有深度，人会变得浅薄，就会人云亦云。

大学真正要培养的，就是学生体系化思考的能力，能让知识形成体系。只有具备体系化的思考能力、体系化的知识，才真正有深度，才不会形成偏见。

那么，我们该如何建立知识体系呢？

首先是广泛收集“启发性知识”。即广泛摄取积累启发性知识，依据某一知识点深入建立知识框架，再丰富框架使知识之树开花结果以形成知识体系。

从广度去摄入知识的好处表现在一是有足够的知识点可以形成网状，二是使知识点之间有连接和验证。广泛摄取的知识往往具有启发性的特点，这些“启发性的知识”由“理论”和“案例”两部分构成，有些知识的理论部分更有启发性，而有些知识的案例部分更形象。“启发性知识”可以搜索和随意调用出来，尤其当你有几千上万条信息时，你得思考用什么样的方法，或者是进行理论陈述，或者是将知识贴上标签。

其次是深度建立一个“知识框架”。当启发性知识达到一定程度时，可以在某一个领域建立一个框架。比如你要是一直对哲学、心理学等认知类学科很感兴趣，之前也搜集了很多诸如“自我意识”“需要与动机”“存在理论”“人格理论”等知识点，就可逐渐搭建一个个心理学的框架。所以，是先有知识点，后建立框架。

依据知识点的不同，框架的建立可以是简单并列，也可以按一定逻辑，但总的来说，我们会自觉选用最简单实用的那一个。

最后是形成“知识体系”。这个过程也很像一棵树，在树干基础上开枝散叶，所以很多人把自己的知识体系称为“知识树”，但一棵“知识树”该形成什么样子，这是随机演化出来的，每个人都不一样。所以，一个非常重要的原则就是一定要结合自己的工作和生活，形成“输出”。

“输出”也是一个“重新结构化”的过程。比如写作就是重新组合知识材料，创业就是重新组合你的想法、资源配置以及各种能力。

很多人对学习最大的误解就是以为学习是为了记住更多知识，其学习效率之低却找不到原因，是因为他们停留在输入这个环节上而乐此不疲；而正确的方式是根据自己的情况，深挖和重构知识之间的联系。

构建这个体系的过程，是极其让人兴奋的。你会发现，其实无论学习什么专业都不是很重要了，重要的是你已经掌握了核心能力，而这种能力将伴随你终生。

社会需要的也正是大学生这种体系化思考、建立知识体系的能力，不管在什么行业工作，所面对的问题都是纷繁复杂而且瞬息万变的，如果没有系统分析、独立思考的能力，就算把所有的书本吞进肚子，将来也绝对不可能在工作中脱颖而出。

### (二)学习能力

大学里，知识重要吗？重要！你应该具备体系化的知识。

但除了知识之外，还必须拥有一项能力——自主更新知识结构的能力，也就是学习能力。

知识，意味着一种可以自圆其说、符合部分事实的理论。知识不是真理，事实上，从人类历史上可以看得出来，知识一经被提出，就已经过时了，而且是残缺不全、等待更新的，甚至有可能是错的。也就是说，你接收到的任何知识，都可能已经落伍了。所以，对于大学生来说，除了接受这些知识之外，更重要的是学习能力。

遇到新问题，如何利用现有的知识、前人的经验去解决？当你要接受一种新的理论，如何尽快理解，然后迅速地吸收并运用实际操作当中来？这些，才是更重要的。一旦具备了这种学习和解决问题的能力，你会发现任何一种情况都能够快速地适应，无论在哪个领域都可以很出色，这种出色，就是因为学习能力很出色。“未来的文盲不是没文化的人，而是没有学会学习的人。”未来的人不是拼知识，而是拼谁更会学习、谁经历那些有能量有价值的生命。在知识爆炸的今天，学习能力直接影响到今后职场和生活的高度。

在中学阶段，大家主要学习基础知识，上大学后，则要结合具体的专业，构建具体的知识体系。每一次课堂讨论、社团活动、实践实习都是在帮助我们提升学习能力，改善学习方法。我们可以有充分的机会，利用这些资源，做一个会学习的人。

### （三）自我管理能力

高中老师可能会说："再坚持下，高考完了上了大学就轻松了。"有些同学考进大学后就开始放松甚至放纵自己，大学时光无所事事，用游戏打发时间，甚至在高中阶段养成的一些好习惯也荒废殆尽。

其实，大学的任务量不比高中少，只是管理方式有了变化：从被动管理到自我驱动。在这个过程中，我们更需要培养自我管理能力。

自我管理是自我意识的意志成分，是个体对自己心理和行为的作用过程，以达到自我期望的目标。自我管理包括自我激励、自我暗示、自强自律。自我管理是自我意识发展的最高阶段，其核心是"我应该做什么？""我应该成为什么样的人？""我可以选择如何做？"我们经常讲的"自制力"其实就是自我管理的能力。自我管理也是自我意识的关键环节，"知"与"行"之间有很长的路，大学生常常"心动而不行动"，事实上心动是一件容易的事，而真正历练意志则需要更多的自我管理。我们不妨打一个比方：早晨起床，应当是一件最简单不过的事；但对懒惰者而言，这是需要意志的，特别是寒冷冬天的早晨，想想被窝里的温暖，再面对起床的痛苦，都要进行思想斗争。而当意志成为一种习惯时，自我管理便转变为"自制力"。成功的人都有较高的自我管理能力。

我们经常说到的"拖延症"和自我纠错能力，也是属于自我管理能力的体现。

1. 拖延症

什么是拖延症呢？拖延症是指自我调解失败，在能够预料后果有害的情况下，仍然将计划要做的事情往后推迟的一种行为。拖延症并不是一个严格的心理学或医学术语，但严重或经常的拖延行为，通常是一些深层心理问题的表现。

对于拖延症，很形象的描述是："deadline"成为第一生产力，不到最后一刻工作任务绝对不能完成。

半个月前就通知要期末考试了，结果等到还有 3 天才通宵复习；

未完成的工作任务一拖再拖，实在不能拖了，就草草应付完事；

衣服泡在盆里发臭了，不到没衣服换的时候不会去洗；

只想不做，停留在幻想阶段，前年就决定要奋发图强改变人生了，但到现在还在规划蓝图。

……

心理学家提出一个有趣的比喻，拖延症患者的大脑，比正常人多了一只名为"及时行乐"的猴子。当大脑中理性按照计划做事的时候，猴子就会跑出来捣乱，因为猴子没有计划的概念，它只在乎"简单"和"快乐"。

然而，拖延并不能给人带来快乐，反而往往伴随着自责情绪、负罪感和自我否定，心想下一次一定不能这样了。然后，下一次还是拖延，绝望感更深。

虽然拖延能让我们在一段时间里，从不想面对的任务中解脱出来，但与此同时，焦虑和紧张一直伴随着我们。很多人是这样，既无法完全上进，又不愿彻底堕落，在无尽的拖延中蹉跎了岁月。

很多人觉得，拖延症是因为自制力不够，是时间管理能力低下的表现。其实并不是这样，拖延症更多的是在于人性的对抗，换一个角度，用心理学的知识去解读它或许更有效。

(1)拖延，可能患上了"恐惧"综合征。拖延症不是因为"懒"，也不是一个"时间管理"问题，它最重要的成因是"恐惧"。患上这种"恐惧"综合征的人，往往缺乏自信。在工作中或者学习、爱情中，难免会遇到困难，而一旦遇到困难、矛盾的时候，就会想逃避。他们经常被自己脑补出来的恐惧所支配，以为完成一项任务需要消耗大量的时间和精力，或是习惯性地高估了事情的难度，还没开始就被吓得退缩。

从某种意义上来说，人们更倾向于把完成任务和自己的能力等同起来，又将自己的能力和个人的价值联系在一起。也就是说，一旦完成不了眼下的任务，就会觉得自己失去了价值。

在这种心态下，"失败"是难以接受的，为了避免挫折，就习惯性用拖延来逃避失败，甚至就算是任务没有顺利完成，也可以找借口说"因为时间不够，所以自己做得不好"。其实，他们逃避的不是任务本身，而是对失败的恐惧，对自我价值的否定。

《哈姆雷特》被誉为人类历史上最伟大的悲剧，正是因为塑造了一个性格复杂的主角，让每一个读者在他的身上看到自己那真实的一面。

"生存还是毁灭？这是一个值得考虑的问题。"这是《哈姆雷特》中最负盛名的一句台词，也是造成哈姆雷特悲剧的最直接原因。尽管哈姆雷特拥有聪明、正直、能言善辩的优良特质，但是在面临选择的时候，往往会陷入到踌躇不定、犹犹豫豫的局面中，屡次错过复仇良机。他自己也能够认识到这个致命的缺点，并且自白道："我现在明明有理由，有决心，有力量，有办法，可以动手干我所要干的事，可是我还是在说一些空话：'我要怎么怎么干。'而始终不曾在行动上表现出来；我不知道这是因为鹿豕一般的健忘呢，还是因为三分懦怯一分智慧的过于审慎的顾虑。"

道理都懂，但是就是没法去行动，典型的拖延症。

其实拖延症（Procrastination）的另外一个文艺叫法就是"哈姆雷特综合征"（Hamlet syndrome），而造成这种哈姆雷特拖延症的根源，就在于对于失败的恐惧，每个人的内心都住着一个懦夫，并且终生与之搏斗。我们渴望着攀登高峰的同时，却又畏惧着一脚不慎坠入深渊。在进退维谷之间，看着时光一点一点地流逝。

所谓的完美主义，正是害怕失败的产物，因为只有完美了，才不会出现失败的可能性，然而人生哪来的完美呢？所谓人生不如意十之八九，这是我们必须认清的现实。

因此，我们应该学会接纳那个不够完美的自己，降低对自己的心理预期和失败感。每个人的能力、资源和机会都不尽相同，所以我们无法一步成为那些出众的人。但无论如何，只要开始做了，事情的结果也许没有我们想象的那么糟糕，甚至还会很不错。

(2)拖延让我们更注重眼前的满足感。心理学家 Daniel Gustavson 说：拖延往往不是因为你不能对该做的事说 Yes，而是因为你无法对其他所有事说“No”。

拖延的表现形式很多，但它们有一个共同点：即与当下该做的事情相比，我们会有做另外一件事(更轻松的事)的冲动。

当心血来潮时，基于当下最直接的渴望，我们就会去做某件事，而完全不考虑这件事所带来的不良后果。拖延的冲动驱使我们追逐眼前的利益，放弃那些长远有益的目标。

也许你正在完成一项重要的任务，突然手机上收到了一条微信消息，你回复后，心想着要么刷一下朋友圈，结果发现一篇吸引你的文章，当你终于结束了文章的阅读时，你突然发现，时间已经过去大半个小时。

就像上文提到的“大脑中的猴子”，它不断地怂恿我们去做比当下更加轻松的事情，一旦开始，我们就会陷入想停止却又无法停止的怪圈。那些轻而易举的享受会让我们那一瞬间感到很“爽”，从而得到了一次次碎片化的满足，于是我们所有的生活都被它们填满了。我们之所以难以抗拒，只是因为它也是人性的一部分，在人的天性里，追求快乐、回避痛苦是一种本能，这种本能让我们停留在舒适区里面而不愿去突破它；而自我管理在某种程度上，是在与我们的天性做一种抗争，因为我们同时也很清醒地认识到，凡是能让你“爽”的东西，一定也能让你“痛苦”，所以我们说，自律的人是“最可怕”的。

(3)拖延来自过度关注自己的情绪。越容易受到心情影响的人，越有可能拖延。对于情绪低落、紧张或焦虑的人，仅是改善情绪，就花费了他们大量的认知资源，更不要谈完成任务了。

很多时候，我们都习惯性的找状态。没有好的状态，为了调节自己的情绪，得放松一下，刷刷微博，玩玩游戏……然后就开始拖延。拿状态说事，实际上是为自己的拖延找了一个情绪借口。

从心理学角度来说，过于关注自己一时的情绪是不懂得推迟满足感的一种表现。就像一个孩子看到了喜欢的玩具，就一定要马上得到一样，这种做法会大大地削弱一个人的自制力。而且从长远来看，一时的轻松并不能增加我们的满足感和幸福感。不能完成任务最终还是会带来“自我挫败”。

所以无论今天有没有状态，请告诉自己：我今天一定要完成这件任务。

2. 自我纠错能力

自我纠错就是指你能意识到，你正在做不合适的事情，你知道自己做法不妥，并试图纠正。在心理学中，有个概念叫“阈值”，指的是人类心理所能容纳的界限值。

对于大学混日子的同学来说，混过每一天过后，对错误行为的“阈值”都在降低。从迟到到翘课，甚至到之后不再去上课，最后发展到天天在网吧“泡着”，学校都不回，并且心中坦然接受，并不觉得有什么不对，这个时候自我纠错能力就基本为 0 了。丧失自我纠错能力，我们都可以想象得出来可能会有什么样的结果。

2020 年以一个没人料到的方式魔幻开场，肆虐的病毒在给学校教学带来不利影响的同时，也为我们开启了网上授课的新模式：全部线下课程转为线上，各科老师通过网上授课的方式教学。这种全新的体验既给大家带来了新鲜感，也考验着大家的自觉性。很多同学反映，随着在家上网课的时间越来越长，对网课的态度从一开始的积极变得越来越懒散，学习的效率越来越低，身边充满诱惑的事情越来越多，花在学习上的时间也越来越少。在这种情况下，除了外在的指引与监督，我们更应该激发自己内在的学习动机，树立学习目标，制订学习计划，发掘学习兴趣，加强时间管理，你会发现，自己的自我纠错能力会无形中不断被加强。

自我管理本身不是目的，只是手段，它能帮助我们形成良好的习惯，更高效地完成任务。人最大的敌人，往往是你自己。你以什么样的态度对待生活，生活也会同样对待你。

大学就像是山脚下的一个分叉路口：有的人朝上走看到了更广的风景，而有的人却一直在山脚下徘徊、仰望。大学带给我们的应该说是一种信心、一种经历、一种能力、一种环境的历练和氛围的熏陶。成长是生命最大的财富，尤其是在胸怀、智慧、眼光、格局和境界这五个方面的提升。什么才是新的人生阶段的重点？不是考上大学，而是寻找生命的良师和全方位地成长。

## 第二节　梦开始的地方：理想与职业理想

### 一、把青春给理想

大学，是一个可以让我们尽情演绎青春、尽情追逐梦想的舞台，青春总是与理想相伴。理想是我们在进入人生新的阶段之后面临的最重要的课题。“大学生应该树立怎样的理想？”“我们应该如何正视现实去实现自己的理想？”在回答这些问题之前，我们需要了解一下大学生为什么要树立自己的理想。

小时候，我们都曾有梦想，你们还记得自己当初的梦想吗？长大之后，你们的梦想是否发生了改变？幼年时期的梦想和我们现在要谈到的理想，究竟有什么区别呢？最大的区别应该是：小时候，我们的梦想并不完全属于自己，它可能是父母的梦、是老师的梦、是社会的梦在我们身上的反应、是“别人的梦”；我们为了梦想而努力奋斗的时候，其实是为了做好那个别人眼中的“自己”，而不是成为真正的“自己”。进入大学，当我们登上这个可以尽情演绎青春、尽情追逐梦想的舞台的时候，我们开始渴望能够有真正属于自己的梦想，并逐步确立下来，成为人生道路上崇高的理想。

为什么会这样呢？

其实，这正是自我成长的表现。它意味着我们的自主性逐步确立，思考的焦点逐步对准自我；我们对自己有更多的认识和体验，开始认真地去思考"我是谁""我想要成为什么样的人""我要如何实现自身的价值"这些重大的人生命题，学会处理个人与他人、个人与社会的关系，逐渐形成自我的人生哲学和处世态度。由此，我们将开始去寻求自身定位，审视自身价值，追寻理想，坚定信仰。

所以，理想的确立是自我意识不断发展、人格不断成熟的标志，是人的精神世界的核心；如果缺乏理想和信念，我们容易迷失自我，造成自我认知的偏差，不能明确自身的角色定位。

同时，理想让我们成为"自己"，让我们去达到自我实现。

心理学家马斯洛提出，人有五个层次的心理需要：生存的需要、安全需要、归属需要、自尊需要、自我实现的需要，同时将自我实现视为最高价值。如果按照另一位人本主义心理学家罗杰斯的话来说，所谓自我实现的需要，就是成为"自己"，生命的根本动力是成为"自己"。假如生命体验我们是主动参与的，是我们自己选择的结果，那么不管生命体验是快乐或是忧伤，我们都会感觉是在做自己。你选择，你才存在过，如果你总是被选择，那么你就是不曾"活过"。①

理想的树立是我们自己选择的结果，也是让我们成为"自己"的手段。

不过，自己为自己的人生做决定，自己把握自己的命运，这听上去很动听，有一些伟大的意味，然而这样做的另一面意味着你必须为你的决定负责，如果你选择错了、受伤了，不要怨天尤人，请不要把责任推

① ［美］亚伯拉罕·马斯洛. 动机与人格［M］. 许金声，译. 北京：中国人民大学出版社，2012：19-29.

卸到别人身上。很多人惧怕这一点，于是宁愿放弃自己的意志，宁愿被别人决定，由此他们自己阻断了自我实现之路。

那么，理想只是我们个人的事情吗？

前面我们谈到了理想对于自身发展具有的价值和意义，但绝不意味着理想只是属于我们个人的私有物，不与外界相连。

人的理想信念反映的是对社会和人自身发展的期望，因此有什么样的理想信念，就意味着以什么样的期望和方式去改造自然和社会、塑造和成就自身。所以，一个人的理想也体现出一个人的胸怀和格局。

你的心有多宽，你的舞台就有多大；你的格局有多大，你的心就能有多宽！放大你的格局，你的人生将不可思议！

三个工人在工地砌墙，有人问他们在干吗？第一个人没好气说：砌墙，你没看到吗？第二个人笑笑：我们在盖一幢高楼。第三个人笑容满面：我们正在建一座新城市。10 年后，第一个人仍在砌墙，第二个人成了工程师，而第三个人，则成了前两个人的老板。

有这样一句谚语："再大的烙饼也大不过烙它的锅。"我们所希望的未来就好像这张大饼一样，是否能烙出满意的"大饼"，完全取决于烙它的那口"锅"——这就是所谓的"格局"。

什么是格局？格局就是指一个人的眼光、胸襟、胆识等心理要素的内在布局。一个人的发展受局限，其实"局限"就是格局太小，为其所限。谋大事者必要布大局，对于人生这盘棋来说，我们首先要学习的不是技巧，而是布局。大格局，即以大视角切入人生，力求站得更高、看得更远、做得更大。大格局决定着事情发展的方向，掌控了大格局，也就掌控了局势。一个人格局大了，未来的路才能宽！

在中国，校园里的莘莘学子历来被看做是国家的栋梁、社会改革的先锋、民族振兴的希望，他们曾在中国民族的兴衰史上书写过动人的篇章，特别是"五四"以来，大学生们更是关注天下兴亡，成为社会进步的先驱和骄傲。

进入 21 世纪以来，全球科技创新进入空前密集活跃的时期，新一轮科技革命和产业变革正在重构全球创新版图、重塑全球经济结构。科学技术从来没有像今天这样深刻影响着国家前途命运，从来没有像今天这样深刻影响着人民生活福祉。这是一个理想的时代，我们有了更多的选择，可以选择做自己喜欢的事，可以去向往的地方看大千世界；但与此同时，对于活在这个时代的人来讲，也是一件极具挑战的事情，好的人生都是奋斗出来的，你如果想要活出自己想要的样子，那就得全力以赴。

在2020年的中美贸易摩擦中，华为遭受到美国的不公正打压，让我们再一次强烈地感受到科技自主创新在国家发展和世界竞争中的重要性。这场没有硝烟的战斗让我们体会到，当我们将自我的发展与国家、社会、民族的命运相连，当理想与家国情怀、与人类的终极关怀融合的时候，理想会使人生的境界更高远，自我实现的空间会更广阔。

2020年年初，新型冠状病毒肆虐，进而席卷全球，人类受到了前所未有的考验，无数人被封闭在家里，开启了“超长待机”模式。在这场抗疫阻击战中，既有钟南山、李兰娟等这样有高度社会责任感的老一辈医务工作者亲临一线，也有许许多多“90后”医护人员用他们的实际行动与责任担当向世人证明他们行、他们能！每天伴随疫情数字更新的，还有一段段可歌可泣的大爱故事。“哪有什么白衣天使中，不过是一群孩子换了一身衣服，学着前辈的样子，治病救人，和死神抢人罢……”在危急时刻，“90后”“00后”后浪们也成为一个个临危受命的“最美逆行者”。一个国家最靓丽的风景，就是这个国家的年轻人。时代属于每一个年轻而充满朝气的灵魂。感谢这样的时代，让我们能自由地生活。

## 二、关于职业理想

如果说理想是人生的精神支柱，它照亮我们前行的道路，那么职业理想则将在人生舞台上点燃我们奋斗的激情，促使我们充分发挥聪明才智。

什么是职业理想？它是人们对未来工作的行业及获得事业成就的向往，也是个人渴望达到的职业境界，与人的世界观、人生观、价值观密切相关。人生发展的目标是通过职业理想来确立的，并最终通过职业理想来实现。

职业理想对于个人的职业选择与职业发展有着重要的导向作用。大学时期是职业探索和职业准备的重要阶段，如果拥有明确的职业理想，可以帮助我们确定大学阶段的奋斗目标和学习任务，以便在未来职业发展的各个阶段都能找到明确的奋斗方向，让美好的职业理想成为现实。

进入大学以前，同学们对专业的选择已经在某种程度上体现了自己的职业理想，只是这种职业理想是模糊的，具有一定的从众性和随意性。进入大学以后，随着年龄的增长和专业学习的深入，我们的职业自我意识会不断地增强，并开始了解所学专业的职业发展前景，开始探索自己的职业兴趣与能力是否和未来职业相匹配，职业理想会逐渐明晰起来。

理想让我们的心灵有了安顿的场所，让我们的自我有了放飞的希望。大学时期确立的理想信念，对今后的人生之路将产生重大影响，甚至会影响终身。

## 第三节　伴你高飞：职业生涯规划

在讲到职业生涯规划之前，我们先来了解两个概念：职业观和职业兴趣。

### 一、职业观

如果让你回答下面的问题，你的答案会是什么？

“你选择职业的标准是什么？”

“通过职业发展，你想满足哪些方面的需要？”

“你觉得哪些职业最具有意义？”

当我们回答这样一些问题的时候，其实就是在澄清我们每个人不同的职业观。

职业观是人们对选择职业与从事职业所持有的基本观点与态度。

职业观包括三个基本要素：第一，能维持生活；第二，在职业发展中不断自我成长；第三，在工作中承担应尽的社会义务，服务社会。拥有不同的职业观，就会树立不同的职业理想。

职业观也是人生观的重要组成部分。正确的职业观是把三个基本要素统一起来，以承担社会义务作为主导方向，实现社会价值与个人价值的统一。

## 二、职业兴趣

有人说，高考填报志愿是人生中很重要的一次选择，因为它是你第一次真正面对今后的发展方向，在一定程度上决定了你以后的职业和生活走向。有的同学很幸运地进入了自己喜欢的学校或专业，很珍惜大学的时光；还有一部分同学，因为所读的专业和想象中相差太远，或是觉得自己的专业“前景不好”而终日心怀不满，始终不愿投入大学生活和学习中。进入“好”的专业后是否就万事大吉呢？没有选择到自己喜欢的专业，就只能每日抱怨虚度自己的大学时光吗？我们该怎样充实地度过大学阶段呢？在这里，我们也来谈谈职业兴趣。

兴趣是指人们积极探索某种事件的倾向。职业兴趣是兴趣在职业领域的延伸，指人们对某种职业活动产生的比较稳定而持久的心理倾向。

职业兴趣对我们的职业选择和职业规划具有重要的作用。

首先，职业兴趣是职业发展的巨大动力，可以促使人们在学习和工作中集中注意力，积极主动且富有创造性地完成任务和工作，在事业上有所建树。比如一名大学生对软件开发感兴趣，就会激励自己努力学习各种计算机知识，积极参加各种社会实践，从中体验到成长的快乐，为将来从事相关职业打下良好的基础。

其次，职业兴趣可以充分发挥个人潜能，提高工作效率，有研究发现，如果一个人从事自己感兴趣的工作，那么他能发挥80%~90%的才能，而且可以长时间保持高效的工作感觉不到疲劳；如果一个人对从事的工作没有兴趣，那么他只能发挥20%~30%的才能。

同时，职业兴趣是维持职业稳定的重要因素，可以提升职业抗逆力。

职业兴趣如此重要，它是天生的吗？

职业兴趣不是天生的缘固，是后天培养的结果。影响一个人职业兴趣的因素有很多，比如家庭、周围环境、社会舆论、学校的生涯教育，以及其参加社会实践活动的体验。

对于兴趣，开始我们会觉得一个人只要爱好某件事情，肯定能干好。但很快就发现，这只是一厢情愿的想法，因为一个人的爱好是可以随时变化的。

有人说“我喜欢写作”，可你让他写一篇文章，他说太难了，不想写。或者写了一篇，就开始叫苦，说想不到写作这么枯燥，不喜欢了。或者刚学了点方法，还没用会呢，就说用这些方法写太没意思了，想随心所欲地写。

有人说“我喜欢拍视频”，可刚拍了一条，就嚷嚷说拍视频太难太累了，不行，不干了。他又发现自己其实不那么爱拍视频，而更爱看视频。可如果让他大量看视频，研究一下别人的视频是怎么拍的，他又会说：这太难了，不喜欢，他只喜欢随便看看。

很多人所谓的喜欢，就是随心所欲地做一做，随便看一看，这样轻松无压力，说出去还比较好听，好歹自己是有爱好的人。你若让他对结果负责，他马上就不喜欢了，转而喜欢其他东西了。

可是，这世上哪有那么多的随心所欲，哪有那么多的随便呢？

有这样一句话：一个人想象自己不懂的事很容易浪漫。一个人想到自己不懂的事，就会觉得这件事很美好很浪漫。还可以再加一句：一旦他开始懂了，就会发现这件事一点都不浪漫，其实还挺辛苦的。

如果你只是爱好一件事，而从来没有去做过。那么你的爱好将一文不值。如果你去应聘，简历上只写着自己爱好某件事，却没有做某件事的记录，也是一件很不讨巧的事儿，因为公司会担心你的爱好只是想当然。

什么才是真正的兴趣呢？兴趣的发展，一般会经历有趣、乐趣、志趣三个阶段。对于职业活动，个体往往从有趣的选择中逐渐产生工作乐趣，进而与奋斗目标和工作志向相结合发展成为志趣。使人坚定地追求某一种职业，并为之尽心尽力。

有趣是职业兴趣的初级阶段，但是持续时间短暂。比如有些人兴趣多变，今天想当医生，明天想当老师，后天又想成为作家，在这个阶段，兴趣并不稳定。

乐趣则是职业兴趣的中级阶段，指兴趣向专一、深入的方向发展。比如一个人对无线电有乐趣，他不但会去学习相关的知识，还会亲自装配和修理。

当乐趣与社会责任感，理想，奋斗目标结合起来，乐趣便转为志趣，成为职业兴趣发展的高级阶段。志趣具有社会性、自觉性和方向性的特点，可以伴随个体的整个职业生涯。

我们应该如何培养自己的职业兴趣呢？

首先，要广泛了解职业信息，充分利用学校的资源，比如听职业规划课程、参加相关讲座、参加社团活动、充分利用图书馆和网络资源，以了解更多职业领域，对这些职业有比较清晰的理解，有助于我们发现自己感兴趣的领域。

其次，要夯实专业基础。面对成千上万的专业，不可望文生义，要认真了解专业的课程设置、培养方案和就业方向，了解专业对国家建设和社会发展所具有的意义和价值，了解专业给自我的职业生涯发展带来的空间和作用。即使你对目前所学的专业不感兴趣，也不要轻易放弃，可以通过很多渠道深入了解本专业有多少不同的领域，或许你会对本专业中的某一个领域感兴趣，也可能对本专业与其他专业的交叉领域感兴趣，这些都会成为发展职业兴趣新的生长点。

再次，要积极参加职业实践活动，如果没有全面地接触某个职业，很难明确我们的职业兴趣是否停留在想象。比如一名大学生对市场营销感兴趣，因为这个行业会让人有成就感，而且回报高，但是在某机构参加了几个月的实习后兴趣锐减，真切体验到了该职业要承受常人难以承受的压力。我们可以通过到单位参观与职工交流、参加实习等方式，形成对该企业的直观认识，这样才能减少盲目性。

最后，我们要也要学会转换职业认知。结合自己的职业理想、职业目标、职业价值观，对兴趣做新的评估。

所以，对于大学生来说，要了解专业，培养兴趣，选择自己喜欢的或天赋所在的专业，这一点很重要。当一个人因为天赋和兴趣把一件事做到了极致，喜悦、幸福和名利自然就产生了。

在了解了职业观和职业兴趣之后，我们再来谈谈职业生涯规划。

## 三、职业生涯规划

同在一个专业学习，为什么有的人毕业时可以收到几个著名公司的邀请，而有的人却连一次面试、复试的机会都没有？为什么有的人毕业时可以拿到两个学位，还考上了研究生，有的人却连一个毕业证都不能顺利拿到？

原因也许有很多，但有一点是可以肯定的：凡是毕业时能够取得丰硕成果的同学，他们的大学生涯都是有目标、有准备的。也就是说，他们对自己未来的职业生涯是有计划的，即便不完整，但至少在大学期间也已经开始了准备工作。所有这些，都是大家需要去思考的关于生涯的课题。从接到录取通知书的那一天起，我们就要意识到大学是踏入职业生涯的最后一个驿站，大学生应充分认识职业生涯规划的重要性，尽早确立“职业生涯”概念，及时进行调整。

从历史的角度来看，“生涯规划”这一概念非常年轻。在20世纪早期，工业革命导致美国新兴工业的大发展，并给社会创造出许多工作机会。1908年，为了帮助年轻人更好地处理日渐复杂的职业选择问题，弗兰史帕森斯在波士顿创立了职业局，以帮助人们选择最佳的就业机会。一百多年过去了，随着社会飞速发展，人们的生活目标不再只是为了养家糊口，更重要的是追求自身价值的实现。生涯规划所涉及的范围越来越广泛，它包括所有的生活角色（比如父母、配偶、学生、领导等），以及人们融合与安排这些角色的方式。因此，生涯规划并非简单地等同于职业规划，在生涯规划过程中，你需要规划的不仅是职业，更是你的整个生活。

有同学认为，生涯规划就是做做测评，或是咨询一下专家，但实际上，这些都只是进行生涯规划时的辅助手段。真正的生涯规划是一个动态的过程，在这一过程中，你需要对自我、职业、社会环境等可能影响到你未来发展的因素进行充分的探索，并通过对各种因素的权衡和匹配来设计最适合自己的发展路径。

职业生涯规划包含五大基本要素，即知己、知彼、决策、目标、行动。

知己，即我们要了解自己：我是一个什么样性格的人，天赋、兴趣、智商、情商如何？我向往什么样的生活？我的职业追求和人生理想是什么？了解以后才能做出合理的选择。在大学生的生涯决策中，价值观、兴趣和技能三个因素是最为重要的自我知识，也就是我们经常说的：你想做什么？什么事对你最重要？你最喜欢做什么？你最擅长做什么？

知彼，就是探索外在世界，包括职业的特点、工作内容、能力要求、薪酬待遇、行业发展前景等。所谓“知己知彼，百战不殆”，知己知彼是进行职业决策的基础，是一个好的职业生涯规划的开始。

决策，就是在知己知彼的基础上对各种备选进行权衡、比较，分析其中的优势、劣势、阻力、助力等因素，作出综合评估和合理选择。

目标，就是指决策作出以后，明确了大方向大目标，还要将大目标分解成具有可操作性的阶段小目标，形成目标系统。

行动，就是按照计划采取行动，一步一步实现职业生涯目标的过程。只有美好的愿望和目标，没有行动，一切计划都是空谈。因此，行动是职业生涯发展过程中的关键因素，行动力缺乏也是职业生涯发展过程中最突出的问题。

在制订职业生涯规划的时候，有一个很好的工具——霍兰德职业量表，可以帮助我们去认识自己、认识职业，做出合理的选择，力争达到完美的人职匹配。霍兰德认为，职业选择是个人人格在工作世界中的表露和延伸，某一类型的职业通常会吸引相同人格特质的人，而具有相同人格特质的人对许多生活事件的反应模式也基本相似，他们创造了具有某一特色的生活环境(也包括环境)。在同等条件下，人和环境的适配性或一致性将会增加个体的工作满意度、职业稳定性和职业成就感。①

霍兰德职业个性理论的基础主要由以下四个基本假设组成：

一是大多数人的人格特质可以归纳为六种类型：现实型、研究型、艺术型、社会型、管理型和常规型。

现实型的人喜欢从事户外工作或操作机器，而不喜欢在室内工作，喜欢和物打交道，不喜欢和人打交道。可选择的职业范围：制造行业、技术行业、机械行业、工程行业。

研究型的人喜欢那些与思想有关的研究活动，如数学、生物、物理和社会科学，喜欢研究那些需要分析、思考的抽象问题，喜欢独立工作。如生物学家、化学家、程序设计员。

艺术型的人喜欢表达自我，喜欢在写作、音乐、艺术和戏剧等方面进行艺术创作。如作家、艺术家、诗人、演员。

社会型的人典型的表现是喜欢和人合作，积极关心他人，给大家传达信息。如愿意帮助别人解决困难，通常易合作、友好、仁慈、随和、机智、善解人意。如社会工作者、教师、心理咨询师。

管理型的人喜欢领导和控制别人、说服别人，喜欢利用权力成就一

① 金树人. 生涯咨询与辅导[M]. 北京：高等教育出版社，2007：47-48.

番事业，这样的人多从商或从政，通常精力充沛，热情、自信、具有冒险精神，关于控制形势，擅长表达和领导。

常规型的人喜欢规范化的工作或活动，循规蹈矩，喜欢整洁有序，大多具有细心、顺从、依赖、有条理、有毅力、效率高等特征。通常会在事务性工作中取得成就。如会计、银行出纳、图书管理员等。

二是职业环境也有六种类型，其名称、性质与人格类型的分类一致。

三是人们总是尽量寻找那些适合自己个性、突出自己特长、体现自己价值和能令自己愉快的职业。

四是一个的人行为表现是职业环境类型和人格类型相互作用的结果。如果了解自己的人格类型和职业类型，我们就可以预测自己的职业选择、工作变换、职业成就、教育及社会行为。

我们来看一个案例：

冯力是某大学工商财务管理专业的本科毕业生，毕业后他进入一家企业从事财务工作。当时有很多同学都羡慕他，国为这份工作不仅专业对口而且工作环境很好。但冯力一直觉得自己不喜欢财务工作，并且希望自己能在年轻时得到更多锻炼，所以他转行做了一名销售。不久，他发现自己的性格实在不适合销售行业，于是在朋友的介绍下，他进入一家网站做编辑，但没过多久他又觉得不满意，因为收入比之前少了太多，他接受不了……

冯力的问题可能在于，他没有将自己的特质与职业进行匹配，所以确定不了自己适合的工作。他可以根据前面介绍的方法了解自己的价值观、兴趣和能力，找到那些与个人特质相匹配的职业，并在此基础上，从各个方面去了解这些职业相关的信息，这样他就可以做出更适合自己的选择。

其实这样的了解应该是在更早的时候，如果我们在上大学填报志愿的时候能够对自己有更深入地了解，则会对我们的生涯发展提供良好的基础。在2019年高考填报志愿的时候，有这样两个考生：考生小王高考成绩不错，过了重本线，但这已经是他第三次参加高考了，三次高考成绩相差不大，但每次都是志愿申报不理想而导致复读。第一次高考，被青岛某大学材料学专业录取，他听同学说是研究橡胶的，觉得没前途，放弃了就读。第二次高考，被广州某医科大学中医药专业录取，可他听说不能进行专业调换，又放弃了就读。第三次高考，可他依然不知道自己想学习什么专业。看了他的志愿填报，发现各领域各学科之间跨度相当大，从会计学、工程学、机械制造、管理学、哲学、医学……无不涉及，在小王的身上，我们可以看到，他有很多不想学习的专业，可始终没有一个他很想学习的专业。另一个考生小郑，高考成绩一般，刚刚过了二本线，可填报志愿的时候，她却显得非常轻松，很早她就决定了自己想学习烹饪与营养专业，因为她从小就很感兴趣，并早就对这个专业的发展前景和就业环境进行了了解，所以筛选出开设这个专业的一些学校，她很快地填好了志愿，目前已经拿到了心仪学校的录取通知书，满怀期待地等待开学了。通过小王和小李的经历，我们可以看出，决定大学生活和自身发展的，并不是分数的高低，而是我们基于自身及环境的了解做出的决策对未来的规划。

生涯规划并非是帮你拟订严格的发展计划，而是提升你应对复杂环境的能力，让你有能力根据自己的实际情况来制订计划，然后根据当下的情况随时进行动态调整。

凡事预则立，不预则废。大学不仅是学科、技能教育的继续，更大程度上意味着一场严肃的人生规划的开始，我们需要在更高层次和更广阔空间里寻找和确定自己的发展方向。进入大学后，会有专门的职业规划课程，引导大家更深入地去认识自我、认识职业、直面生涯，希望大家能够通过学习，合理制订自我的职业生涯规划，追寻自己的职业理想，实现自我的人生价值，让我们的生命充满意义！

## ☞ 师生问答

**1. 问：**应该如何理解职业生涯规划中总体目标和阶段目标之间的关系？

**答：**职业生涯发展目标，分长远目标和阶段目标。确定长远目标是职业生涯规划的关键环节，它决定了人生发展的方向，也决定了个体职业发展的高度。阶段目标构成职业生涯规划的脉络，是职业生涯规划优劣的重要标志。

阶段目标的特点是：一是必须“跳一跳”，为之付出努力，不是轻而易举能达到；二是“够得到”，可望又可及，不脱离自身条件，不脱离社会现实；三是“很具体”，能让自己明确，为实现这个目标到底需要从哪几个方面做出哪些具体的努力；四是阶段性目标之间具有关联性，不仅在方向上保持一致，而且前一个目标是后一个目标的奋斗基础，后一个目标是前一个目标的努力方向。

脉络清晰、分段有据、阶梯合理、内涵明确、表述准确、衔接紧凑、直指长远目标，是设计阶段目标时需要注意的。

任何人都不能瞬间实现自己的人生目标，任何一个远大宏伟的目标都不可能一蹴而就。如果我们能科学设计和把握自己的每个阶段目标，那么，随着阶段目标的依次实现，我们与成功的距离就会越来越近。

**2. 问：**我所读的专业是自己不感兴趣的，我该怎么办呢？

**答：**大学生从迈进大学校门的那一刻起，就应开始为自己的职业生涯做准备，面对人生新的起点，我们要做的第一件事便是了解自己的所学的专业，培养对所学专业的兴趣，只有掌握扎实的专业知识和技能，才能使自己的职业生涯赢在起跑线上。

专业是根据学科分类或者生活部门的分工把学业分成的门类，是依据社会经济发展、产业结构的变化以及市场对人才需要而设置的，是个人职业生涯发展的起点，也是个人实现职业理想的基础。

每一门专业既可以对应一种职业，也可以对应一个职业群或几个相关的职业群，甚至对应一个或几个相关的行业。专业与职业既有区别，又有联系，专业为职业服务，职业对专业具有引领的作用。每一门专业都为若干相近的职业群提供必要的基础知识和基本技能。比如，计算机专业的学生既可以从事多媒体设计、动漫制作工作，也可以从事网络维护、程序开发、计算机应用与维护等工作。我们在学校期间，应该全面、正确地看待所学专业与职业群的对应关系，了解所学专业对应的职业群及其所需要的专业知识和技能，形成切实的职业理想和目标，加强专业学习和训练，做好步入社会的准备。

在对专业的理解上，我们应该注意，专业的好坏是相对的、辩证的，不要用利益的标准去挑专业，要了解专业、培养兴趣。

我们要有接纳心态，学会接纳自己，接纳那些不可改变的事情。很多同学进入大学后，发现所选择的专业并不是自己喜欢的，不知道学这些东西将来有什么用处？于是产生了困惑、厌学的情绪。

但是，老师要告诉你们的是，要学会接纳不可改变的事情，既然你已经进入这所大学，学习了这门专业，你又不可能退学重新来过一遍，那么能做的就是接受现实，好好去学习。因为每门学科都是有自己的学科思维，这些学科思维将来有一天一定能为你解决某个问题。

比如，一位同学的专业是经济学，这是一门基础性的学科，刚开始工作的时候，感觉确实没啥用处。但是当多年以后，职业迈上一个新台阶的时候，需要运用一些思维去思考事情的时候，才会发现经济学里面的供给需求这个基本的学科逻辑，可以成为思考很多事情的一个基点。

所以，学会接纳自己、接纳现实非常重要，因为你工作以后，可能发现总是找不到满意的工作，如果不能接纳自己，你会一直比较浮躁、没有耐心去工作，从而荒废刚刚毕业的那几年。实际上，现实中，哪有那么满意的工作，你到了任何一家公司，都不会觉得满意的。这是社会的常态，要学会接纳，学会适应。

当然，如果你确实非常不喜欢所学专业，那么你也可以选择一门你喜欢的专业自学，不一定要考试拿学历，只为多掌握一种学科思维。慢慢你就会具备一种跨学科的思维。具有跨学科思维的人，将来在工作中解决问题的能力也会更强。

我们可以在能力范围内，多去接触一些自己喜欢的学科，掌握一些基本性的知识。跨学科思维在以后越来越重要，尤其是当你从业多年以后，你会慢慢发现，技能方面的东西已经无法再和同事产生差异、无法产生竞争力，这个时候，解决问题更多地需要靠思考力、靠思维，而跨学科的知识，就能为你提供更多的思路。

同时，高校都实行了人性化管理，允许部分品学兼优学生申请转专业，在打算转专业之前，要理性思考一下所转专业是否真的适合自己，同时对转专业的各项要求应了解清楚，比如对学生原所学专业的学习成绩有一定要求，需要通过拟转专业的笔试和面试，无考试违纪作弊等违纪行为，身体条件符合转入专业体检要求，等等。

**3. 问：怎样理解兴趣与职业兴趣的区别？**

**答：** 选择职业时首先要明确的是，自己仅仅是对某种职业中的部分内容感兴趣，还是对其有职业兴趣，即决定将该职业作为维持生活、完善自己、服务社会的手段。如果答案是后者，才能将兴趣作为职业选择的依据。例如，小李喜欢在业余时间为朋友帮忙做婚礼主持，这让他感觉开心、轻松，可以认识很多朋友，后来他辞去了原来的工作，专门做婚礼主持，但是很快他感觉自己的选择错了：一是难以找到维持生计的业务量；二是当生活中的乐趣变成了职业后，以往轻松愉快的感受消失得无影无踪。从这个例子我们可以看出，普通兴趣作为一种爱好，没有那么多的限制，但如何发展成为职业兴趣，就应该把它纳入生涯规划的领域，结合自身的职业价值观、职业能力、就业环境、发展前景等，进行全面的分析和考虑。

☞ **课外拓展**

1. 电影赏析——《穿普拉达的女王》

影片《穿普拉达的女王》根据劳伦·魏丝伯格的同名小说改编，原著曾在《纽约时报》畅销书排行榜首近30周。作者劳伦·魏丝伯格是一个从学校刚毕业不久的女孩，她在毕业之后进入了大名鼎鼎的美国*Vogue*杂志担任总编辑助理。在工作了一年后辞职，之后便创作了《穿普拉达的女王》一书，把自己的工作经历写了出来。书中女王老板便是现实生活中的*Vogue*主编安娜·温图尔。

◎ **剧情简介：**

一个刚从学校毕业想当记者的女孩子安迪(安妮·海瑟薇饰演)在寻找工作无果的情况下进了一家顶级时装杂志《天桥》给总编当助手。然而好景不长，很快她发现她的工作简直是噩梦，因为这个女总编米兰达(梅丽尔·斯特里普饰演)对待所有的人都是那么尖酸刻薄，整个杂志社都蔓延着紧张的气氛。

这个时尚“女魔头”无论公事私事都交给助手打理，把安迪折腾得苦不堪言。安迪的态度从一开始的得过且过，不为工作而改变自己，到后来主动换上了在时尚圈子里的衣服，完美地完成着她的工作。但最后通过与“女魔头”的交谈，发现自己得到了工作，却放弃了家人和朋友，并且为了工作上的进步要将别人狠狠打压下去之后毅然离开了杂志社并寻回了自己失落的幸福。

◎ **影片启示：**

一是在每个人的职业生涯发展规划中，我们要学会澄清自我的职业价值观。

在电影《穿普拉达的女王》中，人物形象鲜明而突出的两位主角，可以说都是实现自己梦想的成功者。被称为“女魔头”的米兰达，时尚界最权威杂志《天桥》的主编，她在时尚界有着不可撼动的绝对主导地位。米兰达事业上的成功，源于她很明白时尚和潮流是她最想要的东西，所以她对自己和所有共事的人都严苛至极。米兰达想要的就是自己在最喜欢的时尚圈中的成就。对她来说，那是快乐和实现自我价值的根源，所以她是幸福的。

而米兰达的助理安迪身上，其实可以看见更多平凡者的影子。

安迪有一个来到纽约当杂志社记者的梦想，为了给这个梦铺路，她到米兰达手下工作，因为她可以借各种机会结识那些著名杂志社的主编，虽然她一点都不了解和喜欢时尚。

安迪也迷失过，因为太害怕失去助理这份工作，她不得不全身心投入其中，所以忽略了爱人和家人，生活变得越来越糟。到后来或许也被那个圈子的斑驳陆离和奇光异彩所吸引，她不再是那个瞪着无辜大眼睛的清澈女孩，而是在职场中游刃有余的精致都市女人。由于生活阶层的不同，导致安迪失去了爱人。

表面风光，但是并不快乐。安迪知道这不是自己想要的，她只想要亲密的爱人、家庭的温暖，以及自己热爱的记者工作，所以她果断地从那个五光十色的花花世界里抽身。

一千个人就有一千种幸福、一千种不同的人生和成功。成功是不可复制的，因为每个人的机遇和才能并不完全契合，每个人的成功定义也不尽相同。我们只有明白自己想要什么，或者不想过什么样的生活，才会有清晰的努力方向，以及甘愿为之吃苦的动力。

在我们提到的职业自我认知中，其中的核心因素是职业价值观、职业兴趣、职业能力，其中职业兴趣、职业能力是显性的。你可以很清楚地知道自己喜欢什么、擅长做什么；但职业价值观却是隐藏在内心最深处的，一开始你也许并不知道自己最在意什么、最想要什么，它却是决定你是否快乐、是否满足的关键因素，是我们做任何事情的初心，也是最骗不了自己的那一部分。当我们的人生最终将走向哪一个方向，兜兜转转中还是会听从自己的内心深处的那个声音。

如果在你的职业发展中，你的价值观、兴趣、能力是一致的，你喜欢的是你所擅长的，也是你认为最值得的，那么恭喜你，职业对你不仅仅一个谋生的工具，也是你实现人生价值、发挥自我潜能的最好途径，工作不会是极不情愿的将就，而将是最大的享受。

二是在职场中融入你的主动和激情，才会让自己在这个舞台更加光彩奕奕。

电影里，米兰达要安迪给她的双胞胎女儿找来最新还未发行的《哈利波特》手稿，安迪的第一反应是就算联系 J. K. 罗琳也不可能，不过很幸运，她最后通过一位有名的主编拿到了手稿。不过老板等着她的问题是：难道双胞胎女儿要“分享”一本手稿？安迪已经提前准备了手稿书的两份印刷本，并且做了精美的封面包装，不会让小孩看出来是手稿，然后直接送到了要上车的小孩手里。也是因为这件事，她得到了米兰达的信任。

其实找到手稿之后的事情，都不是她工作的范围，她会主动去想老板需要什么，然后想办法解决问题，这些额外的事情很好地展现了她的能力，最终也赢得了老板的信任。

三是练就过硬的专业素养，才是职业舞台上的安身立命之本。

米兰达之所以能在时尚潮流圈里成为主角，是因为她对时尚的专业能力，鲜有人可以匹敌。由她开展的服装秀永远是镜头的焦点，她是受人尊敬的，也是让人信赖的。这一点其实也在提醒我们，在某个领域要想做出一番成就，过硬的专业素养是在激烈的竞争中决定你被筛选和淘汰与否的门槛。

2. 电影赏析——《无问西东》

影片《无问西东》曾是清华大学一百周年校庆的献礼片，于 2018 年上映。该片片名取自清华校歌中的一句歌词“立德立言，无问西东”。通过这部影片，我们来体会大学精神。

◎ **剧情简介：**

影片采用非线型叙事方式，交织讲述了四代人、四种人生、四段历史。1923 年的北平、1938 年的昆明、1962 年的北京、现在的北京。同样的地方，不同的时空，不同的年轻人面临着这个时代的困境，也面临着自我的困境。而在一番彷徨和挣扎过后，他们面对了自己的真实，找到了那个属于自己的答案。

“如果提前了解了你们要面对的人生，不知道你们是否还会有勇气前来。”电影《无问西东》虽然讲述的是关于过去的故事，但现在看来，仍是“一碗跨越时代的心灵鸡汤”。

影片总共讲述了四个时代的四个故事，在四个清华学子之间来回追溯，将本不相关的几人连成了一条线，吴岭澜、沈光耀、陈鹏、张果果这四人都用自己的生命触及另一个人的灵魂，将自己生命中最高尚美好的特质通过不同的时代传了下去。

◎ **影片启示：**

孟子曰：“大人者，不失其赤子之心者也。”罗曼·罗兰说：“世界上只有一种真正的英雄主义，就是认清了生活的真相后还依然热爱它。”其实表达的意思异曲同工，即生活纷繁复杂，我们无法预知未来，但可以做到的是一直坚守自己的初心，无论选择是什么，有一种从内心深处满溢出来的平静与喜悦。

最终，四个故事的主人公都做出了选择，这个选择无关荣誉、利益，只是顺从了当时的内心。

吴岭澜在听取了泰戈尔的演讲后，明白了自己人生的所在：抛却世俗的虚名，遵从自己的本心与初衷才是人世最重要的东西。

沈光耀在经历了一场场的暴乱后终于明白，此刻的国家比任何时候都需要他，在家与国之间，他毅然选择了国，并最终牺牲在了战场上。

王敏佳在逼问之下选择独自承担所有罪行，被众人群殴，几乎毁容；李想在支边时选择牺牲自己，他已知悔；陈鹏选择报效国家，奉献一生。

张果果最终拒绝了同流合污，无私帮助了四胞胎。最终的结果依然是人性的美好与对新生命的期待，四胞胎的父母送来的不是讹诈，而是心怀感恩的礼物。

四个不同的时期，四个不同的故事，四个人物的选择，终于在最后连接在一起，连成一条完整的线，这条线上是体现的是生命、传承与希望。看似不相关的四个人，却因为某些“蛛丝”关系连接在了一起。而这种联系也正好说明影片所想表达的一种传承，即对自己的真实。在他们身处迷茫、面临困境时，也正是这种传承指引他们遵循内心，做出了不让自己后悔的选择。在世俗的迷雾下，他们感到迷茫、无助，但在一系列的变故后，他们最终选择了自己的本心，做出了无悔的选择。而“不要忘记对生命的思索，和对自己的真实”也是“大学精神”的最佳注解。高晓松在《奇葩说》节目中批判当下大学风气时曾说，“名校应该是镇国重器，名校培养你应该胸怀天下”。而影片无疑很好地诠释了什么是镇国重器，什么是名校精神。电影所表达的“对自己真实”的精神确实是在当今社会中我们需要的保持的。

# 第二章　多“面”的“我”

## ☞ 内容导入

伊索寓言：鹰从岩石上直飞而下，凭着自己天生的神力抓走了一只小羊羔。寒鸦看见后，非常羡慕，并且很想模仿鹰的行为。于是，它飞到一只羊的背上，死死抓住羊毛，拼命地想把羊提起来。可是，无论它使多大的劲儿，羊总是提不起来，只得焦急地在羊背上扇动着翅膀，但它又舍不得离去。这时牧羊人走过来，看到这样的情形，立即冲上去抓住了寒鸦。牧羊人剪去了寒鸦的羽毛，带回家作为给孩子们的见面礼。孩子们问这是什么鸟，牧羊人风趣地答道：“我完全清楚这是一只十足的寒鸦，可它却认为自己是一只雄鹰呢！”

寒鸦的遭遇告诉了我们什么道理？

人们常说，“人贵有自知之明”。一个“贵”字就把正确认识自己之难、之重要生动鲜明地勾勒出来了。“东施效颦”就是因缺乏自知之明而闹出来的笑话。人生在世，认识自己是一件很难的事情。而“我”，不止一面：既可幽默风趣，亦可多愁善感；既能侃侃而谈，也能谨小慎微；既可温柔善良，又可蛮横暴躁……人具有多面性：独处时的我；面对亲密之人的我；面对公众的我。这些“我”有时一致，有时矛盾。有时候我们也不知道哪个才是真实的“我”？

# 第一节 “给我一个支点，我就能撬动地球?”

## ——自负与自卑

**【问题导入】**当你知道高考成绩的那一刻是什么心情? 开心、平静、失落、崩溃……

在全国高考成绩和录取分数线陆续出来的那几天，寒窗苦读12载的学子们的心情那就是一首《忐忑》! 真是几家欢喜几家愁，你对自己的分数是否满意呢? 有些同学考得很好，甚至超常发挥，很满意自己的分数。有些同学因为种种原因，没有达到自己或者父母的预期值，彷徨失落。其实，自负或自卑不仅影响高考成绩，还影响成绩出来之后的各种选择。过度自信易引发浮躁心态，自卑导致妄自菲薄。自负与自卑都是自我认知不客观的表现，都与信心有关。

### 一、一面自负，一面自卑

所谓自我体验，即自己对自己是否满意，“满意”则自我肯定，信心十足;“不满意”则自我否定，垂头丧气。

#### (一)为什么自己对自己会有满意与不满意的问题

这是因为人的自我认识是通过自省与他人反馈一并实现的，而且是一个穿越时空的过程。那么这里就存在两对交织的矛盾：其一是主观的我和客观的我的矛盾，源于“自省”与“人言”的差异；其二是现实的我与理想的我的矛盾，现实的我是综合了自我、他人评价后的现在的我，理想的我是综合了自我、他人要求的虚拟的最令自己向往的“我”。这层矛盾以人本主义的观点来说：从根本上来自人自我成长的要求；如果以社会学习理论来看，则是因人际间的比较而产生。这种比较可以是现实生活中的我、你、他之间的比较，也可以是现实的我与文学中、过去历史中的他(她)之间的比较。通过比较，会有一个学习的榜样产生，这个榜样可以是跨时空、跨文化的。

自负是个体自以为是、自命不凡的一种情感体验和情绪表现。自信是当今学生较为普遍的优秀品质，他们具有独立思考的精神，对自己的未来踌躇满志。但有些同学自信过度，自我感觉太好，就变成了自负。他们往往听不进师长的教诲，听不进同龄人的意见，一意孤行。

自卑是个体由于自我认知偏差等原因所形成的自我轻视和自我否定的情绪体验。这样的个体在平时的行为中，担心被别人歧视；或认为自己天资愚钝，将来会无所作为；或自己其貌不扬被人歧视，等等。他们给周围人的印象是悲观失望，缺乏信心，惧怕与人交往，但实际上，在他们的内心深处往往有着强烈的发展愿望。

### (二)为什么有的人既自负又自卑

自负与自卑，就像一枚硬币的正反面，不可分割。自我膨胀实质上是在人缺乏足够自信时，对自我进行的一种过度补偿，即为自卑的表现。因为缺乏稳定的自信与自尊，这类人极易受到来自外界环境和事件的影响。偶有小成就，就容易洋洋自得，充满全能感；而一旦遭遇一点挫折，或受他人批评和指责，又会使硬币翻到自卑的一面，丧失动力和进取心。这时，自我为了避免陷入自卑的痛苦，会有意或无意地使用更多的自我膨胀机制来保护自己，表现出对他人的不屑、贬低、愤世嫉俗，这也使得别人很难与其相处和共事。

如果一个人自卑情结太过强大，补偿绝大多数时候是过度的、不合理的，甚至完全是对自身的一种不现实的臆测，即是常说的自负。由自卑到自负的人，特点一般是：敏感，易怒，自以为是。其实这种表现是为了营造一个强大的外表，进而抵消内心深藏着的焦虑感、自卑感和不安全感。

另外，在自我膨胀的机制作用下，个体会通过回避现实来避免接受自己的弱小感，所以对现实的判断和检验能力变差，无法准确评价自己，也无法切实地评估客观环境，这将导致其难以对未来做出合理预测。从而陷入新一轮“挫败—自卑—防御—自我膨胀”的恶性循环。

过度自我膨胀是对自卑的一种不成熟的心理防御。要改善这一问题，获得更成熟的心理状态，需要一个人对自己有更多的了解和认识，意识到自己的优势和长处，也了解并接纳自己在某些方面弱小和不足。只有对自我和环境拥有较为客观的认识，才能获得稳定而适切的自信与自尊。

例如：公主病，即公主症候群(Princess syndrome)，是彼得潘症候群(不愿长大的大男孩)的女版。她们心理年龄偏小，自我评价过高、过于自信，因此在任何场合都要求获得公主般的待遇。她们有显著的自恋倾向，常常以自我为中心，但是意志力和耐受力弱。一旦遇到问题或者困难，她们往往找外因，逃避抱怨，并希望别人为自己的错误买单。由于她们动手能力弱，情商不高，心智不成熟，又眼高手低缺乏责任感，必然会导致其人际关系紧张、环境适应不良、工作不顺等诸多问题。

得了“公主病”的女孩子，索要的是被照顾和被疼爱。她的逻辑是：“你能满足我的需要，你愿意照顾我，你愿意疼爱我，所以我爱你。如果你不愿意照顾我了，不疼爱我了，不能满足我的愿望了，那我就不爱你了，我要去找下一个愿意照顾我的人。”但是这毕竟是一种自恋的爱，也是一种幼稚的儿童的爱，注定无法走得太远。

要么继续做你的公主，保持高傲的姿态；要么走下你的神坛，回归到一个女人的本质。成人的世界里小公主一定会因为自己不成熟而付出代价，如果她能在生活经验中、挫折中不逃避，觉察到自己的不足与稚嫩，并愿意发展自我、成熟自我，就可以将公主病的状态转化为自我发展过程中的一个过渡时期——公主期，公主的人格变为人格发展的一个部分(她们学会在恰当的时候、恰当的地点做公主)。健康的自爱既不是狂妄自大(自爱过剩)，也不是自尊低落(自爱缺乏)，而是介于两者之间。

## 二、超越自卑——成长的力量

奥地利心理学家阿德勒在《自卑与超越》一书中谈到，每个人都有程度不同的自卑，自卑可以超越。许多因身体缺陷引起自卑感的人，能以超出常人10倍的努力奋发图强。实际上，自卑感是在追求成功的过程中经常出现的，只要不过分纠缠于自己的那些不足劣势，正视现实，超越自我，就会获得稳定的自豪感。

### (一)自卑的意义

每个人在成长过程中都是伴随着创伤体验的，这是成长所需要的。但每个人应有愈合的能力，这样才能成长和成熟。如果没有创伤，就不会成长。假设一个孩子从没挨过打，或许，某人的一句话、一个表情、一个眼神，都会让他觉得痛苦。孩子摔倒了、摔疼了，才会防摔倒；有了自卑体验，就能借此机会更深刻的认识自己，了解自己的优势和劣势，更好地发展，更重要的是提高了抵抗挫折的勇气。这就是自卑的正面意义。

个体心理学强调——自卑感是给人奋发图强的动力，是和个人的努力分不开的，也是实现人生意义的唯一途径。所以，自己的某些缺陷和不足，并不是自己放弃、苦恼、抱怨、不作为的理由。勇于面对、发展优势、弥补不足才是正确的态度。

### (二)自卑的根源

阿德勒说，真正影响我们的实际上是自卑情结，而不是自卑感本身。说到底，自卑情结从何而来呢？这可能源于我们童年的某些经历，比如家庭的贫困、父母的忽视、他人的欺凌、生理的缺陷，等等。这是因为当我们还是孩子的时候，对世界的感知能力比解读能力要强。当我们感受到痛苦的时候，如果没有得到正确的引导，甚至遭到父母的责骂，我们就很容易将这些痛苦当成自己的过错，把这些痛苦内化成我们自己的一部分，从而形成自卑感。如果孩子在成长的过程中，他一直在被否定，那么就会加深他这种自卑的感觉。

有些人特别在意自己的缺点，无视自己的优点，那么缺点就会被无限放大，当大到把自己的优点遮没了，就会特别感受到自卑。而往往处在自卑心境的人很难意识到这些，然后就用自己认为的“胖”“丑”“人际交往差”“不行”等给自己贴标签。在社会交往中，中性的评论、语言、行为也会让敏感的自己万分难受，从而加剧自卑感的形成。成长、经历、性格都会有影响，但最终是否感觉自卑，还由自己决定。

### （三）自卑的疗愈

自卑本身并不可怕，可怕的是我们所做的绝大多数行为，其实是在错误地面对自卑。我们往往会选择两种方式来面对内心的自卑：一种是营造内心的优越感：比如我只要不去努力，就不会暴露自己的能力不足；另一种是追求外在的优越感，比如我必须比别人努力和成功，才可以掩盖自己的能力不足。这两种表现的原因其实是一样的，都是害怕自己能力不足带来的自卑感。同理，当我们害怕受到别人伤害时，既可能通过封闭自己来营造内心的优越感，也可能通过伤害和报复他人来追求外在的优越感。所以，我们绝大多数不理智的行为在本质上是通过寻找优越感来掩盖自卑的行为。

所以，如果想要正确面对我们的自卑，第一种方法是从根本上认清我们的自卑：当我们不认为自己的能力不足时，或者我们不把别人的态度当做伤害时，我们的自卑感自然就迎刃而解了，只要没有自卑感，很多只是普通的事情而已，这也正是我们为什么很难理解他人痛苦的原因。但当局者迷，如果想要正确认识自己的自卑感，首先要找到自己自卑的根源所在，还要通过学习来掌握认清它的知识，再加上这种自卑感通过长年的积累，已经深深地内化成我们自身的一部分，所以仅靠我们自己是很难做到的，必须得到他人的帮助，这也就是正确面对自卑的第二种方法——学会合作。

虽然我们的自卑感很难避免，但我们还有另外一种面对自卑的方式，那就是——通过与他人的合作来超越自卑。我们每个人其实都是生活在社会中的，职业、同伴和爱人都是我们与社会的连接。如果我们的职业目标是为社会创造价值，那么与同伴之间的关系应更多的是合作关系而不是竞争关系，并且与他人平等相处、相互关爱的话，我们就能真正跳出寻找优越感的陷阱，从而坦然面对自己的自卑和不足。因为我们将明白人无完人，而我们的不足是可以通过他人的力量来弥补的。

## 第二节 “我的青春谁做主?”
### ——独立与依赖

**【问题导入】**高考志愿，你们的父母干涉了吗?

有人说，有一种高考志愿，是父母的志愿；有一所大学，是父母想去的大学；有一个专业，是因为父母认为有“钱途”才选的专业。如果父母干涉你的选择，你会坚持自己的初衷还是妥协呢?有人会妥协放弃，有人会据理力争，也有人迷茫无措，根本不知道自己真正适合学什么。美国心理学家杰罗姆·弗兰克曾经提出过这样一种概念：一个人想要走向独立，不可缺少的第一步就是对父母的“去理想化”。“去理想化”就是明白父母也有优缺点，接受父母的世界不只有你，你的世界也不只有他们。走向独立，意味着你要为自己的情绪和生命负责。

### 一、过分依赖

依赖就是一些心理需求或现实需求无法自我满足时，需要通过借助于他人的力量来满足自己的需求。依赖他人，是我们满足自己心理需求和现实需求很重要的手段之一，它可以弥补我们自身的软弱、局限和无能，让我们的人生更加完整和顺畅。依赖是个体生长发育过程中不可缺少的因素之一，人的发展都是逐渐从依附转向自主的。

在生活中，不管是和家人在一起，还是与朋友相处，都不可避免地会依赖别人，或者被他人依赖。是否值得依赖，也是判断一段关系是否亲密的重要依据；越是可以信赖和依靠的人，越是和我们关系亲密的人。

但是，如果过度依赖他人的话，也会给我们带来很多的问题。总是依赖别人的人，往往内心比较脆弱。他们往往特别看重别人对自己的看法，会把别人看得比自己更重要，总是希望能得到别人的关注和认同。因此，在与他人相处的时候，他们会下意识地去迎合别人、取悦别人，总是被别人的情绪所影响。很多时候，他们也能意识到过度依赖的危害。比如感觉迷失自我，与人相处的时候得不到别人发自内心的尊重。他们也经常为自己的这种软弱而感到痛苦，但是难以摆脱。

那么，既然有如此多的坏处，为什么有的人还会养成过度依赖的习惯呢？我们身上所具有的每一种行为模式都不是无缘无故产生的，它们之所以存在一定是在某些方面能够满足我们的需要，对我们具有奖赏的价值。依赖他人最大的好处就是，我们不需要自己去面对生活中的那些难题和风险，只需要把它们推给我们所依赖的人就可以了。这样，即使出现问题，我们也不必为此而感到懊悔和自责，因为我们会把责任推给别人，让别人去负责。

那么，怎么做才可以改变自己这种依赖性心理呢？首先，要增强自己的独立意识。对习惯了依赖的人来说，之所以总是依靠别人，很大程度上是害怕面对生活中的困难和痛苦，于是把消除这种痛苦的方法建立在求助于别人身上。其次，仅仅是想要独立、要自己做决定是不够的，更重要的还是实践。只有在具体的生活和工作中，承受着内心的煎熬和压力，独自去做一些事情，并且发现自己也可以做好，真切地体会到那种胜任感时，我们才可能真正改变依赖别人的心理惯性。对于总是依赖别人的人来说，当你发现身边连一根救命稻草都没有的时候，才会真正意识到，自己才是自己最后的依靠。

## 二、过分独立

与依赖相反，独立是我们通过自身努力满足自己的心理需求和现实需求。在这个新时代，越来越多的人开始歌颂独立。独立的最大的优点就是能给人以安全感。一个人越是内心独立，他就对关系中的情感依赖就越小；一个人越是经济独立，他对关系中的现实依赖就越小。这时候对方的所作所为，对他的影响就越小。但独立的前提是具备相应的能力与资源；只有具备足够的能力和资源，才能给予自己，并能有余力给予别人。

但有一种独立是假性独立，效果相反。那就是其实你没资本没能力独立，但要硬撑着刻意要求自己独立。过分独立的人总是觉得自己很独立、很强大，什么事都可以自己做好。虽然乍一看，假性独立者和真正独立的人很像，他们都看起来强大、自信，甚至非常成功。不过，独立的人内心世界往往是平静的、充盈的，在独自面对各种问题的时候并不会感到孤独无助，甚至十分享受这种不依靠别人的状态。而与此同时，他们也不会因为自己有时候也需要他人的帮忙感到羞耻或恐慌。

假性独立是基于依恋关系理论发展起来的一种防御方式，意指一个人为了避免体会自己需要别人帮助而引起的尴尬和羞耻感，便习惯性地拒绝任何人的帮助。假性独立的人，通常表现出一些共同点，比如：喜欢把自己包装得很强大，习惯拒绝别人的帮助，内心其实非常渴望有一个人可以依赖；耐挫性偏低，遇到困难比较容易放弃；在与人沟通时，不太愿意承认自己的脆弱和无助；相对缺乏安全感，在关系中喜欢控制对方……

如何告别假性独立？想要活出内在生命的韧性和强大，就要学会从“假独立”变为“真独立”。真正的独立，包括经济独立、人格独立两个层面。它指我们内在深信，依靠自己的力量就可以收获丰盈的、美好的人生；同时也懂得，在收获的路上，适度寻求他人的帮助，可以帮助我们快速到达目的地。真正独立的人，是自信而灵活的，自信源于内在的力量，灵活表现在处理与他人的关系。需要别人，并不丢人。丰饶的生命本就是相互交错的——我需要你，我也愿被你需要。

过分的依赖与过分的独立都是内向缺乏自尊、缺乏自我、缺乏足够的自爱。

## 三、独立人格

新时代，独立的人遍地都是，而独立的人却不一定有着独立的人格。所谓独立人格，是指人的独立性、自主性、创造性，表现为习惯独立思考，独立实践，控制情绪的能力较强，有较强的理性能力，注意维护自己参与决策的权利，社会参与程度较高。

独立，并不是想独就能立的。这与从小的成长和生活环境如密不可分。为什么中国的父母一心替孩子操持，孩子仍然埋怨得到的关爱不够？为什么提供了最好的物质条件，孩子却依然感到寂寞孤独？为什么对孩子百般呵护，孩子的心理问题却越来越多？根本问题就在于中国的一些父母不明白什么才是对孩子真正的爱？身体的成长靠食物，心灵的成长要靠正确的爱。爱是一种情感，爱的力量能够推动人们充分展现真我，努力实现自我价值。这是一个过程，是心灵成长与心智成熟的过程。如果不知悉这一点，把娇惯溺爱、依赖掌控当做爱，就会使孩子迷失自我，失去人格独立，进而心智停滞不前。这样的孩子在成长过程中，极易为各式各样的心理问题所困扰。

有人会说，我已成年，小时候已经错过了养成独立人格的时机，现在如何培养独立人格呢？这个说起来涉及太广，自己能做的，就是多发现自己、了解自己；多读书、多实践、多反思。这些说来很容易懂，但是做起来难。很多东西我们在成长早期也并没有得到过，所以渴望做一些些改变，但那是很困难的。一些东西一旦成了一套规则，想要打破就会很难。不过在你思考这个问题的时候，意味着你已经开始改变了。

# 第三节　“双重人生，哪个才是真的我？”
## ——虚拟与现实

**【问题导入】**网络中的“我”更真实吗？

有的人现实中默默无闻、无人问津，而网络中却妙语连珠、粉丝无数；有的在现实中积极乐观、阳光向上，而在网络中消极悲观、不思进取；很多现实中的凡人，却是网络中的红人……你的网络自我与现实自我是什么样的关系呢？是一致的，还是不同的？甚至是相反的？哪一个才是真正的你呢？

“我”是一个复合体，也是一个矛盾体，心理学家们对“我”的理解不同，提出了各种自我理论。例如威廉·詹姆士提出了主我、客我的概念。查尔斯·库利曾提出，一个人的自我观念是在与其他人的交往中形成的，一个人对自己的认识是其他人关于自己看法的反映。人们总是在想别人对自己的评价之中形成了自我的观念。① 也就是说，自己眼中的自我和别人眼中的自我肯定是有差异的，甚至截然不同；而自我概念的形成也不是单独个体完成的，也就是我们每个人都是社会化的自我。试想全世界只剩你一个人，就无所谓自我特质，因为这些都是立足于社会的。

## 一、现实中的自我呈现

自我呈现（Self-presentation）是社会学家戈夫曼提出来的，意指任何旨在创造、修改和保持自己在别人心目中的印象的行为，其基本目的是构建与他人的交往，使我们获得理想的结果。他提出，日常生活就像一个大舞台，人们就是舞台是上的演员。在角色扮演的过程中，人们会根据舞台的情景，有策略地通过印象处理来控制自己表现出来的姿态，从而使自己所呈现的角色形象符合剧目的要求，来实现自己

① ［美］查尔斯·库利. 人类本性与社会秩序［M］. 包凡一，王源，译. 北京：华夏出版社，1989：189.

要达到的目的。①

每一个人都会在不同的人面前表现出不同的行为和态度，但是在同一情景中，也就是说在自己所设想的同样的“观众”面前，人都会尽量保持自我呈现的一致性。在人际交往和社会互动中，人根据他人对自己的看法和态度来形成对自己的看法，并进一步决定自己的行为，从而形成一定的交往性质。因此在参与社会互动的过程中，人都会试图站在他人的角色的立场上，了解他人如何看待自己，并据此调整控制自己的社会行为，以尽量使他人感到满意。

在现实生活中，自我呈现充满了“表演”，自我的形象与他人的互动紧密相关，由他人和自我的期望共同勾勒，并且在不同的情景下会表现出不同的角色。所以其表现需要加以控制的技巧，需要经验和练习。比如说，老师或者医生可能需要经验来保持自己严肃庄重的形象，而母亲这个角色可能需要不断控制练习来保持自己耐心温柔的形象，等等。如严肃的老师的偶然表现出的慌乱无措，或者乖巧的学生偶然表现出的叛逆都可能破坏自己长久以来所建立的形象。

## 二、网络中的自我呈现

日常生活中的印象管理也并不是总能成功，为什么会这样呢？原因就在于，在面对面的沟通中，我们很难完全把握自己“流露”了哪些信息。与日常生活中的自我呈现相比，网络中我们的行为显得更从容一些。这主要是因为网络虚拟空间中，我们可以较好地控制自己的表现以呈现自己期望呈现的形象。我们那些难以控制的眼神和微表情都被隐匿在了电脑和手机屏幕前，而且，我们所讲的话、上传的照片，都可以经过精心地包装，总而言之，我们对自己的形象有了更强的掌控力。

那么，这种自我形象控制权的强化，究竟意味着什么呢？特克尔在

① [美]欧文·戈夫曼．日常生活中的自我呈现[M]．周怡，译．北京：北京大学出版社，2016：27-30.

《群体性孤独》中，对“经过精心设计的理想自我”进行了批判。在互联网中，人们真实、复杂的一面被缩小了，完美、精致的一面则被放大了。在分享的过程中，人们满足了自己被重视、被认可、被崇拜的需要，甚至还会渐渐对自己产生一种自带光环的幻觉，迷恋上这种“自我中心主义社交”。网络中的自我呈现是多样的，可以自己主导，有时候人们在不同的平台的自我呈现甚至是完全不同、相互矛盾的。这就涉及自我真实的问题。

然而，线上与线下的边界从来都不是清晰可见的，这也并不意味着我们可以在网络空间肆意打造一个全新的我。两个世界远非相互独立的王国，而是相互纠缠，彼此窥视。同时，在很多人的印象中，网络中所呈现的印象是经过刻意美化的，是虚假的、片段化的。是否的确如此呢？其实并不尽然。有人在网络中呈现的是一个真实的自我，相对于现实而言，网络中由于缺少舆论束缚，呈现的自我是更接近“本我”或“真我”的，人们在网络中更加明确地表达了自己的观点想法，更加坦率地展示了自己的兴趣爱好、生活状况，更多地展示出自己所期望展现的形象，而不是处于某种角色中表演出的形象。

此外，网络中的互动是一种比现实更纯粹的关系，人们可以在网络中追求一种更深度的交流。与传统场合中紧密的个人联系相反，网络中的交流并不依靠外部的社会和经济生活状况，网络形式的相互交流使朋友间的交往更加便捷、自由、平等和亲密。在现代社会中，越来越多的人选择通过网络寻求和建立这种人际关系。

总的来说，无论是现实还是网络，我们呈现的一定是“我”的一部分，或多或少地表达出自己本身的特点。两者最大的不同是，现实中的自我呈现由于现实生活中紧密的人际关系，我们的角色形象会更固定，“表演”会更严谨；而网络中的自我呈现，由于排除了大多数的外在影响，我们呈现出的自我，更接近于自己所认为的形象或者是自己想成为的形象。

## 三、接纳真实，悦纳自我

很多人不能接纳自我，源于不能接纳真实。比如一张无美颜、无滤镜的自拍照斟酌再三都不一定敢公之于众，因为它反映了真实的“自我”。为什么不能接受真实的自己？因为我们内心有恐惧。恐惧什么？恐惧的是：真实的我不够好。“不够好”这三个字，有时候真的很可怕。很多时候，它意味着被嘲笑、被打击、被抛弃，甚至被毁灭。所以我们戴上了“人格面具”，但戴上面具会压抑真实的自我；而脱下面具，又怕伤到自己和他人。那到底怎样做，才能在不违反法律和道德的前提下做回真实的自己呢？不妨试着从下面几个方面开始改变。

### (一)接纳自己的不完美

生而为人，我们都是第一次，也仅有一次。生老病死是常态，不完美亦是常态。把外部的声音抛开，丢弃自己必须是完美的自恋，正视自己的一切，欣赏自己的优点，客观认识自己的缺点，你才会认识到自己的独特与无法代替。芸芸众生，千姿百态，没有一个是完美的，正是这种独特和不可替代，使得我们每个人都值得被爱，也都被爱着。

### (二)对自己好一点

在不伤害他人和社会的情况下，尽可能地对自己好一点。不苛责自己，不要让自己太累；允许自己犯错，允许自己失败，爱迪生也是在失败了 99 次之后才发明了电灯。你对自己的爱和宽容会感染到其他人，别人怎样对你，其实都与你的表现有关。

### (三)学会拒绝

要学会拒绝不喜欢的人和物。委婉而礼貌地拒绝，并不会让别人觉得难堪，反而会让人觉得你很真诚。真诚，才是维持关系长久的法宝。拒绝做能力和责任范围以外的事情。人的能力和精力都是有限的，如果为了讨好和迎合别人，去做一些不在自己能力和责任范围内的事情，自己会很累，有的时候还会把事情搞砸。时间久了，还会有很多负面的情绪，会影响到其他人，这样反而会让关系越来越糟糕。

当我们可以通过向内的探索，把外界给到自己的要求和期待放在一个安全的空间，而不是一个无时无刻扰乱自己的位置时，或许真实的自己自然就现身了。

◎ **延伸材料**

## 乔哈里窗①

这个概念最初由JosephLuft和Harry Ingham提出，故称为乔哈里窗(乔哈里即Johari，Joseph & Harry = Johari)，它能帮助我们理解信息沟通的进程。乔哈里窗能够用来展现、提高个人与组织的自我意识，也可以用来改变整个组织的动态信息沟通系统。

| | 自己知道 | 自己不知道 |
|---|---|---|
| 他人知道 | 公开区 | 盲目区 |
| 他人不知道 | 秘密区 | 未知区 |

关于这四个部分，有四个象限：

第一象限：公开区。自己知道，别人也知道的资讯。例如：你的名字、发色，以及你有一只宠物狗的事实。人与人之间交往的目的就是扩大公开区，实现这一目的的主要做法有提高个人信息的曝光率。

第二象限：盲目区。自己不知道，别人却知道的盲点。例如：你的处事方式，别人对你的感受。通过主动征求反馈意见不断缩小盲目区，增进对自我的了解。

第三象限：秘密区。自己知道，别人不知道的秘密。例如：你的秘密、希望、心愿，以及你的好恶。通过主动敞开心扉，让他人

① ［德］西古尔德·施利克，等. 轻松领导［M］. 黄婧，何庆元，译. 北京：东方出版社，2006：122-124.

更进一步了解自我的内心世界，从而缩小秘密区的部分。

第四象限：潜在区。自己和别人都不知道的资讯。未知区是尚待挖掘的黑洞，它对其他区域有潜在影响。可以通过心理测验、尝试新的领域等方式来探索潜在区。

人与人开始接触之际，公开区较小，因为缺少时间和机会进行信息交流。根据一般的交往经验法则来说，你应该尽可能扩大公开区，使其成为信息交流的主要窗口，不断增强信息的透明度、公开度和诚信度。当你开诚布公的时候，对方可能也正在为你打开心扉。

### ☞ 师生问答

**1. 问：我是个内向的人，害怕在很多人的面前说话，我应该怎么适应大学这个小社会?**

**答：**其实很多同学和你一样，在上大学之前，将更多的关注点聚焦在学习成绩上，到了大学就开始关注自我了。你认为自己内向，不善与人交流，从小到大家人朋友都这么说，更加深了你的自我认知。现在特别想改变，实际上是一件好事，说明开始成长了。

当然，改变不是一件容易的事。当你不喜欢自己的性格并拼命改变的时候，其实内心是矛盾的。一个声音说必须改变，只有这样才能适应大学适应社会；另一个声音却说，为什么要改变啊，这样不是挺好的吗?我就是不喜欢跟很多人讲话，安安静静地听不行吗?这样就会有纠结，自我感觉很累。

人们常常把“内向”解释为“自己不擅长和别人交流”，其实不然。一个非常典型的内向的人，经过练习之后，会变得很擅长和人交流。说明内向的人也同样可以跟外向的人一样，拥有巨大的社交能量。只是悲观的人会把内向解释为不善交流，而掩盖自己懒惰、恐惧、腼腆、不努力尝试社交的真相。换句话说，并不是因为内向有什么错，而是我们看待内向的方式错了。比如在一次聚会上：外向的人恨不得与所有陌生人都一口气变成熟人，能够认识的人越多越好。但通常与每个人的话都不会讲很多。内向的人喜欢找到与自己有共同话题的人，然后坐在安静的角落一起深入地探讨。这就是性格所导致的行为倾向性，可以看到一个交友偏重广度，一个偏重深度。所以其实没有好坏之分，有些事也不一定是缺点，最重要是发现自己的优点并放大之，以便扬长避短。

但是，现代社会中外向的人好像更吃香，那是因为内向的人总被别人戴过各种帽子。比如小时候，妈妈总说：“这孩子，见了生人就躲，长大肯定没出息。”(内向=没出息)上学时，老师说：“他其实是个聪明孩子，就是太胆小。”(内向=保守)找工作时，面试官说：“我们需要那种勇于表达进取的员工。”(内向=胆怯)遇到心动男神拒绝，闺蜜说：“他一定觉得你是个特迟钝、特无趣的女生。”(内向=无趣)所以，很多内向者就开始屈从于社会偏见，强迫自己融入那些热闹的社交场合，自己与莫名其妙的人强颜欢笑。

其实，人的性格特质是一种资源。这些资源没有好坏，它们都是人能存活到现在的“武器”，也许到了现在，因为环境的改变，我们需要做一些调整把这种资源的优势发挥出来，但绝不是把它抹杀掉。美国专门研究内向性格的专家苏珊·凯恩写了一本书，叫《安静：内向性格的竞争力》，建议你去读读。

**2. 问：网上的我和现实的我完全是两个我，有时候也非常苦恼，开始自我怀疑甚至否定，我该何去何从？**

**答：**每当问起同学们更喜欢哪个“我”时，很多人不约而同地选择了网上的那个“我”。为什么呢？可能因为网上的“我”更完美、更接近理想的自我吧。网络确实打开了方便之门，缩短了空间，延长了时间，完美了自我，放大了关系，使人陶醉也容易迷失。这就是网络的魅力所在，今天的我们几乎都深陷其中。

比如网络成瘾，现在不再仅仅局限于游戏上瘾，还包括社交上瘾、色情上瘾、信息上瘾，等等。仅从自我心理学理论来看，人们之所以上瘾是因为在网络虚拟世界中可以匿名加入，减少了陌生焦虑；无须直接面对他人，可以逃避身体外观、肢体语言、声音等实体条件；容易自我表现、提升自我主导权(可以随时下线)、减少与他人直接互动的挫折感。所以想要真正改变，就必须重新看待网络与现实。

之所以有人出现自我怀疑甚至是否定，那是因为终归会回到现实。现实中的自我形象不够好，现实中的朋友也没有那么铁，现实中有太多的不尽如人意。常有人觉得自己或者别人，或许在生活中和在网络中会是两种样子；也有人觉得自己在生活中怎样，在网络中也多半还是那样的。那么到底是如何呢？得克萨斯州立大学奥斯丁分校的 Dr. Gosling 心理学教授也对这个问题做了研究。他们发现，其实人们在现实生活中和在网络中的表现是高度相关的，也就是说往往在生活中更外向的人，在网络上也会表现得更积极。虽然网络不尽真实，但是人们在社交网络上总是表现出自己的社交需求。网络从出现发展到如今，已经成为生活中不可或缺的一部分，也变得不那么虚拟。其实，网络上的一切都在真实发生着。①

但还是有人感觉两者有很大差异。其实，并不是网络带来的差异。而是个人内心的矛盾在网络与现实的冲突中的展现。即使没有网络，每个人都有理想的我与现实的我的矛盾，只是网络为我们提供了一个展现理想我的平台。所以，实际上是自我观察、自我分析、自我评价时，不情愿地看到“理想我”与“现实我”之间存在着较大差距，而这种差距又不是一时半刻能消除的，因而产生了自我意识的矛盾，表现为内心冲突，甚至出现极大的内心痛苦和强烈的焦虑不安。由自我意识的分化带来的种种矛盾冲突是大学生自我意识发展中的正常现象，也是大学生迅速走向成熟的集中表现。自我意识矛盾冲突一方面会使学生感到焦虑苦恼、痛苦不安，可能影响到心理发展和心理健康；另一方面也会促使他们设法解决矛盾，来实现“理想我”与“现实我”的整合统一。这是个痛

① S. D. Gosling, et. al. Manifestations of Personality in Online Social Networks: Self-Reported Facebook-Related Behaviors and Observable Profile Information [J]. Cyberpsychol Behav Soc Netw. 2011, 14 (9): 483-488.

苦而漫长的过程，也是人生必经之路，无人可以代替。

另外，还有一种极端现象——网络双重人格。网络双重人格指的是个体在网络中和现实中分别具有彼此独立、相对完整的人格，二者在情感、态度、知觉和行为等方面都有所不同，有时甚至是处在剧烈的对立面。简而言之，就是一个人在网络中的表现与其在现实生活中的表现有很大的反差，甚至判若两人。网络双重人格不利于个体的健康发展，尤其是青少年，因为这种人格的裂变将直接导致某种心理偏差，如社交恐惧、否定和逃避现实等。同时，它也为社会带来了一些不稳定因素。

☞ **课外拓展**

1.《被讨厌的勇气》，[日]岸见一郎、古贺史健著，渠海霞译，机械工业出版社，2015。

◎ **作者简介：**

岸见一郎，哲学家，1956年生于京都，现居京都。高中时便以哲学为志向，进入大学后屡次到老师家里进行辩论。1989年起致力于研究专业哲学和阿德勒心理学，主要活动领域是阿德勒心理学及古代哲学的执笔与演讲，同时还在精神科医院为许多青年做心理辅导。本书由其负责原案。

古贺史健，自由作家，1973年出生。以对话创作(问答体裁的执笔)见长，出版过许多商务或纪实文学方面的畅销书。他创作的极具现场感与节奏感的采访稿广受好评，采访集《16岁的教科书》系列累计销量突破70万册。近30岁的时候邂逅阿德勒心理学，并被其颠覆常识的思想所震撼。之后，连续数年拜访京都的岸见一郎并向其请教阿德勒心理学的本质。该书中他以希腊哲学的古典手法“对话篇”进行内容呈现。

◎ **内容导读：**

《被讨厌的勇气》是对阿德勒哲学思想的解读(见图2-1)，以类似《理想国》中的对话形式，通过青年与哲人之间关于人生问题的讨论，对阿德勒的心理学作了很好的诠释和示范。该书是日本亚马逊2014年度销售冠军，并连续 300 天雄踞销售榜首。“被讨厌的勇气”并不是要去吸引被讨厌的负向能量，而是如果这是我生命想绽放出最美的光彩，那么即使有被讨厌的可能，我都要用自己的双手双脚往那里走去。“因为拥有了被讨厌的勇气，于是有了真正幸福的可能。”(见图 2-1)

图 2-1 《被讨厌的勇气》

这本书通过青年和哲人五个夜晚的讨论，透过生活中各种烦恼的表象，朴实平直地阐释这些束缚产生的原因，并试图让读者从这些束缚中解脱出来。

◎ **经典语录：**

(1)并非“世界”本身复杂，完全是“你”把世界看得复杂。

(2)你现在无法体会到幸福，因为你不会爱你自己。而且，为了能够爱自己，你希望“变成别人”。你之所以想要变成别人，就是因为你只一味关注着“被给予了什么”。其实，你应该把注意力放在“如何利用被给予的东西”上。

(3)你之所以无法改变，是因为自己下了“不改变”的决心。即使人们有各种不满，但还是认为保持现状更轻松更安心。你之所以不幸并不是因为过去或者环境，更不是因为能力不足，你只不过缺乏“勇气”，可以说是“缺乏获得幸福的勇气”。

(4)比起别人如何看自己，我更关心自己过得如何。“不想被人讨厌”是我的课题，但“是否讨厌我”却是别人的课题。

2.《当下的力量》，[德]埃克哈特·托利著，曹植译，中信出版社，2009。

◎ **作者简介：**

埃克哈特·托利，生于德国，从伦敦大学毕业后，他在剑桥大学担任研究员和导师。29岁那年，一次意外的经历彻底改变了他的生活。在接下来的几年里，他致力于解释、整合和深化这种变化。埃克哈特·托利不倾向于任何一种宗教或传统。他在教学当中，用一种简单明了的语言传达出古代心灵导师的简单而深刻的信息：我们可以摆脱痛苦并进入内心的平和世界(见图2-2)。

图2-2　埃克哈特·托利

目前，埃克哈特·托利在世界各地旅游讲学，他努力将自己的心灵启迪实践传授给世界各在的人。自1996年以来，他居住在加拿大的温哥华。

◎ **内容导读：**

《当下的力量》曾位列《纽约时报》畅销书排行榜第一名，被翻译成30多种文字，畅销全球200多万册！被誉为我们这个时代最具影响力的心灵之书(见图2-3)！

图2-3 《当下的力量》

那些没有找到真正财富——存在的欢乐以及与它紧密联系在一起的、深深的、不可动摇的宁静——的人就是故事中的那个乞丐，即便已经拥有很多财富，但他们依然在四处找寻。他们不知道，自己不仅已经拥有了所有这些，还拥有了更为珍贵的东西，那就是——当下的力量。

阅读该书的过程是一趟发现之旅。在作者这位心灵导师的引导下，你会惊讶地发现，自己一直都处在大脑或思维的控制之下，生活在对时间的永恒焦虑中。我们忘不掉过去，更担心未来。但实际上，我们只能活在当下，活在此时此刻，所有的一切都是在当下发生的，而过去和未来只是一个无意义的时间概念。通过向当下的臣服，我们才能找到真正的力量，找到获得平和与宁静的入口。

经典语句：

(1)其实我们一直都处在大脑或思维的控制之下，生活在对时间的永恒焦虑中。我们忘不掉过去，更担心未来。但实际上，我们只能活在当下，活在此时此刻，所有的一切都是在当下发生的，而过去和未来只是一个无意义的时间概念。通过向当下的臣服，你才能找到真正的力量，找到获得平和与宁静的入口。在那里，我们能找到真正的欢乐，拥抱真正的自我。

(2)请充分地利用你的感官。定静在原处，环顾四周，但是看看就可以了，不要去做任何的分析与解释。观察一些光线、形状、颜色、质感等。关注每个东西宁静的存在，关注那个容许所有事物存在的空间。倾听声音，但不要去判断它。聆听声音之下的宁静。触摸一些东西，任何东西，并感觉和认可它们的存在。观察你呼吸的节奏，感觉空气的流入、流出，感觉在你体内的生命的能量。允许外在和内在所有事物的发生，接受万物的“本来面目”，深深地迈进当下时刻。

(3)任何沉溺上瘾都源自你无意识地拒绝去面对和经历痛苦。每一次沉溺都始于痛苦而又止于痛苦。无论你沉溺于什么——酒精、食物、合法的或非法的药物，或者一个人，你都是用某些东西或某人来掩盖你的痛苦。这就是为什么在开始的激情过后，在爱情关系中留下的是如此多的不快乐和痛苦。关系本身没有造成痛苦和不幸。它们只是将已经在你内在的痛苦和不快乐引发出来。每一次沉溺上瘾都是这样的。每一次沉溺都会达到一个点，在这个点上，它不会再对你有效，这时，你的痛苦就会比以前更为强烈。

(4)首先，学会专注当下，对曾经和未来不必计较太多，我们对曾经和未来要明白几点：一要总结曾经的经验，二要坚定的对未来的信念，这个信念是我现在的努力在未来的某一天一定会有所收获。其次，专注你的身体，学会聆听你的身体，从而学会聆听世界的事物；不能妄加自己的联想，要以事实说话。爱护你身体的每一个部分，从而营造一个身心健康的身体，学会包容，有良好心态。

# 第三章 “学霸进化论”

☞ 内容导入

《礼记》中《大学》有云：“大学之道，在明明德，在亲民，在止于至善。知止而后有定，定而后能静，静而后能安，安而后能虑，虑而后能得。物有本末，事有始终。知所先后，则近道矣。古之欲明明德于天下者，先治其国；欲治其国者，先齐其家；欲齐其家者，先修其身；欲修其身者，先正其心；欲正其心者，先诚其意；欲诚其意者，先致其知。致知在格物，物格而后知至，知至而后意诚，意诚而后心正，心正而后身修，身修而后家齐，家齐而后治国，国治而后天下平。自天子以至于庶人，壹是皆以修身为本。其本乱而未治者，否矣。而其所厚者薄，而其所薄者厚，未之有也。此谓知本，此谓知之至也。”这段话很好地诠释了大学的学习目的、学习过程以及最终的学习结果。通过对本章的学习，可以帮助我们更加了解大学的学习特点、学习要求，从而树立正确的学习目标、采用科学的学习方法，最终使我们学有所得、学有所用。

## 第一节 大学学习有套路

很多大学新生会有这样的疑问：大学学习有这么紧张吗？大学生活无疑是非常丰富多彩的。学习只占了大家大学生涯的一部分，但这一部分却是最重要的。正是因为大学的学习形式和内容跟高中相比发生了很大的改变，因此我们更要利用有限的时间尽量多地摄取一些与专业相关的知识。大学学习是什么样子的画面呢？我能不能成为学霸呢？下面我们首先来探讨大学的学习特点。

## 一、竞争性学习向自主性学习转变

在高中阶段，我们经历的是一种竞争性的学习状态，在学习的过程中将同时要参加高考的其他人当做竞争对手，学习的主要目的就是战胜竞争对手。战胜对手的方式，一是比别人多学知识，二是得到作为“重要他人”的教师的肯定和赞许。在竞争性学习观指导下的学习，知识的掌握处于次要地位，因为掌握知识成了战胜别人的手段，战胜别人才是根本目的。在极端情况下，掌握多少知识并不重要，关键是比别人多学了多少知识。大家的目标就是为了考出比别人更高的分数，进入更好的大学，谈到班上的同学首先联想到的可能就是他的分数排名。

进入大学之后，大家要战胜的对手不再是别人，而是自己。因为个体发展目标多样化，评价标准从单一到多元，也没有了高考的压力和老师父母的督促，这就要求大家学会自主学习。

自主学习是指学习者自己做主，不受别人支配，不受外界干扰，通过阅读、听讲、研究、观察、实践等手段，通过独立地分析、探索、实践、质疑、创造等方法来实现学习目标。自主学习是与被动学习相对立的一种学习方式，更强调学习者的自主性、自律性、自觉性。

自主学习是一个自我探索、自我选择、自我建构、自我创造的学习过程，通常包含四个特点：

(1)主观意愿为学习的内在驱动力；

(2)学习活动之前的相应计划和安排；

(3)对学习的内容方式有自我选择性；

(4)学习过程中对学习活动进行自我监控及调节修正。

自主学习是积极主动的学习，能自主学习的人具有渴求独立学习的愿望，能够迅速意识到有必要改变自己的个人、人际交流和管理行为，敏锐觉察到对个人能力要求的变化，并做出相应的改变。

## 二、课程的内容和形式更具灵活性

在大学校园里，上课没有固定的教室、固定的座位，有一些通识课程几个班合班上课的情况也比较多。进入大学二年级后，每个同学的课表可能都不一样，同一个寝室的同学有的今天有课，有的今天没课。这里有一个小笑话，讲的是大学里一个老师正在给学生上课，要板书的时候发现粉笔没有了，他就随机指派了一位同学到其他的教室借粉笔，这位同学出去后过了5分钟回到本来上课的教室门口问：“老师，请问有多的粉笔吗？”上课的老师懵了没有回答他继续讲课，这位同学于是离开了。过了5分钟他又回来了，走到门口说，“老师，我刚问了附近教室的老师，没有多的粉笔。”老师彻底懵了，原来他根本没有记住上课的老师和教室。这个笑话说明了什么呢？说明了大学上课的时间、地点、老师以及学生群体的不固定性，有的同学一天要上的课可能会分布在不同的教学楼。在授课的进度上，老师一节课的时间有可能讲完了半本书的内容，来到大学后，大家要主动去适应这种学习环境和学习方式的变化，尤其需要我们发挥主动性，课前去预习课程相关的知识、课后注意及时复习和完成作业，上课出勤率、课堂表现以及作业完成的情况等，这些都是平时成绩的重要依据，大家可以把老师出现在课堂授课的时间作为自己验证、巩固知识以及请老师答疑的过程，请大家做好学习的充分准备。大家在开学前应该都加入了学院的新生QQ群，可以在群里找学长学姐要一下他们大一学年的课表，这样就可以在网上查找一些与自己专业相关的基础或通识课程的学习资料提前开始预习。

## 三、学习的评价标准更加多样化

国内大部分高校采取了综合测评指标体系。例如，武汉纺织大学采用的综合测评指标体系如表3-1所示，每学期同学们的综合成绩排名包含智育成绩、社会工作、志愿活动以及课外科技活动等几个部分，每位同学在完成基本的学习任务后，大家有更多的选择来做自己感兴趣的事情。因此，进入大学后，大家要树立自主学习的理念，自己主导自己的学习过程，制定学习目标，学会自我管理、自我监督以及自我评价，根据学习效果不断调整自己的学习状态。学习是人类认识自然和社会、不断完善和发展自我的必由之路。在社会发展和知识更迭加速度的时代，我们还要树立终身学习的理念，终身学习讲的是人一生都要学习，即使大家以后毕业了走上社会，学习的内容和形式发生了变化，但是学习这件事本身是不会变的。前不久，科学家袁隆平在中非农业合作发展研讨会上献上一段英文致辞，震惊了很多人，他在近 90 岁的年纪还在不断学习和工作，这就是终身学习的典范。因此，对于大家来说，大学只是一个开端，学习不仅在大学阶段、它还将伴随人的整个生命历程并影响人一生的发展。这是不断发展变化的客观世界对人们提出的要求，也是时代对我们青年人的要求。

表 3-1　　　　　　**综合测评指标体系**

<table>
<tr><td>类别</td><td colspan="6">德育素质</td><td>智育素质</td><td>体育素质</td><td>综合素质</td><td>附加分</td></tr>
<tr><td>总分</td><td colspan="6">15 分</td><td>80 分</td><td>5 分</td><td rowspan="2">100 分</td><td rowspan="2">参照附加分加分标准执行</td></tr>
<tr><td>项目</td><td>政治素质</td><td>遵守纪律</td><td>集体观念</td><td>实践与行动</td><td>行为规范</td><td>清洁卫生</td><td>一学期各门功课平均成绩积分 = $\frac{\sum \text{所修课成绩该课程学时数} \times 80\%}{\text{本学期总学时}}$</td><td>体育成绩或体育活动</td></tr>
</table>

注：所修课成绩以同年级同专业同班确定统一标准计。

（资料来源：《武汉纺织大学学生综合测评积分实施办法》）

在学业评价方面，自从 1985 年我国开始倡导实行学分制以来，“绩点”也逐渐发展并运用为评价学生学习成绩的衡量指标。例如北京大学自2002年开始全面使用国际通行的学生学习成绩评估体制——平均学分绩点(GPA)，学生所学课程都参与GPA计算(2002级以前的学生，仍按各院系自己制定的规则执行)，计算机将自动完成对学生成绩的GPA计算，并列入成绩单中。该校教务部已将这种机制写进“大学生学籍管理细则”中。目前，GPA这种衡量学生学习质量的方法已逐步被大家所理解、接受。平均学分绩点换算的方法是把各科成绩按绩点数乘以学分，再以总学分除之。分数成绩和绩点数的换算方式为，将百分数的成绩换算为5点计分的成绩，100分代表绩点为5，比如95分的绩点在4到4.5之间，85分的绩点在3到3.5之间……以此类推，不同的学校计算方法会有细微差别。在校总成绩绩点一般为所修全部课程加权平均绩点。一门课程的最终成绩包含平时成绩和期末成绩，一般平时成绩所占比例为30%~40%，期末考试成绩所占比例为70%~60%，平时成绩是老师对一名同学上课出勤率、作业完成情况以及课堂表现等的综合评价分数，期末考试成绩一般为卷面考试得分，最后按照比例计算平时成绩加期末卷面考试成绩的分数之和就是这门课的最终分数。为了使GPA准确评价学生的学习成绩，课程老师一般会将各门课程最终的考试成绩呈正态分布，并适当控制优秀率、及格率以及不及格率，力求客观反映学生在该门课程的学习状态。

在课程设置方面，如武汉纺织大学按照本科生培养计划设定了必修课、选修课、实践课等不同课程，各种课程按照权重占一定的比例和学分。如表3-2所示，小杨同学大一上学期的课表，英语、大学生心理健康和形势与政策是通识课程，高等数学和工程图学是学科基础课程，此外还有专业概论和体育等。每学期同学们需要根据专业及学分要求，结合自身情况和兴趣在网上选定各项课程进行修读，每门课程的考试时间主要集中在课程结课那一周或者在学期的最后几周。曾经有人将大学的学习资源比做一个大型的“学习超市”，在这个学习超市里面，有各种各样的学习课程，还有线上和线下多种多样的学习资源。英语、高等数学等通识课程是定期修读的，专业选修课的门数是随着年级的提升而增加的，公共选修课在毕业之前要修满 8 个学分。例如小杨同学在大一上学期学习的课程达到 8 门，大一下学期学习的课程达到 12 门，此外他还在线上教育平台上选择了一门“完美着装”的慕课。

表 3-2　　**纺织类 11801 课表(2018—2019 学年第 1 学期)**

<table>
<tr><th>时间段</th><th>节次</th><th>星期一</th><th>星期二</th><th>星期三</th><th>星期四</th><th>星期五</th></tr>
<tr><td rowspan="5">上午</td><td>1</td><td rowspan="3">英语技能训练</td><td></td><td rowspan="5">工程图学</td><td></td><td></td></tr>
<tr><td>2</td><td></td><td></td><td></td></tr>
<tr><td>3</td><td rowspan="3"></td><td rowspan="2">大学生心理健康教育</td><td rowspan="2">专业概论</td></tr>
<tr><td>4</td><td></td></tr>
<tr><td>5</td><td></td><td></td><td></td></tr>
<tr><td rowspan="4">下午</td><td>6</td><td></td><td></td><td></td><td rowspan="2">形势与政策</td><td rowspan="3">高等数学</td></tr>
<tr><td>7</td><td></td><td></td><td></td></tr>
<tr><td>8</td><td rowspan="2">大学生心理健康教育</td><td rowspan="2">体育</td><td></td><td rowspan="2">大学英语</td></tr>
<tr><td>9</td><td></td><td></td></tr>
<tr><td rowspan="3">晚上</td><td>10</td><td></td><td></td><td rowspan="3">高等数学</td><td></td><td></td></tr>
<tr><td>11</td><td></td><td></td><td></td><td></td></tr>
<tr><td>12</td><td></td><td></td><td></td><td></td></tr>
</table>

(资料来源：武汉纺织大学教务管理系统)

对大学学习特点有一定的把握后，我们可以初步掌握大学的学习套路，提前做好相关准备，同学们暑期在家里可以尝试着根据小杨同学的课程表来制订一周的学习、工作和娱乐计划。

## 第二节　学习使你快乐吗?

通常面临“学习使你快乐吗?”这样的问题，大家可能会思考一下再回答，而答案必然也是五花八门或五味杂陈的，答案为单一“是”或“否”的情况较少出现。我们青年朋友不妨思考一下：来到大学学习的目的是什么，是为了找到一份好工作？考公务员？还是考研、出国深造？或者仅仅是为了混个文凭？这些作为我们的现实目标是无可厚非的，但是作为接受高等教育的大学生来说，应该有更高的精神追求。国家主席习近平曾经这样寄语当代青年：“青年人正处于学习的黄金时期，应该把学习作为首要任务，作为一种责任、一种精神追求、一种生活方式。”①作为最终要承担起国家、社会和家庭责任的青年人来说，无论是什么样的学习动机，都要将其转化为学习的行动。要认识到现实目标是一种途径和手段，最终目的是实现人生价值。在本节内容中我们一起来探讨一下学习这一行为背后的心理机制。

## 一、获取学习的原动力

心理学界有这样一个著名的小故事，一位已经退休的心理学家喜爱安静的环境，可是有一群孩子总在老人家门前嬉笑打闹，制止了几次后他们反而声音更大了，因为孩子们觉得这样玩闹很有意思。于是这位心理学家想出了一个办法：他提出给每个孩子 25 美分，告诉他们：“孩子们，因为你们在这儿玩儿，这里变得热闹，让我年轻了不少，这点钱表示谢意。”孩子们很高兴，第二天仍然来了，一如既往地嬉闹，老人再提出给每个孩子 15 美分，他解释说：“孩子们，我没有多少收入，只能少给点。”孩子们觉得 15 美分还可以，拿到钱后高兴地走了。第三天，老人只给每个孩子 5 美分，孩子们勃然大怒，一天才给 5 美分，知不知道我们多辛苦。最后，老人家一分钱也没给了。最终的结果就是这群孩子再也没在他门口打闹了。他们已经忘了最初是因为觉得快乐、好玩才嬉笑打闹的。从这个例子中我们不难看出行为的背后有更深层次的动机，而且这种动机会随着外界的环境变化而发生改变。

① 习近平．习近平谈治国理政[M]．北京：外文出版社，2014：51.

美国心理学家爱德华·戴瑟对人类行为进行分析时，发现个体的行为有自我决定行为和非自我决定行为，内部动机(例如求知欲、兴趣爱好以及改善和提高自己能力的愿望等)可以促使个体产生自我决定行为，外部动机(例如应付考试、得到奖赏等)可以促使个体产生非自我决定行为。但在一定条件下，内外动机是可以互相转化的。比如在上面的小故事中，孩子们的自我决定行为因为老人的奖赏转化为非自我决定行为，最终导致行为的终止。另外一种情况是当个体的基本心理需要得到满足时，外部动机可以向内部动机转化，这时非自我决定行为会逐渐演变为自我决定行为。①

在大学里面，我们的学习体系中有一些是比较有趣的人文科学知识，但也有一些是比较枯燥的自然科学知识。那么在进行课程学习的时候，可以用“我选择去学……”来代替“我不得不去学……”，将学习的被动行为转化为主动行为，这样学习的动机就可以从外部转向内部，学习这种行为将会内化为一种持续性的自觉行为，最终实现自我的价值。

案例：曾因“挂科”(意即考试不及格)被“学业预警”的小高同学曾这样说：“刚进大一的时候，除了上课的时候听下讲，作业就是交的时候临时抄一下其他同学的。其他时间要么出去逛街，要么和同学一起打游戏，或者是和朋友聚会，结果学习就荒废了，期末考试的时候，高数、概率论以及工程制图‘挂科’了，当时我都怀疑人生了，自己数学成绩还可以怎么会‘挂科’呢？后来辅导员对我进行了学业预警，我自己也觉得不能再这样下去了。我开始认真学高数和其他课程，刚学的时候我觉得自己根本看不进去书，后来随着时间的积累，会做的题多了，知识融会贯通后慢慢也有成就感发现了学习的乐趣。大一下学期我和同学一起组了个队报名参加学校的科技比赛，成功入围决赛。接下来还要参加其他的比赛，现在我觉得每天都过得很充实，不会再像之前那样迷茫。”像小高同

① Edward Deci & Richard M. Ryan. Intrinsic Motivation and Self-Determination in Human Behavior[M]. New York: Plenum Press, 1985.

学这种情况，最开始他学习的动力只是为了再也不挂科，但当他找到自信并且发现学习的乐趣后，学习已经变成了他的自觉行为。

◎ **阅读材料**

### 学业预警①

学业预警是针对学生在学习过程中出现的不良情况，及时提示、告知学生本人及其家长可能产生的不良后果，并有针对性地采取相应的防范措施，通过学校、学生和家长之间的沟通与协作，对学生全方位、多层次地给予帮扶引导，帮助学生顺利完成学业的一种信息沟通和危机预警制度。学业预警分为黄色预警、橙色预警和红色预警三个等级。具体如下：

(1)黄色预警：上一学期课程有两门不及格；受到通报批评、警告处分。

(2)橙色预警：上一学期课程有三门不及格；课程累计五门(含五门)以上不及格；必修课累计重修学分<20分；给予严重警告处分。

(3)红色预警：上一学期课程有五门不及格；课程累计八门(含八门)以上不及格；必修课累计重修学分≥20学分；给予记过、留校察看处分。

以上各项预警等级中凡出现任一情况即可进行相应等级的预警。

## 二、获取学习的高峰体验

我们曾经随机采访过校园里的大学生对高中生活的体会，他们普遍觉得高中学习生活苦，但是他们又渴望重新回到那样的学习状态中。既然苦，

① 资料来源：《武汉纺织大学学业预警实施办法》。

那为什么大家却念念不忘要重回学习的巅峰时刻呢？下面我要为大家介绍人本主义心理学家马斯洛在他的需要层次理论中创造的一个名词——“高峰体验”。这种体验是指人们在追求自我实现的过程中，基本需要获得满足后，达到自我实现时所感受到的短暂的、豁达的、极乐的体验，是一种趋于顶峰、超越时空、超越自我的满足与完美体验。在高峰体验时，人会产生一种存在认知，这与一般的认知不同，这种体验仿佛与宇宙融合了，是人自我肯定的时刻，是超越自我的、忘我的、无我的状态。

在大学里知识获取的过程不一定是快乐的，因为我们需要花费一定的时间精力去学习、记忆、理解和实践这些知识；但当知识内化为人的认知的一部分、转化为个人的能力时，我们往往会获得高峰体验。这种体验和追剧、打游戏、逛街等轻松的娱乐消遣获得的短暂愉悦不同，它是通过反复失败的实验最终获得成功、辛苦准备竞赛最终获得理想的结果、努力完成学业达到既定的目标才得到的体验。关于高峰体验的记忆将会伴随我们的一生，也会影响我们的一生。

## 三、用延迟满足奖励学习行为

延迟满足是指一种甘愿为更有价值的长远结果而放弃即时满足的抉择取向，以及在等待期中展示的自我控制能力。它的发展是个体完成各种任务、协调人际关系、成功适应社会的必要条件。延迟满足也是我们平常所说的“忍耐”，即为了追求更大的目标、获得更大更高层次的享受，可以克制自己的欲望，放弃眼前的诱惑。延迟满足并不是单纯地等待或压制需求，而是一种克服当前的困难情境而力求获得长远利益的能力。延迟满足能力强的个体，更容易发展出较强的社会竞争力、较高的工作和学习效率；同时具有较强的自信心，能更好地应付生活中的挫折、压力和困难；在追求自己的目标时，更能抵制住即刻满足的诱惑，而实现长远的、更有价值的目标。

美国心理医生斯科特·派克的《少有人走的路：心智成熟的旅程》一书中曾描写过这样一个例子，一位30岁左右的女性财务分析师因为在工作和生活中遭遇到问题和压力而产生了焦虑情绪，并向他求助。派克和她一起分析后发现，这位来访者对待工作的态度是：上班第一个钟头先做容易和喜欢的事情，剩下的时间尽量规避棘手的差事。派克建议她在上班的第一个钟头，先去解决那些麻烦的事情，在剩下的时间里，其他的工作会变得相对轻松。来访者采用了他的建议并坚持一段时间后，因为工作和生活产生的压力和焦虑也逐渐消除。因为“推迟满足感，意味着不贪图暂时的安逸，重新设置人生快乐与痛苦的次序：首先，面对问题并感受痛苦；然后，解决问题并享受更大的快乐，这是唯一可行的生活方式”①。换言之，在我们大学生的日常生活中，每天可以把学习任务先完成，然后剩下的时间用来做自己喜欢的事情，如阅读、娱乐或休闲等。

### (一)“延迟满足”的心理学实验

20世纪60年代，美国斯坦福大学心理学教授沃尔特·米歇尔设计了一个著名的关于“延迟满足”②的实验。研究人员找来数十名儿童，让他们每个人单独待在一个只有一张桌子和一把椅子的小房间里，桌子上的托盘里放着棉花糖、曲奇或是饼干棒。研究人员告诉他们可以马上吃掉这些零食，或者等研究人员回来时再吃还可以再得到一颗棉花糖作为奖励。他们还可以按响桌子上的铃，研究人员听到铃声会马上返回。对这些孩子们来说，实验的过程颇为难熬。有的孩子为了不去看那诱惑人的棉花糖而捂住眼睛或是背转身体，还有一些孩子开始做一些小动作——踢桌子，拉自己的辫子，有的甚至用手去打棉花糖。结果，大多数的孩子坚持不到3分钟就放弃了。一些孩子甚至没有按铃就直接把糖吃掉了，另一些则盯着桌上的棉花糖，半分钟后按了铃。大约三分之一

---

① ［美］M. 斯科特. 派克. 少有人走的路：心智成熟的旅程［M］. 于海生，严冬冬，译. 北京：中华工商联合出版社，2017：7.

② ［美］沃尔特·米歇尔. 棉花糖实验：自控力养成圣经［M］. 任俊，闫欢，译. 北京：北京联合出版公司，2016：1-10.

的孩子成功延迟了自己对棉花糖的欲望，他们等到研究人员回来兑现了奖励，差不多有 15 分钟的时间。

研究人员在数年后对当年实验的参与者进行了跟踪调查，给他们的父母、老师发去调查问卷，针对这些孩子的学习成绩、处理问题的能力以及与同学的关系等方面进行了提问。调查结果发现，当年马上按铃的孩子无论在家里还是在学校，都更容易出现行为上的问题，成绩分数也较低。他们通常难以面对压力、注意力不集中而且很难维持与他人的友谊。而那些可以等上 15 分钟再吃糖的孩子在学习成绩上比那些马上吃糖孩子的成绩普遍要高很多。实验并未就此结束。米歇尔和其他研究人员继续对当年的实验参加者进行研究，直到他们 35 岁以后。研究表明，当年不能等待的人成年后有更高的体重指数，更容易有吸毒方面的问题。

### （二）延迟满足的训练方法

我们可尝试使用“ABCD”法则来训练自己延迟满足的能力，其中“A”代表行为，“B”代表现在，“C”代表未来，“D”代表改变的策略。例如上个实验中得到棉花糖奖励的儿童，他们中有的人闭上眼睛或是头枕双臂做睡觉状，努力与眼前的棉花糖“隔离”。培养延迟满足的重要策略之一就是与让我们分心的奖赏保持距离，比如在做计划的时候就把困难的工作或者会谈约在前面，或者优先与别人确定这些事务的最后期限。此外，把短期满足带来的长期恶果或者延迟满足带来的好处具体化也是一种有效的激励手段，比如把自己解决一个困难后能得到的奖励放在目所能及的位置等。具体步骤如表 3-3 所示：

表 3-3　**训练自己延迟满足的能力**

| 法则 | 步　骤 |
|---|---|
| A：行为 | 逃避学习 |
| B：现在 | 先浏览网页 |

续表

| 法则 | 步 骤 |
|---|---|
| C：未来 | 阅读英文文献 |
| D：改变的策略 | 隔绝网络，开始阅读英文文献，结束后奖励自己看一部英文电影 |

本节的学习结束后，大家会觉得学习使自己快乐吗？如果你的答案是肯定的，祝贺你！你已经获取了快乐学习的法则，并且完成了学霸进化的第二步！同学们可以回忆一下自己的高峰体验有哪些，尝试着把它记录下来，并且在自己未来的学习和生活中有意识地训练自己延迟满足的能力，把控好自己的学习和生活节奏。

## 第三节 学霸是怎样炼成的？

如果大家完成了学霸进化的第一步和第二步，接下来就要在学海中遨游了。我们可以看到，现在的社会是不缺学习资源和学习渠道的，尤其是在网络资源这么丰富的情况下，想要学到一门特定的知识就可以找到相应的视频、资料或软件进行学习。因此，同学们现在就要学会将标准性的学习方式转变为探索性的学习方式。在高中时为了应对高考，老师会告诉我们这门课有可能考什么、怎么做才能拿分，并且通过不断地练习、强化来巩固这些考点知识，因此我们学习的内容相对集中和单一。到了大学，课程相对丰富、老师的授课形式也比较多样化。老师不会从一开始就告诉我们考什么、怎么拿高分，重要的是我们自己去探索，能够在了解课程的基础上去发现新问题、思考并解决这些新问题。我们可以根据大学的学习特点，结合自身情况，采用科学的学习方法制订合理的学习计划来完成自己的学习目标。

### 一、克服拖延症：番茄工作法

在大学里，不会有老师从早到晚监督大家有没有在座位上学习，对于同学们来说属于自己的时间多了，但属于学习的时间不一定会变多。这就需要大家具有强大的自控能力，克服拖延症。

可能我们有的同学要说，我从小学到高中每天都在学习，每天坚持复习、看书么太简单了，事实上很多同学在大学里学习的时候手边放了电子产品，注意力很容易被分散掉，那么对于大家来说，可能坐在那里两个小时，有效学习时间是不足 20 分钟的。这时，大家可以采用一种“番茄工作法”，如图 3-1 所示，这是弗朗西斯科 · 西里洛发明的微观时间管理方法，主要用于学习或工作任务。具体程序是：用定时器、软件或闹钟来设定你的番茄钟，时间是 25 分钟；接下来开始学习直到番茄钟响铃或提醒你 25 分钟时间到；这个时候停下来，在待完成事项的列表里这项任务的后画个对号；然后休息 3～5 分钟，活动一下；然后开始下一个番茄钟，继续学习；每 4 个番茄钟后，休息 25 分钟。这种操作方法比较简单，同学们可以在尝试使用番茄钟的方法来完成学习任务。①

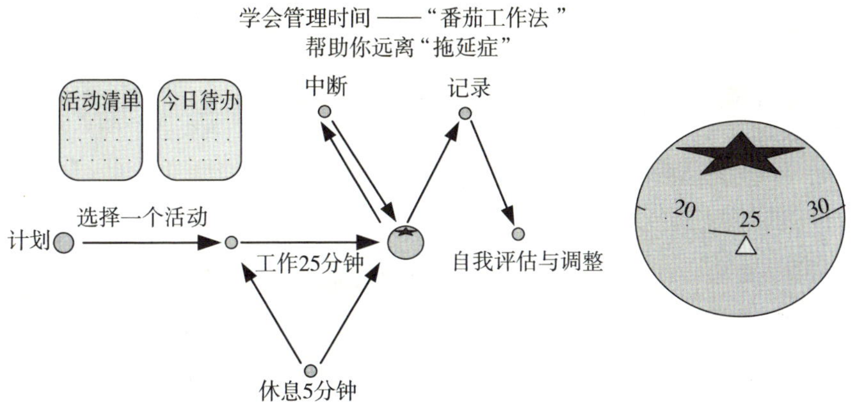


图 3-1　“番茄工作法”步骤图

① ［意］弗朗西斯科 · 西里洛. 番茄工作法：有效地使用每一点时间和脑力［M］. 廖梦韡，译. 北京：北京联合出版公司，2019：11-15.

## 二、增强记忆力：不断强化

德国心理学家艾宾浩斯发现了著名的“遗忘曲线”(如图 3-2 所示)，他利用无意义音节作为记忆的实验材料，通过让人们背诵后再隔一段时间重新学习并达到再次记忆的目的。结果发现第一天遗忘速度最快，学到的知识在一天后如果不加紧复习，就只剩下原来的四分之一。随着时间的推移遗忘速度越慢，遗忘数量也在减少。到了第 6 天，基本不会再遗忘。因此，如果我们对知识的学习能够抓紧时间按照遗忘规律来加强复习，那么我们可能永远记住它。

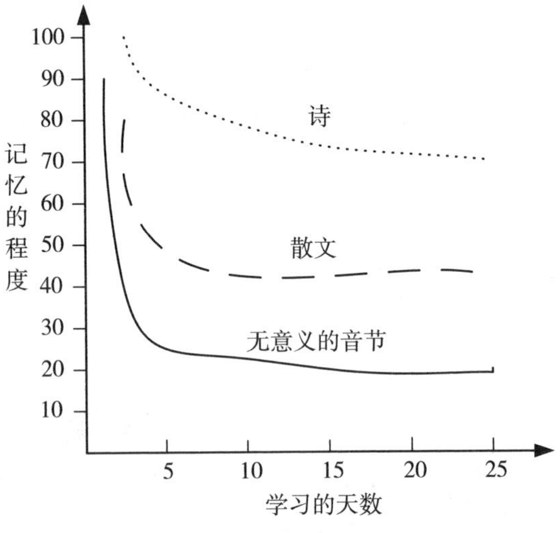


| 时间间隔 | 记忆量 |
|---|---|
| 刚刚记忆完毕 | 100% |
| 20分钟之后 | 58.2% |
| 1小时之后 | 44.2% |
| 8~9个小时之后 | 35.8% |
| 1天后 | 33.7% |
| 2天后 | 27.8% |
| 6天后 | 25.4% |
| 1个月后 | 21.1% |

图 3-2　艾宾浩斯遗忘曲线图

**案例：** 目前已处于大三阶段的学霸小尹同学，在大一和大二学年智育和综测分数均达到 100 分，平均绩点达到 4.27。她是这样评价自己的学习状态的——“对于我来说，学习好像是每天自然而然都要做的事情，新生小可爱们暑假可以提前学习一下英语，在网上找一些专业相关的知识了解一下。进校后对于偏理工科类的基础课程一定要做好提前预习，自己画好重点，这样才能深度理解知识点。当然了，有的时候学习是比较枯燥，我学习的时候一般待在图书馆，每当看到周围那些认真学习的小伙伴就会激励我继续加油学下去，特别是当自己解决一个难题后那种成就感特别棒。周末我一般会学习一天休息一天，休息的时候会看看电影、和同学逛下街，同时思考一下接下来的一周学习内容是什么，要达到什么样的学习目标。凡事贵在坚持，当学习形成一种习惯后想要学好就是一件比较容易的事情了。”(见表 3-4、表 3-5)

表 3-4　　**小尹在校期间成绩绩点一览表**

| 姓名 | 第一学期 | 第二学期 | 第三学期 | 第四学期 | 总平均学分绩点 | 总获得学分 | 班级 | 年级 |
|---|---|---|---|---|---|---|---|---|
| 小尹 | 4.14 | 4.36 | 4.27 | 4.28 | 4.27 | 106.5 | 纺织工程 | 2017 |

表 3-5　　**小尹在校期间各科成绩绩点一览表(续)**

| 序号 | 课程名称 | 成绩 | 学分 | 课程类别 | 学期 | 绩点 | 学年 |
|---|---|---|---|---|---|---|---|
| 1 | 暑期社会实践Ⅰ | 95 | 1.0 | 实践课 | 2 | 4.50 | 2017—2018 |
| 2 | 体育Ⅱ(跆拳道) | 93 | 1.0 | 公共基础课 | 2 | 4.30 | 2017—2018 |
| 3 | 工程力学 | 95 | 4.0 | 专业课 | 2 | 4.50 | 2017—2018 |
| 4 | 工程训练(A) | 良好 | 1.5 | 实践课 | 2 | 3.50 | 2017—2018 |
| 5 | 大学物理 AⅠ | 96 | 3.5 | 专业课 | 2 | 4.60 | 2017—2018 |
| 6 | 计算机基础 B(24 学时) | 96 | 0.5 | 通识课 | 2 | 4.60 | 2017—2018 |
| 7 | 高等数学 A(Ⅱ) | 100 | 4.5 | 专业课 | 2 | 5.00 | 2017—2018 |
| 8 | 药物与健康 | 96 | 2.0 | 通识选修课 | 2 | 4.60 | 2017—2018 |
| 9 | 大学基础英语 BⅡ | 89 | 2.0 | 通识课 | 2 | 3.90 | 2017—2018 |
| 10 | 英语技能训练 BⅡ | 93 | 1.0 | 通识课 | 2 | 4.30 | 2017—2018 |
| 11 | 思想道德修养与法律基础 | 89 | 2.0 | 通识课 | 2 | 3.90 | 2017—2018 |
| 12 | “两课”实践-思修 | 84 | 1.0 | 通识课 | 2 | 3.40 | 2017—2018 |
| 13 | 大学生心理健康教育 | 优秀 | 2.0 | 通识课 | 2 | 4.50 | 2017—2018 |

续表

| 序号 | 课程名称 | 成绩 | 学分 | 课程类别 | 学期 | 绩点 | 学年 |
|---|---|---|---|---|---|---|---|
| 14 | 国际标准交谊舞 | 88 | 2.0 | 通识选修课 | 2 | 3.80 | 2017—2018 |
| 15 | 体育Ⅰ(跆拳道) | 95 | 1.0 | 公共基础课 | 1 | 4.50 | 2017—2018 |
| 16 | 纺织化学 | 95 | 3.0 | 专业课 | 1 | 4.50 | 2017—2018 |
| 17 | 专业概论 | 良好 | 0.5 | 专业课 | 1 | 3.50 | 2017—2018 |
| 18 | 工程图学 B | 91 | 4.0 | 专业课 | 1 | 4.10 | 2017—2018 |
| 19 | 高等数学 A(Ⅰ) | 93 | 4.5 | 专业课 | 1 | 4.30 | 2017—2018 |
| 20 | 大学基础英语 BⅠ | 91 | 2.0 | 通识课 | 1 | 4.10 | 2017—2018 |
| 21 | 英语技能训练 BⅠ | 92 | 1.0 | 通识课 | 1 | 4.20 | 2017—2018 |
| 22 | 军事理论与训练(军训) | 合格 | 1.5 | 实践课 | 1 | 3.00 | 2017—2018 |
| 23 | 纺纱学 | 87 | 4.5 | 专业课 | 2 | 3.70 | 2018—2019 |
| 24 | 针织学(纬编) | 97 | 3.5 | 专业课 | 2 | 4.70 | 2018—2019 |
| 25 | 织物组织与结构实验 | 优秀 | 1.0 | 专业课 | 2 | 4.50 | 2018—2019 |
| 26 | 织物组织与结构 A | 95 | 2.5 | 专业课 | 2 | 4.50 | 2018—2019 |
| 27 | 纺纱实验(分散) | 优秀 | 1.0 | 实践课 | 2 | 4.50 | 2018—2019 |
| 28 | 纺纱学教学实习 | 优秀 | 1.0 | 实践课 | 2 | 4.50 | 2018—2019 |
| 29 | 暑期社会实践Ⅱ | 95 | 1.0 | 实践课 | 2 | 4.50 | 2018—2019 |
| 30 | 针织学教学实习 | 95 | 1.0 | 实践课 | 2 | 4.50 | 2018—2019 |
| 31 | 电子技术 A | 96 | 3.5 | 专业课 | 2 | 4.60 | 2018—2019 |
| 32 | 体育Ⅳ(健美操) | 95 | 1.0 | 公共基础课 | 2 | 4.50 | 2018—2019 |
| 33 | 概率论与数理统计 | 100 | 3.0 | 专业课 | 2 | 5.00 | 2018—2019 |
| 34 | 从故事学职场潜规则 | 中等 | 2.0 | 通识选修课 | 2 | 2.50 | 2018—2019 |
| 35 | 英语语言拓展 B(中国文化概况) | 89 | 1.0 | 通识课 | 2 | 3.90 | 2018—2019 |
| 36 | 中国近现代史纲要 | 93 | 2.0 | 通识课 | 2 | 4.30 | 2018—2019 |
| 37 | 纺织材料实验技术 | 优秀 | 2.0 | 专业课 | 1 | 4.50 | 2018—2019 |
| 38 | 纺织材料学(A) | 96 | 4.5 | 专业课 | 1 | 4.60 | 2018—2019 |
| 39 | 机械设计基础 B | 良好 | 3.0 | 专业课 | 1 | 3.50 | 2018—2019 |

续表

| 序号 | 课程名称 | 成绩 | 学分 | 课程类别 | 学期 | 绩点 | 学年 |
|---|---|---|---|---|---|---|---|
| 40 | 机械设计课程设计(A) | 良好 | 1.5 | 实践课 | 1 | 3.50 | 2018—2019 |
| 41 | 体育Ⅲ(健美操) | 88 | 1.0 | 公共基础课 | 1 | 3.80 | 2018—2019 |
| 42 | 大学物理 AⅡ | 99 | 3.5 | 专业课 | 1 | 4.90 | 2018—2019 |
| 43 | 电工技术 A | 99 | 3.0 | 专业课 | 1 | 4.90 | 2018—2019 |
| 44 | C 语言程序设计 A | 97 | 3.5 | 专业课 | 1 | 4.70 | 2018—2019 |
| 45 | 线性代数 | 85 | 2.5 | 专业课 | 1 | 3.50 | 2018—2019 |
| 46 | C 语言程序课程设计 A | 良好 | 0.5 | 实践课 | 1 | 3.50 | 2018—2019 |
| 47 | 中国酒文化 | 94 | 2.0 | 通识选修课 | 1 | 4.40 | 2018—2019 |
| 48 | 大学基础英语 BⅢ | 87 | 2.0 | 通识课 | 1 | 3.70 | 2018—2019 |
| 49 | 学科英语 B(理工类) | 92 | 1.0 | 通识课 | 1 | 4.20 | 2018—2019 |
| 50 | 马克思主义基本原理 | 90 | 2.0 | 通识课 | 1 | 4.00 | 2018—2019 |
| 51 | “两课”实践-马原 | 94 | 1.0 | 通识课 | 1 | 4.40 | 2018—2019 |

(资料来源：武汉纺织大学教务管理系统)

## 三、使用思维导图：学海遨游

在前面的课程中我们了解到大学时的学习很多是探索和自主式的学习，跟高中时的机械和标准学习有很大的区别。一个学期我们会学习到很多门课程，可能不会有太多时间去仔细钻研书中的每一个细节。这时就需要我们形成对一门课程大致的认知图式和总体的思维导图。如果以后的学习或工作需要运用到这些知识，我们可以很快从自我的认知图式中寻找这些思维导图，将知识点提取出来进一步学习和巩固。在这里我们可以运用东尼·赞伯发明的思维导图来进行知识的浅层学习。思维导图又叫心智导图，是表达发散性思维的有效图形思维工具，它简单却又很有效，是一种实用性的思维工具。以刘维维绘制的印度电影《摔跤吧！爸爸》的思维导图为例(见图 3-3)，这部电影根据印度摔跤手辛格的真实故事改编，讲述了曾经的摔跤冠军辛格培养两个女儿成为女子摔跤冠军，打破印度传统的励志故事。其反映的社会问题是女性地位低下、没有选择自己生活的权利，主演阿米尔·汗在故事里有两个反差很大的形象。这个思维导图也是可以无限延伸的，任意一个知识点都可以再单独形成一个新的思维导图。那么通过这种方式的学习，我们不光可以看到一个励志的故事，还可以了解这个国家的社会背景、导演拍摄电影的初衷和过程，以及演员自己的有意思的经历等。未来社会更加需要多学科背景的复合型人才，这种学习方法对扩大我们的知识面，形成对一门课程的大致印象和知识点之间的有效联结是非常有帮助的，同时也可以引导我们探索更多的科学领域。目前网络上有开发出的各种思维导图软件，大家可以尝试着以新生入学报到为主题绘制一份思维导图，可以用软件绘制也可以手绘，要求涵盖新生入学学习和生活的各方面。

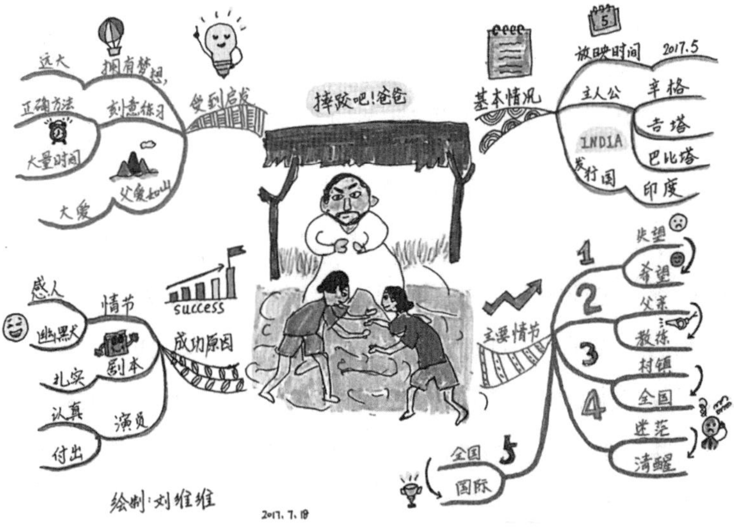


图 3-3 《摔跤吧！爸爸》思维导图

（图片网址：https：//www. jianshu. com/p/4dd512c22bda）

思维导图的绘制的七个步骤具体如下：

(1)从一张白纸的中心开始绘制，周围留出空白；

(2)用一幅简明扼要的图画、文字或者符号来表示中心思想；

(3)绘制时使用不用的颜色对不同内容进行分类；

(4)将中心图像和主要分支连接起来，然后把主要分支和二级分支连接起来，以此类推；

(5)每条连接线上可使用一个关键词加强路径作用。

以上我们了解到一些学习方法、工具以及学霸的学习经验，这些可以帮助我们知晓如何才能更好地获取和理解知识；但是方法再多再巧妙，遨游学海最重要的还是靠自己付出时间和精力去用心慢慢积累，这样才能进化为“终极学霸”。

☞ **师生问答**

**1. 问**：进入大学后有必要努力学习吗？采用怎样的方式才能在大学里保持良好的学习状态？

**答**：同学们经历了高三阶段辛苦的学习时光，很多同学想在大学好好放松一下自己。这种心情作为老师是非常能够理解的，高中阶段绝大部分同学每天除了学习，睡眠时间仅仅有五六个小时，但大家普遍认为虽然辛苦但非常充实。这说明学习是个累并快乐着的过程，而且学习的收获可以伴随人的一生。在大学，学习仍然是应该放在首位的事情，而且同样需要同学们付出努力才能有收获。

大学的学习特点和高中还是不太一样的，这种努力获取知识的过程不再是一种机械的学习。关于高中和大学学习的不同，在前文中已介绍过。在进入大学前的这段时间，可以充分了解一下自己，比如说你擅长哪方面的学习，是语言方面、数理知识、工科结构还是逻辑体系等，同时挖掘一下自己感兴趣的知识体系。此外可以向学院的老师或者学长咨询了解自己将要学的专业，看一些与专业相关的书或者文章，对大学将要学到的内容作一些简单的了解，以形成一个初步的印象。

理工科专业的学生，可以利用进入大学前的这段时间自学一下大学英语和高等数学。英语的重要性就不用多强调了，高等数学是理工科类课程的基础。工科类的学生还可以看一看工程力学方面的知识，这些基础课程是理工科类的必修课，即使进入大学的学习阶段，上课前老师都会要求大家提前预习一下。学好这几门基础课程的话，对专业学习是十分有帮助的。大一学习阶段基本上还是以通识课和基础课为主，等把基础打牢了，再学相对艰深一些的专业课就会容易得多。文科类的学生除了继续保持英语的学习外，可以提前阅读一些专业及周边类的书籍，大致把握一下所学专业的知识体系。此外，可以拓展一下阅读面多阅读经典书籍，以提升自己的人文素养。在学习的过程中难免会觉得枯燥，自己要合理规划好学习时间，做到劳逸结合。

此外，进入大学后自主学习占主导地位，很多同学自控能力较差的会沉迷游戏和网络，严重的还会丧失学习的兴趣和动力，出现严重“挂科”的情况。这就需要自己能够自律，做好时间管理。但需要看到的是，周围还是有很大一部分同学是将时间都用在学习、科研或者实践活动上面，如果担心自己自控力不够，可以跟着班上学霸的步伐来规划自己的学习和生活，或者向优秀的学长、学姐学习，多了解一下他们平时都是怎么规划自己大学生活的。住在一个寝室的同学可以互相提醒、互相督促，当其他同学都在认真学习的时候，自己也就不好意思偷懒了。

千里之行，始于足下；不积跬步，无以至千里。知识的最终获取需要日积月累，只有每天都能够坚持知识的学习和积累，才能保持自己良好的学习状态。

**2. 问：对填报的专业觉得很困惑，入学后如果对专业不感兴趣该怎样做？**

**答：**现在有很多同学表达对专业的疑惑，这是正常的情况。有些同学是父母或家人帮忙填报的志愿，例如有亲朋好友从事这个行业，觉得以后好找工作。真正完全按照兴趣填报专业的同学不是太多，即使按兴趣填报的专业也可能存在不完全了解专业而感到困惑的情况。一般而言，同学们进入大学后的第一学期基本上学的是一些基础课程，可以利用这段时间再多方位、多角度了解一些自己就读的专业，也可以看一些相关专业的书籍。有的同学经历了这个阶段，会对专业的印象产生改变。另外，也可以找一些社会热门，或是同自己感兴趣领域相结合的点来进行探索；现在有很多行业需要具有交叉学科知识背景的人才，可以从交叉学科领域找寻一下自己感兴趣的点。

当然，如果经历了一段时间的学习还是对本专业不感兴趣的话，可以考虑转专业。每个学校对于转专业的规定不一样，以武汉纺织大学为例：转专业一般有三次机会，分别在第一学期、第二学期和第四学期快结束的时候，教务平台会公布各院接受转专业的计划数和条件，如果符合转专业条件需要提前向就读院系提出转专业申请，本院审核后，由将要转去的院系组织面试和审核，有的院系还会组织笔试。通过审核和考试后，第二学期在新院系可以试读两周的时间，如果觉得不适应或者不感兴趣的话，仍然可以回到原学院就读。具体可以查看该校关于本科学分制学籍管理条例中对于转专业的相关规定，同时在相应时间节点关注教务平台上关于转专业的相关通知。学生可以充分把握好转专业的这三次机会，考虑好以后再行动，同时做好充足的准备。若万一没有转成，也不用担心，以后可以考虑跨专业考研或者辅修第二学位。条条大道通罗马。如果有志于以后继续深造、考研出国的同学也需要提前做好相应的准备，可以购买一些公共考试科目的复习资料开始学习。

最后，建议还没有考虑好到底要不要转专业之前，不要太过于纠结选择的问题，而是尝试拓宽自己的知识面。现在网络上有很多优质的课程，例如对法律比较感兴趣的同学，可以提前列出书单和课程，找到好的资源后先保存下来，然后跟着课程一步步地学习，即使将来没有转到这个专业，学习这些法律知识对自己也是非常有帮助的。当然，随着对法律相关知识了解的加深，与自己所学专业相比较，到时候相信你自然而然就会有所选择。对某一专业特别感兴趣的同学，也可以采用类似的方法进行学习。除此之外，大家可以多看看社会学和心理学的相关内容，思考一下自己的人生应该如何度过，未来的职业规划等方面的问题，这些对一个人的终身学习历程是非常有帮助的。

☞ **课外拓展**

1.《做最好的自己》，李开复著，人民出版社，2005。

◎ **作者简介：**

李开复，祖籍四川，出生在台湾，1988 年获得卡内基·梅隆大学计算机系博士学位，后历任苹果、微软和谷歌高管，他在专业领域和管理方面均表现出过人的才华和能力。从 2000 年起，李开复陆续发表了的七封“给中国学生的信”，体现了李开复对于当代大学生的热切期望和关心。作为创业导师，李开复从 Google 离职创办的创新工场，不仅在形式上对天使投资进行了创新，也借助着李开复的个人魅力帮助者创业者不断成长、成熟。

◎ **内容导读：**

我们常常听到大学生这个群体中不少人发出“迷茫”的感慨，他们来到大学后背负着父母的高期望，还没有从应试教育的模式中完全走出来，在大学里少了像高中那样的约束和单一目标，但又从网络等各种渠道接触到一些浮躁的社会心态，往往会对大学生活及未来工作产生诸多困惑。而《做最好的自己》(见图 3-4)正如一位过来人帮青年学子指路，让他们走得更踏实、目标更精准，该书也相信他们必将成为中华民族更上一层楼的最大动力。

在《做最好的自己》一书中，作者将自己的经历娓娓道来，举出的案例经常能够引起青年学子的共鸣。有的是在各个领域取得一定成就的人身上发生的故事，我们可以从中汲取经验和教训。该书逻辑严密，体现了作者严谨的学习和工作态度。这本书虽不是作者李开复的自传，但是在这本书中，他将自己的人生经历和事业成功的最宝贵的经验分享给了大家。特别是书中提出的“成功同心圆”理念，这个抽象模型简明扼

图 3-4 《做最好的自己》

要地表达了现代社会中一个人想要追求卓越，所必须具备的素质以及需要协调处理好的各种关系。这对于青年学子们选择未来的道路，在推动社会进步的过程中雕塑出未来的自己是大有裨益的。阅读过这本书后，希望大家可以真正达到书中“人人都可以成功；我可以选择我的成功”的理想状态，希望大家能够成为：

一个运用“成功同心圆”法则均衡自己的价值观、态度、行为的人。

一个“德才兼备，才德为先”的人。

一个既有勇气又有胸怀，既有理智又有激情，既自信又谦虚，既聪慧又善于表达的人。

一个追寻理想和兴趣、终身学习和执行、深谙与人相处之道的人。

一个能够从思考中认识自我、从学习中寻求真理、从独立中体验自主，从计划中把握时间、从表达中锻炼口才、从交友中品味成熟，从实践中赢得价值、从兴趣中攫取快乐、从追求中获得力量的人。

一个有勇气来改变可以改变的事情，有胸怀来接受不可改变的事情，有智慧来分辨两者不同的人。

一个“拥有选择的智慧”，并用智慧选择成功的人。

一个融会中西的国际化人才。

一个最好的自己。

2.《自控力》，[美]凯利·麦格尼格尔著，王岑卉译，印刷工业出版社，2012。

◎ **作者简介：**

凯利·麦格尼格尔(Kelly McGonigal)教授是斯坦福大学备受赞誉的心理学家，也是医学健康促进项目的健康教育家。她为专业人士和普通大众开设的心理学课程，包括“自控力科学”(The Science of Willpower)和“在压力下好好生活”(Living Well with Stress)，都是斯坦福大学继续教育学院历史上最受欢迎的课程。作为一名健康心理学家，凯利·麦格尼格尔博士的工作就是帮助人们管理压力，并在生活中做出积极的改变。

◎ **内容导读：**

每当提起关于意志力的话题时，大家的反应几乎千篇一律：“哦，这正是我需要的。”所谓意志力，就是控制自己的注意力、情绪和欲望的能力。我们知道，意志力会关系到一个人的身体健康、经济安全、人际关系和事业成败。我们也意识到，自己应该掌控生活的方方面面，包括吃什么、做什么、说什么和买什么。然而大多数人觉得自己意志力薄弱——自控力差只是一时的行为，而力不从心和失控却是常态。即便是很多自控力很强的人，也觉得掌控生活是件令人筋疲力尽的事。人们不禁会问：生活真的这么艰难吗?

不同的人可能答案不同，但是在看完《自控力》这本书后，答案可能就会一致地否定了(见图3-5)。自知之明是自控的基础。认识到自己的意志力存在问题，则是自控的关键。这就是为什么《自控力》这本书将重点放在我们常犯的意志力的错误上。可以将这本书看做一个实验，科学的自控法并不局限于实验室中。可以把自己看成真实世界中研究的个体，对于自控力这项能力本身，每个个体的感受和体会可能不尽相同，适用于不同个体的方法也有所区别。我们可以在学习或生活中进行各种尝试，收集和记录下自己的各项数据，看看哪些方法对自己有用。

图 3-5 《自控力》

《自控力》中每章都会有一些“意志力实验”。这些实验的结论是基于科学研究并在实践中得到证实的，能够切实提高自控力。理解了自控力的心理机制后，意志力很快就能得到提升，以便迎接真实生活中的挑战。

无论何时，只要你想做出改变或者实现目标，就可以利用这本书的“10 周课程结构”，像学生会上好几门课一样，读者每次也会关注一种不同的意志力挑战。阅读书籍的过程中，可以在最吸引你的地方做上标记。这样，当你准备付诸行动的时候，可以按照提示遵照执行。需要引起我们注意的是，自控力并不是机械地压制自己的各项需求，而是合理安排自己的工作、学习和生活中的各项任务和活动。

# 第四章　我的生活我做主

☞ **内容导入**

高三时，老师和爸妈经常对我们说：

“再坚持下，到了大学就好了！”

“上了大学就轻松了，考试很简单，不用学习！”

“上了大学就自由了，没人管你，想怎么玩就怎么玩！”

“上了大学就……”

为了更好地激励我们，他们画了一个又一个圆圆的“饼”，激情澎湃地告诉我们，用现在的坚持和付出换未来四年美好生活，将大学描述成整天只需轻松玩乐最终还能轻轻松松拿到学位证和毕业证、收获爱情和工作走上人生巅峰的神奇阶段。在学习压力山大、枯燥难熬时，这种对大学生活美好、自由的憧憬和幻想，给予我们巨大的力量，促使我们坚持努力前行。

即将步入大学的你，想象中的大学生活是什么样子、打算怎么度过自己的大学生活呢？

## 第一节　假如生活欺骗了你

**【对话导入】**

**老师**：大一过去一学期了，给大家分享一下大学生活的日常和感受吧。

**殷同学**：来学校报到的时候是带着一些惶恐不安，又有点小兴奋的。踏进学校校门，面对陌生的城市、陌生的校园、陌生的面孔，我既好奇又紧张。妈妈帮我收拾完宿舍转身离去时，孤独感和无助感油然而生。

开始时，室友们像“连体婴儿”，什么都一起，一起逛超市买生活用品、一起去食堂、一起去上课，但随着环境的熟悉适应，大家很快就“劳燕分飞”，投入自己的生活之中，各忙各的、各玩各的，一起出去玩、聚餐、聊天并不多。

**老师**：是不是跟想象的不太一样？

**殷同学**：非常不一样！学习仍然是主要任务，天天忙着上课、赶作业、准备考试，大学学习没有深入的指导也没有具体的范围，都要自己摸索；英语四六级、教师资格证等一堆证书要考，不少同学周末和课余时间都去花钱报班学习英语、专业软件。

大学里也并非想象中的自由。考勤点名可谓“八仙过海，各显神通”：指纹打卡，APP 定位，制定姿势自拍签到……寝室卫生、大功率电器、夜不归宿面临院周检、校月检及突击检查；没有了爸妈的唠叨，辅导员依然无处不在，时刻督促每一位同学，违规违纪要处分、通报批评，还会叫家长，我们又不是小学生了！尤其是报到之后立即开始半个月的军训，对高考后放松两个多月的我们来说相当痛苦；更“惊喜”的是，大学竟然还要上早晚自习，瞬间有种回到了高中的崩溃感觉。

**老师**：大学学习和生活跟高中确实很不一样，我们来看一看吧。

## 一、大学，学习依然很重要

2009 年，重庆上万名高中毕业生放弃高考，引发广泛关注和讨论，“读书无用论”或“大学无用论”甚嚣尘上，相当一部分学生和家长产生动摇、质疑："读大学有什么用！村里一样大的孩子，初中没毕业就出去学技术、做生意，早已混得有车有房。浪费那么多年时间还要花钱，毕业了还不是给别人打工？一个月那么点工资，连房子都买不起！"看上去有点道理，但背后的逻辑却经不起推敲。当前社会，无论在哪个领域"混得好"，无不是取决于个人努力与环境、时机的结合，要不断以学习和思考促进自我更新，所有人都要通过各种形式学习，学会思考、解决问题。高考是改变命运的一个重要契机，但考上大学是起点，而非一劳永逸的终点，不学习或"读死书"的大学才是没用的。

大学里的学习不再只是课堂或书本知识，而应是广义的学习，全面发展、锻炼综合素质和能力的学习。大学以前，父母和老师以生存和竞争教育为主，时刻输出着保姆式的照顾和压迫式的督促，对手机、网络甚至兴趣爱好"严防死守"，造成的一个结果就是我们的独立性无法得到充足的发展。可以说从踏入大学校门那一刻起，我们的人生就不再是"托管模式"，父母、老师等外在的督促和帮助越来越弱，剩下的路大部分要由我们自己走。我们要学会自主学习，主动规划行动、自我管理、自我负责。自主学习决定成功，对于大学生来说，抓住大学这一宝贵的重塑机会，培养独立性、自主性，养成自主学习的能力和习惯，做好走向社会的准备，将受益终身。

所以，一定好好珍惜大学时光，让自己过得充实、不留遗憾！

## 二、学会自律，善用他律

不少同学来到大学，还抱着"60 分万岁"的应付心态，有些同学旷课去参与社团、创业、兼职，"挂科"甚至无法正常毕业并不少见。老师会及时进行必要的引导督促；考勤点名确实很严，简直"无所不用其极"；寝室生活面临多重围追堵截，宿舍成"猪窝"、回不回宿舍看心情是不存在的。

很多同学不禁要问，说好的自由呢？

### (一)自律是自由的基础

康德曾说，自律使我们与众不同；自律令我们活得更高级；也正是自律，使我们获得更自由的人生。

“自律就是自由”曾是许多人的座右铭，真正的自律是自由，是对你的世界拥有极端所有权。如果一个人连自己的行为都不能控制，天冷就赖在床上，无所事事；下雨就宅在家里，原定的出门计划搁浅；下定决心早睡早起，忍不住玩手机、打游戏几乎通宵。如此不自律，还谈什么自由呢？

自律是对自我的控制，当我们管住自己的时候，可以控制自己去做正确的事、有价值的事、有意义的事。只要控制住自己不被欲望驱使，就能够长期坚持行动下去，不管是个人成长，还是财务自由，一切的一切总会慢慢实现。每个人都会有这样那样的不足，一个自律的人会经常反省，努力克服自己的弱点、克制自己的欲望，精神高度集中，不受阻拦地直奔自己的目标。可以说，自律与做正确的事情两者之间就好像有化学反应一般，相辅相成，它能帮你找到一条通往自由、成功的路径。

### (二)“他律”向“自律”的转变

高中的时候经常幻想，到了大学就没人管了，再没有爸妈的唠叨、老师无处不在的管制；通宵追剧、玩手机、玩游戏，睡觉睡到自然醒；上课看心情、看起不起得来；聚餐旅游谈恋爱，洒脱自由甚至堕落，这才是大学生活！

然而，事实并非如此。

大学之前的人生更多的是“他律”，我们或情愿或不情愿地习惯于“被安排”“被督促”“被奖赏或惩罚”……但从大学开始，我们要逐渐养成“自律”的生活，自己对自己负责、对自己进行管理，自觉遵守法律法规、规章制度、社会准则等。这是走向成熟、独立必经之路。

刚走出高中校门的我们，还不理解也无法驾驭突如其来的巨大的

“自由”，在实现“他律”到“自律”这一转变的过渡阶段，遵守规则、实现自我成长的前提下，学校和父母的指导、督促就是助力。

### (三)“自律”不够，“他律”来凑

虽然对大学生来说，培养自律性非常重要，但自律要克制自己的本能，是一件困难的、长期的事情。可以试想一下，克制住睡懒觉的本能容易吗?克制住玩游戏的本能容易吗?克制住吃零食的本能容易吗?……事实上，仅靠“自律”并不是那么容易，毕竟我们脑海深处总有一只“及时行乐的小猴子”时刻诱惑着我们。

在他律的基础上，可以快速培养自律。比如说学校上课，一天八节课，都有老师在监督你去学习、教导你去学习；工作之后，公司的规章制度规定何时上班、何时休息、下达指定任务等。老师、上司和规章制度往往能够限制住自己，因为一旦犯错，会受到难以接受的惩罚。而当我们用他律管住自己时，也可以借此机会锻炼自己的自律能力，让自己坚持长期做一件有价值的事情，逐步培养自己的自律。

很多同学加入“运动打卡群”、读书社团、自我管理 APP 等，就是以他律的形式促进我们的坚持和努力，为我们自律性和独立性的培养保驾护航，老师的管教、父母的唠叨、学校的校规校纪也是如此。

## 三、心理落差怎么办?

大学也有大学的任务和压力，生活可能是忙碌的，也可能是无聊的，并不都是呼朋引伴、青春洋溢、丰富多彩的；没有了高考这一明确唯一又有点被动的目标，就不得不面对为自己的生活和人生做出选择并负责的压力。新鲜感和兴奋逐渐褪去，不少同学重复于枯燥的“三点一线”或宅在宿舍，剩下的就只有失望，不少同学出现严重的心理落差。

所谓心理落差，是我们原有的自我概念、自我定位或自我预期与现实情境中的实际感知和心理体验存在较大的出入而形成的心理反差。理想与自己的期待值相对应，现实则是指实际的结果，心理落差的产生就

是期待值和实际结果之间出现了不平衡，往往是期待值偏高或理想化、完美化。

### (一)心理落差产生原因

1. 想象中的大学生活 VS 真实大学生活

理想是丰满的，现实是骨感的，大学新生想象中的大学生活与现实存在较大出入，绝大部分是现实远远低于自己的预期；入学之前抱着“歇一歇”“轻松享受丰富多彩的大学生活”等心理，到了学校遭到“当头一棒”，步入了与高中不一样的另一种忙碌。这些是产生心理落差的重要原因。

2. 适应的挑战

陌生的环境、陌生的人、新的学习和生活方式等，对初入大学的新生来说都具有很大的挑战性，旧的生活方式不复存在、新的平衡尚未完全建立，尤其是当遇到挫折和不顺，会加剧心理落差和消极情绪反应。

3. 优越感的丧失

很多同学是一贯的“尖子生、天之骄子”。面对大学群星荟萃、强手如林的新环境，价值和评价多元，成绩不再是唯一评价因素，有些方面的能力不如他人，而自己一直引以为傲的“强项”可能不再强或不被重视。原来学习成绩名列前茅的尖子生可能泯然众人，原来习惯于以干部的身份指挥、安排别人，现在却沦为“被领导者”……优越感丧失，失落感随之而来。

4. 人际关注和保护的丧失

很多新生是家里甚至整个家族的骄傲和“重点保护”人物，可谓集万千宠爱于一身，父母随时关注并满足自己的任何需求只求全力以赴地学习。进入大学，远离父母，吃饭食堂排队，衣服自己洗，上课自己定闹钟，社会、家庭、学校也开始以成年人的标准去评价、要求大学生，这些往往造成学生对以往生活方式的迷恋和对新的生活方式感到难以适应。刚进入大学与初高中同学联系最多、想家情绪最强烈，就是因为原有支持系统的变化和情感支持的远离使新生的情感处于失落状态。

### (二)心理落差的影响

1. 消极情绪

面对主观认识和客观存在的落差，有些同学对学习没有了兴趣，整日无所适从；有的不能适应大学的学习生活环境，生活不能合理安排；有的看不惯周围的同学和老师，满腹不满、抱怨和敌意。如不能及时调整，则焦虑、孤独甚至抑郁者有之；放纵自我、追求享乐刺激，得过且过、自甘堕落者亦有之。

2. 目标与意义感的丧失

心理落差引起的失望、失落情绪，会削弱考入大学的兴奋感和成就感，降低主动适应和努力学习的积极性。其原本设定的目标和具体规划的吸引力和动力就会不足，甚至对自我和大学生活丧失预期和意义。若丧失目标和意义，大学生很容易沉浸在百无聊赖、得过且过的状态，转而沉迷游戏、网络等之中，白白浪费大好时光和宝贵时机。

### (三)大学新生如何应对心理落差

1. 重组信息，调整信念

美国著名心理学家埃利斯认为，人的消极情绪和行为障碍结果 C (Consequence)，不是由于某一激发事件 A(Antecedent)直接引发的，而是由于经受这一事件的个体对它不正确的认知和评价所产生的错误信念 B(Belief)引起。同一情境或同一事件，不同的人的理念以及评价与解释不同(B1 和 B2)，就会得到不同情绪和行为结果(C1 和 C2)。因此，事情发生的一切根源缘于我们的信念(信念是指人们对事件的想法、解释和评价等)。①

① [美]阿尔伯特·埃利斯. 理性情绪[M]. 李巍，张丽，译. 北京：机械工业出版社，2014.

错误信念也称为非理性信念，正是由于我们常有的一些不合理的信念才使我们产生情绪困扰，久而久之，这些不合理的信念亦会引起情绪障碍。心理学家埃利斯、贝克、伯恩斯等归纳总结了一些常见的易导致各种负面情绪的不合理信念：

绝对化信念：总是以自己为中心，对事物发生或不发生怀有确定的信念。

灾难化信念：主观认为某件不好的事情会发生，并带来一系列糟糕甚至悲惨的后果，从而担心、恐惧、羞愧、自责。

归己化：把外界许多消极事件的原因归结为自己，而实际上跟自己并没有直接必然的联系。

先知错误：总是担心不好的事情要发生，然后把这种担心当做事实，扰乱自己的情绪。

情绪推理："情绪决定一切"，总是把主观情绪当做自己判断事物的依据。

消极推测：主观揣测他人的心理，得出消极的结论，并对此深信不疑。

贬低性信念：习惯于对自己、他人或某个复杂的整体事物给予简单、负面的评价。

夸大与缩小：对事物的判断总是不合时宜地夸大或缩小。

过分概括化信息：即著名的白纸黑点理论，对于白纸上的黑点，总看到黑点，并且因此否定整张白纸，对自己对他人都如此。

极端化理念：以绝对的是非对错来看待一件事，没有中间地带，又叫完美主义，用全有全无的方式思考问题。

"横看成岭侧成峰，远近高低各不同。"在处理问题时，信念和对信息的感知不同，从同一个画面中解读出的内容也不同，得到的结论和表现出的情绪、行为结果也不同。因此，在日常生活和工作中，应及时自我觉察，是否存在一些"绝对化要求""过分概括化"和"糟糕至极"等不合理的观念；如果有，就要有意识地用合理的观念取而代之。

2. 直面现实，拥抱不完美自我

理想与现实的落差屡见不鲜，人与人之间的差异也客观存在。面对种种问题，新生需要直面现实，因为逃避是无法解决问题的；有些短时间内无可改变的事实，就不要拿来和别人对比而折磨自己，比如家庭、身高，我们无法改变，只能选择接受，默默努力改善这一切。应及时进行心态调整，采取积极的态度适应大学生活；学会正确认识、评价自我，正视“理想我”与“现实我”之间的差距；试着放下比较、放下嫉妒、放下自卑，将这种差距转化为追求美好生活的动力，从此来改变自己的命运；以发展的眼光看待并积极接纳“现实我”，坚持努力一步步迈向“理想我”。

3. 纠正悲观的预期，培养积极心态

面对生活中的落差，“我是个失败者”或一味抱怨于事无补；而成熟的思维则是，这个领域我不擅长，但是在其他领域我做得很好，有些情况确实让人难过，但我可以改变他们、提高自己。应该做到更加灵活、更加自由，能够预测最好的情况，同时也不否认困难和不足的存在。

培养乐观、积极的心态是战胜失落心理、走向成功的法宝。美国成功学创始人和励志专家、世界顶尖培训大师拿破仑·希尔，将“积极的心态”列为17条成功法则之首。拥有了积极的心态，才能乐观面对现实生活中的种种不尽如人意之处；才能客观分析自己的失败，从中分析总结经验和教训；才能迎接更大的挑战，去赢得更大的胜利。

**拿破仑·希尔十七项成功法则①**

要有明确的目标

决策者同盟

① ［美］拿破仑·希尔．拿破仑·希尔成功学17法则［M］．程慧，李爱群，译．北京：经济日报出版社，2013：目录．

行动起来实现信念
多一些付出
迷人的个性
个人能动性
保持积极的心态
充满热情
高度的自制力
缜密的思考
调控好思维方向
团队合作
逆境与挫败
创新制胜
保持身心健康
合理安排时间和金钱
养成良好的习惯

大学生活是否丰富多彩，主要取决于自己的心态；自己是可以选择怎么度过大学生活的，自己的行动和努力是可以决定大学生活是否充实有趣的。大学生活可能跟我们想象中的不太一样，甚至产生心理落差，但抱有合理预期、及时调整心态、积极适应投入其中，也可以跟高三一样充满收获、终生难忘。

可以说，大学阶段是人生中一个奇妙的阶段。还没进大学的同学们会畅想大学生活的美好和浪漫，而毕业的同学们在此后的岁月中会不断回忆大学时光的充实和精彩。虽然这样的大学生活跟同学们想象中的不太一样，但是这样真实的大学生活不也是十分充实且有趣的么？

让我们以俄国诗人普希金的《假如生活欺骗了你》结束本节。

**《假如生活欺骗了你》**

假如生活欺骗了你，
不要悲伤，不要心急！
忧郁的日子里须要镇静：
相信吧，快乐的日子将会来临！
心儿永远向往着未来；
现在却常是忧郁。
一切都是瞬息，一切都将会过去；
而那过去了的，就会成为亲切的怀恋。

## 第二节　我们也爱保温杯

**【案例导入】**

彤彤出生在小镇上，从小乖巧听话，学习成绩一直名列前茅。上大学后她才真正开始接触城市生活，许多新东西需要去了解学习，说话做事总是小心翼翼；第一次住集体宿舍，生活中与来自不同地方的室友的磕磕绊绊让自己心力交瘁，伤心时只有找个角落一个人哭；大学里的学习和考试跟高中很不一样，课本上不知道哪些是重点，考试也没有具体范围，临近考试很长时间就开始紧张；怀念以前的生活，想念父母、过去的老师和高中亲密无间的好朋友。刚入学还能应付，但是下学期转专业之后调到新的班级和宿舍，总感觉气氛比较尴尬，上课、吃饭都是一个人。感到根本无法融入新的班级和宿舍，周围的环境让人窒息，总想一个人待着。上课注意力无法集中，尽量不与其他人接触，吃饭没什么味道，睡眠不好。

老师：适应和过渡是每一个大学新生都要面对的问题，尽快实现“良好适应”是进入大学后的主要任务。刚刚提及的彤彤，就是非常普遍的“适应困难患者”。

殷同学，你家在福建，到了武汉还习惯吗？

殷同学：开始还是很不适应的，这边天气湿热，吃的东西咸辣味道重，有段时间水土不服、吃不下饭；之前离家近，都是走读、在家吃饭，现在是第一次住集体宿舍；大家来自天南地北，大到价值观念小到日常生活习惯差异都非常大，长时期地住在一起，难免相互影响，甚至发生过几次严重的分歧和争吵。那一段时间相当痛苦。

老师：同学们离开家从全国各地来到学校，气候、饮食、生活习惯等都有很大的差异，例如：南方人觉得“洗澡还要搓是有多脏啊”！北方人觉得“洗澡不搓怎么能洗干净”！

与室友、同学价值观念、行为习惯也会有影响与碰撞，再加上很多同学是第一次离开父母离开家，要在陌生的环境中完成生活、学习方式的转变，会产生不同程度的不适。

现在怎么样了呢？

殷同学：很好呀，当时很长一段时间沉浸在痛苦和烦躁之中，感觉处处灰暗难以解脱，回头想来那些好像都不是事。现在爱上了武汉的饭菜，习惯了早上吃热干面，有时候跟爸妈打电话，还自我调侃竟然喜欢吃辣，变成了“重口味”！再说食堂里的饭菜样式丰富，咱们学校也有一条注定承载着同学们大学回忆的“后街”。

老师：看来你很好地实现了大学适应的第一步。

大学生活几乎对每个新生同学来说都很陌生，需要一个适应过程：父母代替管理到自我管理，出类拔萃到普通，为高考而学目的明确到为未来而困惑……良好的适应，就是一个“适应—转变—发展”的过程。

我们大学生应当拒绝虚度青春，积极适应大学生活，养成健康的生活方式，充实大学时光。这一节我们聊聊大学适应与良好生活方式的问题。

## 一、适应大学生活

适应是通过不断调整自身使个体需要能够在环境中得到满足的状态，也是自我与环境和谐统一的一种良好的生存状态。适应是个体终生维护心理平衡的持续过程，是个体与环境互动一个双向的过程，良好适应新的环境、生活也是个体成熟和心理健康非常重要的标志，是大学生必备的素质。

### （一）适应的主要内容

1. 适应生活，学会自立

大学是人生中很重要的一个过渡阶段，应该在大学完成从“依赖人”到“独立人”的转变。要学会独立处理生活、学习、人际关系等问题；要尽自己最大的努力在短时间内去熟悉周围的自然环境和人际环境；发现自己在大学生活中所能拥有的优势与资源和建立自己的社会支持系统。

2. 适应学习，学会自强

大学学习需要我们在广泛的了解的基础上对我们的专业有很透彻的了解、思考和掌握，以便提升思维能力和问题解决能力；要学会自主探索、合理安排学习时间、内容和途径，等等。同时，还需要利用大学的平台，如网络慕课、新媒体等，并在社团、实践中运用知识，培养实践能力。

3. 适应自由，学会管理

进入大学后，我们拥有了自由的时间、自由的生活和自由的未来选择，这就要求我们去适应自由和管理自由。

### （二）影响适应的因素

同学们的情况不太一样，有的家离学校不远，有的路程太远以至于一年只有寒暑假能回去；有的初高中就已经开始住宿舍，有的第一次离开父母；有的性格外向，容易融入班级宿舍，有的可能会面临困难。这些都属于影响新生同学适应的因素。总结起来，主要有以下方面：

1. 社会环境因素

社会环境因素包括家庭因素与学校因素等。家庭教养方式是大学生社会适应能力的重要影响因素，相对于忽视型、放纵型和专断型，权威型教养方式更有利于培养大学生的独立性和适应能力；父母给予子女的理解和温暖越多，个体的社会适应能力会越好；父亲的拒绝和否认、母亲的惩罚和严厉会导致个体的社会适应能力变差；家庭功能不良的大学生容易产生更多的适应问题。

对大学生社会适应有促进作用的学校因素有教师的授课水平和方式、课程种类、同学互助、社会实践等；校园体育文化、第二课堂文化也有助于提高大学生的社会适应能力。社会支持和社会适应呈显著正相关，有显著的预测功能；提高大学生时间管理能力、目标和行动控制能力，能够帮助个体缓解压力与焦虑、增强社会适应能力。

2. 个体因素

不同的大学生对环境适应能力不同，外向型、善于人际沟通的大学生在环境和人际适应中表现出优势，更容易适应环境、融入新的人际关系中；运动能力强、兴趣广泛的大学生，更容易适应环境；具备外向、积极乐观、心理灵活性高、自我调节能力强等性格特点的大学生，适应性更强；自我评价水平高、内心矛盾冲突少的大学生，其社会适应能力也较强。

### （三）如何促进适应

1. 同化与顺应

著名瑞士心理学家皮亚杰认为，主体通过动作对客体的适应，是心理发展的真正原因。他认为适应是通过两种形式实现的：一种是同化，即把环境因素纳入机体已有的图式或结构之中，以加强和丰富主体的动作。当主体获得新经验时，他总是在联系和矫正这一经验，也即同化这一经验，使其符合已有的图式。另一种是顺应，即改变主体动作以适应客观变化。这样，个体就通过同化和顺应这两种形式来达到机体与环境的平衡。如果机体和环境失去了平衡，就需要再次改变以重建平衡。这种不断的平衡、不平衡、平衡、不平衡的过程，就是适应的过程，也就是心理发展的本质和原因。所以我们说适应就是当外部环境发现变化时，主体通过自我调节系统，做出能动反应，使自己的心理活动和行为方式更加符合环境变化和自身发展的要求，使主体与环境达到新的平衡。

2. 减少负面信息的非建设性关注

人的注意力是有限的，当我们仅仅关注那些不如意的、糟糕的地方，我们收获的也将是失望和挫败感并不断将其强化放大，而忽略了其他风景。对新生同学来说，要学会将注意力放在需要、重要的地方，而不是沉浸于不满意或不适应的地方和负面情绪之中。衣食住行确实影响着学习和生活的方方面面，但我们要相信自己的适应能力。适应需要一个过程，我们要给自己机会和时间。如果认为困境难以忍受而抗拒适应，那可能就真的无法战胜困境。

3. 主动适应，促进积极改变

适应可以分为主动适应和被动接受：主动适应是主动将新事物纳入自我图式中，是主观意志和努力、能力的实现，带来成就感和积极自我评价。被动接受只是消极应对，以减少对自己的影响和干扰，向自己的消极情绪妥协。这种消极情绪既指向外部环境，也指向自我。新生应主动适应、主动学习、主动成为最想要成为的自己，别让生活和周围环境拖着走。

另外，增进对世界和他人的适应、理解和包容，也是个体成长的重要方面。每个地方的风土人情、饮食习惯基本上承载着当地的自然和文化以及劳动人民的智慧；个体的价值观、性格很多是在小时候没有觉察和刻意塑造的情况下，遗传和成长环境交互作用的结果；很多人、很多事乍看上去感觉不可理解、无法接受，但其背后都是有原因的，从其成长环境和过程看也是有迹可循的。

4. 抵御环境的消极影响

环境重要吗？当然重要。不然为什么全国各地考生削尖脑袋要考入名校，很多单位非“985”“211”毕业生不招？这种差异虽然与硬件条件有一定关系，但更重要的体现在学习氛围、成长平台和资源上。可以说，每一所正规大学都提供了足够我们学习的知识、成长的营养，关键是看我们能汲取多少。你可以安于巨人的肩膀，止步不前，甚至跌落深渊；也可以从基础做起，一点一点搭建更牢固的平台；你也可以放手一搏，跳到你原来想也不敢想的高度。只要愿意，未来就有无限可能。

很多同学没进大学前踌躇满志地做了很多规划，立志考研、出国，开始早起跑步、读英语，参加学生组织进行锻炼，但往往好景不长，看到其他人都在玩，好像没必要把自己逼那么狠，很快就放任自我，甚至逃课。这跟同学们目标不清晰、动力不足以及长期目标和长期努力的缺乏有关，同时也展示了环境影响的重要性。大学里有考研宿舍、学霸宿舍、卫生宿舍，也有游戏宿舍、麻将宿舍、旷课宿舍，对比可见一斑。因此，我们要适应并在需要的时候一定程度上顺应环境，但也要时刻觉察并抵御环境的消极影响，坚定个人目标与方向，明晰自己想要的大学生活，避免消磨斗志、养成不良习惯。

### （四）正确的生活方式，健康快乐多一点

熬夜几乎成为大学生的常态，赶作业、追电视剧、玩手机，半夜12点之前躺到床上都属于早睡的“异类”；更有相当一部分大学生晚上通宵泡吧、打游戏，白天在教室睡觉；“烟不离手饮料配酒，足不出户外卖我有”；能坐着绝不站着，能躺着绝不坐着。这些不良的生活习惯严重影响了大学生的身体健康和学习状态，使其适应性抵抗力差、“跑不动、提不起”。

健康是什么？不仅仅是没有疾病，而是身体、心理保持与生活与工作相适应的完好状态。身心康健才是健康的本质，而健康生活方式是健

康的基础。

世界卫生组织认为，不良的行为合生活方式是影响现代人健康的主要危害因素。它提出了健康生活方式的“四大基石”：合理膳食、吃动平衡、戒烟限酒、心理平衡。

常唱歌、晒太阳、雨中行、少食肉、饭后息、挺起胸、静坐思、天伦乐、步当车、行善事，正成为全球流行的健康生活方式……

2020年年初，突如其来的新冠肺炎疫情让我们懂得了生命的可贵，平安与健康才是人生最大的幸福，因为明天和意外不知道哪个会先到来，唯有好好珍惜当下，活在当下，善待自己，善待别人。每个人务必对身体好一点、健康一点、快乐一点，这“一点点”会带来大不同。

一起来看看人生最正确的生活方式吧(来源：国学生活，ID：gxsh789)。

- 睡得早一点
- 喝水勤一点
- 运动多一点
- 偶尔懒一点
- 旅游要一点
- 瘦肉吃一点
- 果蔬多一点
- 油盐少一点
- 吃得杂一点
- 食物热一点
- 朋友多交点
- 爱好广一点
- 凡事看开点
- 每天多笑点
- 生活潇洒点

生命不能浪费，青春不可挥霍，健康也不能透支。并不是到了中老年才要注重养生，作为大学生，要学会对自己的人生负责，应摒弃“饿了才吃、渴了才喝、累了才歇、困了才睡、急了才便、胖了才减、病了才治、老了才锻炼”等不良信念和习惯，养成作息规律、充分休息、定时锻炼、食不过饱、多喝水、不贪杯、心境乐观、自我放松等良好的习惯，这样才能保持良好的身体状态和心理状态，为努力、拼搏、经营人生提供充足的动力。

## 二、如何管理“自由”时间

“谁赢得了时间，就赢得了胜利”是我们耳熟能详的一句话，时间是一种特殊的、不可取代的、无法失而复得的资源。从心理角度讲，时间管理行为可以有效缓解大学生的时间压力，提高学习成绩，从而提高学生的学习满意度。另外，有效的时间管理还发挥调节作用，缓解压力带来的焦虑。

### 四象限时间管理

所谓四象限时间管理，就是告诉人们应重点地把时间和精力集中地放在处理那些重要但不紧急的任务上。这样可以做到未雨绸缪，防患于未然(见图 4-1)。四像限具体可表示如下：第一象限，重要助紧急；第二象限，重要但不紧急；第三象限，紧急但不重要；第四象限，不重要且不紧急。

1. 重要且紧急

第一象限包含的是一些紧急而重要的事情，这一类的事情具有时间的紧迫性和影响的重要性，无法回避也不能拖延，必须首先处理、优先解决。比如重大项目的谈判、重要的会议工作等。

2. 重要但不紧急

第二象限不同于第一象限，这一象限的事件不具有时间上的紧迫性，但是它具有重大的影响，对于个人或者企业的存在和发展以及周围环境的建立维护，都具有重大的意义。这部分是时间管理的重点区域。我们常说的未雨绸缪正是这个道理。

制订计划的目的是把那些重要而不紧急的事情，按部就班地高效完成。因此要学会怎么样制订计划，怎么样做准备。例如，计划、准备、学习、培训等事情都是重要的预防或者是重要的储备工作。

3. 紧急但不重要

第三象限包含的事件是那些紧急但不重要的事情，这些事情很紧急但并不重要，因此这一象限的事件具有很大的欺骗性。很多人认识上有误区，认为紧急的事情都显得重要，实际上，像无谓的电话、附和别人期望的事、打麻将“三缺一”等事情都并不重要。这些不重要的事件往往因为它紧急，就会占据人们的很多宝贵时间。

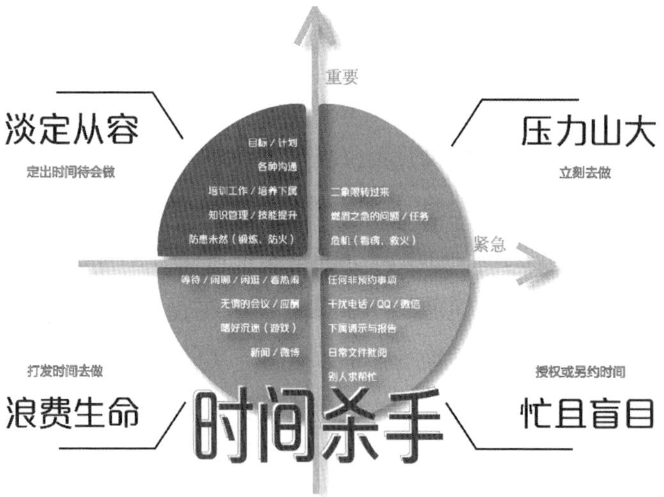


图 4-1　四象限时间管理方法①

① ［美］史蒂芬·柯维，［美］罗杰·梅里尔，［美］丽贝卡·梅里尔. 要事第一［M］. 刘宗亚，等译. 北京：中国青年出版社，2016：343-356.

4. 不重要且不紧急

第四象限的事件大多是些琐碎的杂事，没有时间的紧迫性，没有任何的重要性。这种事件与时间的结合纯粹是在扼杀时间，是在浪费生命。发呆、上网成瘾、终日闲聊、无目的游逛，这些多是饱食终日无所事事的人的生活方式。

针对这些问题，我们应当落实第一象限，投资第二象限，走出第三象限，摒弃第四象限。

## 三、消费主义盛行，财务怎么管

### (一)财务管理的陷阱

1. 消费主义

铺天盖地的广告营销，把欲望包装成一种正能量，把消费当成理所当然。在社交平台无孔不入、肆无忌惮的煽动下，消费与身份、阶级、品位、智商，联系在一起。花呗、白条等信用分期产品，让年轻人们以最快的速度，“活成想要的样子、过上不将就的人生”。

移动支付使“钱”变成了简单数字，相对于现金没有存在感，降低了对钱数减少的敏感性，它的便捷更助长了高频、冲动、过度消费。经济学家 Prelec 曾说，人们在进行信用支付时，体会到的“消费快乐”最为强烈，而“还款疼痛感”最为微弱，“先消费后还钱”的消费模式让很多大学生陷入消费的陷阱。①

2. 校园贷

大学生对财务管理很陌生，在大学以前可能对钱没什么概念，反正“一心只读圣贤书”，钱没了就找爸妈要，或者钱还没花完，爸妈已经

① Drazen Prelec, Duncan Simester. Always Leave Home Without It: A Further Investigation of the Credit-Card Effect on Willingness to Pay[J]. Marketing Letters, 2001, 12(1): 5-12.

塞过来一沓。部分同学欲望被无限放大，超前的消费水平不断透支着生活费。当经济能力承担不起欲望时，便很容易陷入欲望的沼泽。一些网络借贷平台将罪恶的手伸向涉世未深的大学生。许多大学生深陷校园贷无力偿还，自杀新闻频出：

2016 年 3 月，河南某经济学院学生郑某某，利用多名同学的身份证在多个校园金融平台贷款赌球，最终欠款高达 60 万元，无力偿还，在贷款方多种手段催债之后，不堪心灵受伐戮的他，从青岛市一宾馆 8 楼跳下死亡。

2017 年 4 月，厦门某学院一名大二女生深陷校园贷，被发裸照催债，在泉州一宾馆烧炭自杀。

2017 年 9 月，21 岁的陕西大二学生朱某某贷款 20 多万元，无力偿还时跳江自杀。而在失联前，他还给同学发去一段自残的小视频，视频显示他左手割了 3 道很深的伤口。

这一起起悲剧引起了整个社会的悲痛，虽然说这些所谓的网络贷款机构做了不诚实、虚假的宣传，引诱学生说贷款很方便、很便宜，但这也跟大学生缺乏基本财务管理能力和金融知识有很大关系，令其最终成为高利贷的牺牲品。近年来多次发生的“女大学生裸条”事件，更是让人痛心疾首。大部分参与“裸贷”的女大学生，仅仅是为了几盘眼影、几件衣服，一步一步走上了出卖自己的不归路，令人忍不住叹息其不谙世事、基本自我防护能力的缺乏。

3. 电信诈骗

2017 年，国家出台规范校园贷管理文件，任何网络贷款机构都不允许向在校大学生发放贷款。而与此同时，为了满足学生金融消费的需要，鼓励正规的商业银行开办针对大学生的小额信用贷款。此时，不法分子将目光瞄向透支消费群体之外的兼职实习、学习培训大学生，通过“培训贷”“刷单”等形式实施电信诈骗，虽然多方宣传、提醒防范，但仍然经常有学生上当受骗，造成不小的经济损失，更给他们带来羞耻、愧疚等心理创伤。

## （二）提高“财商”，远离陷阱

“财商”一词最早由美国作家兼企业家罗伯特·T. 清崎在《富爸爸穷爸爸》一书提出，是指个人、集体认识、创造和管理财富的能力，包括创造财富及认识财富倍增规律的能力（即价值观）和驾驭财富及应用财富的能力。财商是与智商、情商并列的现代社会能力三大不可缺的素质：智商反映人作为自然人的生存能力，情商反映社会人的社会生存能力，而财商则反映人作为“经济人”在经济社会中的生存能力。

财商和智商、情商一起被教育学家们列入青少年的“三商”教育，而我国无论家庭还是学校财商教育都严重缺失。我们来看看其他国家不同的财商教育。

一向以严谨著称的德国，用童话帮助孩子打开金钱之门，向孩子讲述理财童话故事的《小狗钱钱》风靡一时。

在子女理财教育方面，习惯花未来钱的移民国家的美国父母希望孩子早早就懂得自立、勤奋与金钱的关系，要求孩子 3 岁能辨认硬币和纸币，6 岁具有“自己的钱”的意识，他们有一句口头禅：“要花钱打工去！”美国小孩会将自己用不着的玩具摆在家门口出售以获得一点收入，这些使孩子认识到：即使出生在富有的家庭里，也应该有工作的欲望和社会责任感。

英国人更提倡理性消费，鼓励精打细算，在英国，从幼儿起就开始理财教育，并针对不同阶段提出不同要求：5～7 岁的儿童要懂得钱的不同来源，并懂得钱可以用于多种目的；7～11 岁的儿童要学习管理自己的钱，认识到储蓄对于满足未来需求的作用。

日本人讲究家庭教育，他们主张孩子要自力更生，不能随便向别人借钱，要自己管理自己的零用钱。在日本，有一句名言：“除了阳光和空气是大自然赐予的，其他一切都要通过劳动获得。”许多日本家长鼓励孩子长大一点就利用课余时间在外打工挣钱。

世上最懂理财的当属犹太人，犹太家族送给孩子的第一份生日礼物便是股票，这是犹太父母独特的理财教育，从小让孩子了解金钱、管理金钱，当孩子有初步的概念后便会给孩子制订详细的理财规划。犹太父母还喜欢设计一些小游戏，让孩子懂得理财的逻辑并培养孩子们的金钱意识。“付出劳动，必须获得回报”，犹太人建立起“有偿回报机制”，让孩子帮助父母做家务，来换取零花钱。他们认为这不仅是一种理财教育，更是对孩子人格的培养，即“珍惜你的劳动，重视的你劳动”，认真付出，就会获得报酬和回报。

财商养育的目的是树立正确的金钱观、价值观与人生观：钱既不是丑恶的，也不是万能的，这都是人为赋予的意义；自然看待钱、认真去赚钱、好好地花钱，这是对钱最好的态度，消除那种把一切希望都寄托于有钱、无限度地放任自己欲望的想法；获取财物是为了更好地生活、实现自身责任、追求精神富足，因此应理性消费，拒绝攀比、虚荣等一些不合理消费习惯；赚钱也是一种修行，要用汗水和泪水换取成长；学会如何“给予”和付出，相信自己的价值，并为自己的成就感到开心，不为了金钱抹杀自己的情绪和欲望。

## 第三节　向父母告别，放飞成长

**【案例导入】**

上海 82 岁的丁奶奶老伴已离世，自己患尿毒症一周三次坐公交车去透析，每个月三千多元的退休金治疗就要花去两千多，剩下的还要养活自己和儿子。他的儿子已经 48 岁，加拿大名校硕士毕业，从小到大都是无可争议的学霸，但从 2012 年毕业回国后，就再也没有工作过！白天睡觉，晚上打游戏，房间不收拾，垃圾直接扔墙角。丁奶奶一说他，他还将自己工作、生活中遇到的种种不顺利都怪罪在自己母亲身上，认为就是因为母亲从小溺爱自己，为自己包办一切，才导致现在自己什么事情都做不成。

丁奶奶随着年岁增长，身体情况也不好，她一边忍受着病痛折磨还要担心儿子的未来。但是最终她还是输给了“舍不得”，继续为自己的“舍不得”买单。尽管她也曾为了逼迫儿子去工作，状告儿子不承担赡养义务，可最后还是因为担心之后会影响母子感情而撤诉。最终丁奶奶也只能无奈地说：“我在的时候可以养着他，等我走了之后，他也只有这个房子可以依靠，怎么生活下去呢？”

啃老族、巨婴成为社会热点，丁奶奶和她的儿子虽然是典型和极端的案例但却很普遍。大学里也出现过家长陪读、有的同学不会洗衣服等“生活不能自理”的现象。

## 一、“巨婴”的练成

### （一）“巨婴”

“巨婴”“啃老族”的背后，往往都站着为孩子包办一切的父母。大多数中国父母持有一种观念，奋斗一辈子都是为了孩子，再苦再累，只要为了孩子，一切都值得，还傻傻地说“别的不用管，你只要学习好就行了”，还以为“孩子长大自然就独立了”……没有一个孩子会一夜长大，父母的过度照顾、过度控制会使孩子缺乏独立生活能力、独立人格、思考能力；当索取成为一种习惯，回报反而变得荒谬，严重者可以说对家庭无责任、对他人无底线、对社会无贡献、对父母无孝心。

个体的身心发展具有如下特征：顺序性，从低到高，从简单到复杂；阶段性，不同的年龄阶段表现出身心发展不同的总体特征和主要矛盾，面临着不同的发展任务；不同程度的不平衡性，一是同一方面的发展速度，在不同的年龄阶段变化是不平衡的，二是不同方面发展的不平衡。

很多父母以爱的名义，剥夺了孩子锻炼和成长的机会，使他们未能完成每一阶段的发展任务、身心无法得到充足的发展，很多方面停滞在幼稚化阶段，孕育出的不是成熟的灵魂，而是畸形的“巨婴”。可以说，这些父母扼杀了孩子的未来，所有家长替孩子走的路，日后都可能变成他们爬不出的“坑”。

### （二）畸形的亲子关系

**【案例】**

源县陬市镇发生一起逆子弑母案。被害人之子钟某大学毕业后打了几年工，因为精神方面的原因回到家里，平日里就喜欢待在家里玩网游。钟某因为年轻而不思进取，不愿在外工作，常常被母亲数落，导致其对母亲心生怨气。案发当天下午三时许，他向母亲要钱时又被母亲数落了几句，便对母亲动了杀机，他将母亲砍倒后，收拾刀具和自己的身上的血衣，锁好大门便一路向架桥方向走去，直到被抓获。

2011 年 4 月 1 日晚，上海顾女士在日本读大学的儿子小汪放假后返回上海，她去浦东机场接机。刚接到儿子 10 分钟，母子因学费问题发生争执，儿子就将一把水果刀捅向了她的腹部，连捅 9 刀。自己亲生的儿子竟然能够向自己的母亲下得了如此毒手！医生说，刀刺进了她的胃和肝脏；亲友说，刀刺进了她母亲的心，也刺进了每个中国人的心！

可以说，不是“巨婴”的存在形成了畸形的亲子关系，而是错误的教养方式、畸形的亲子关系造就了“巨婴”。父母拿出毕生积蓄才买了房，却被嫌弃没本事、给的钱太少，只给买了两室；有人明明靠父母帮忙带孩子才得以轻松应对工作、过上休闲惬意的生活，却嫌弃爸妈思想落后，不会带孩子。父母与孩子之间的关系仿佛陷入了一种恶性循环：孩子对父母，边依赖边嫌弃；父母对孩子，边付出边抱怨。孩子的依赖，成了理所当然；父母的付出，成了理所应当。

强烈的母爱不是对孩子恒久的占有，而是一场得体的退出。母爱的第一项任务是和孩子亲密，呵护孩子成长；第二项任务是和孩子分离，促进孩子独立。的确，父母既要使孩子感到满满的爱，又要帮助他成为独立的社会人。做父母的，需要有足够的心胸与智慧，让爱与责任陪伴孩子成长。

根据分离与个体化理论，在我们每个人还是婴儿的时候，我们感觉自己与母亲是一体的，即所谓的“共生”状态。我们的一切都依赖母亲去完成，饿了母亲给我们吃，困了母亲哄我们睡，紧张恐惧了母亲给我们拥抱抚慰。我们只需哭闹或者哼哼两声，自己所有的需求都会被满足，我们感觉自己是全能的。逐渐长大后，我们开始察觉到原来自己是一个独立的个体，尝试与周围的世界分离，独立进行探索，尝试说“不”。

此时如果父母依然把我们当做他们的附属品，戴上各种“不听话”“不乖”的帽子，并继续过度照顾、绝对控制，这个时候“自我”就无法得到充分发展，长大后仍会不自觉地寻求“共生”的状态，并把这种“依附”看作理所当然。

### （三）原生家庭的影响

家庭在个体发展中起到至关重要的影响作用，当前“原生家庭”也成为一个热词，因为很多性格、人格、心理等方面的问题，往往能追溯到原生家庭。

原生家庭就是我们出生和成长的家庭，在原生家庭中习得的各种观念会伴随并影响我们一生。家庭是一个复杂的系统，家庭成员之间会彼此牵制和影响，任何一个家庭问题都不是某个人的问题，而是整个家庭共同造成的。在原生家庭中得不到解决的问题，就会遗留在新的关系中去解决。

1. 原生家庭的影响，体现在归属感和安全感上

人与人之间亲疏有度，一方面需要“亲近感”，另一方面也需要“距离感”。每个人需要有一定的归属感和安全感，希望得到别人的支持和关爱，但同时也需要拥有独立自由的权利。对于亲密关系，有的人希望

可以常常黏在一起，家中大小事情共同决策，步调必须一致。有的人希望能适当保留自己的空间，重大事情一起商量就可以。前者希望亲密关系中没有界限，后者觉得有一定的界限比较舒服。大家的需求并不一致，夫妻之间的争吵大多由此而来。前者是追逐者，想把双方都融化在亲密关系里，后者是疏远者，认为没有界限的亲密关系是一种吞噬。因此，在良好的亲密关系中，关系双方有必要根据不同的状况，适当地转化“追逐者”和“疏远者”的角色。双方应该及时发现并表达自己对关系亲密或疏远的需要。

父母或者说家庭，是每一个个体成长和探索外部世界最重要的安全基地，单亲家庭、父母感情不和、父母陪伴缺失(留守儿童)等会严重影响子女的健康成长，但过度关心和照顾，也会阻碍个体的成长，因为独立与成长必然伴随着与原生家庭的分离及个体化。

2. 原生家庭的影响，体现在能够给予我们价值感

价值感由两部分组成，一部分是认为自己有被爱的价值。这就是说，如果在生活中有人喜欢我，有人欢迎我，我是能够欣然接受的。另一部分是我的存在对于别人是有意义的，并且我能够从别人那里感受到自己的价值。我们获得价值感最重要的渠道就是小时候父母给我们的反馈，即当你做了一件好事，父母就会及时表扬你，你就感受到了真正来自他人的欣赏，这对于孩子价值感的形成是至关重要的。

在原生家庭中，缺乏正面反馈的孩子，性格会变得比较自卑，别人稍有怠慢，就觉得是自己的错，别人稍有不满意，就会归咎于自己，感到内疚和自责。而且，这种卑微的性格一旦进入婚姻关系，就会演化成新的灾难。

进入大学后，我们跟父母的关系也有了变化，带来的挑战是要学会自己照顾自己，但这也带来了培养独立性的机会。很多同学觉得终于可以摆脱父母和老师的监控，但自控力不够、照顾不好生活；未形成合理的消费观，缺乏基本的财务管理能力；内心敏感自尊心强，平时自觉“天下第一”，遇到困难时又孤独无助，期望他人主动关注、关心自己。

## 二、青春期的分离与个体化

分离与个体化是我们成长必经的过程，而大学是完成这一发展任务的关键阶段。根据阿德勒、温尼科特、马勒等心理学家的观点，分离与个体化有两个重要的发展时期，第一次“断乳”在0~3岁，是生理和心理上的断乳，分离的对象是母亲；第二次“断乳”在青春期，是心理上的断乳。新生在大一阶段处于第二次“断乳”的关键节点，因为这一阶段是独立性和自我发展情况的“检测验收”，也是发展的重要契机。

这一阶段的主要任务就是，摆脱对家庭的依赖，重新建构一个独立的自我；构建自我价值观，不再被内化的他人或外界价值观束缚；在家庭以外建立新的亲密关系，包括友情、爱情等。

分离与个体化的过程可用图4-2、图4-3来表示：

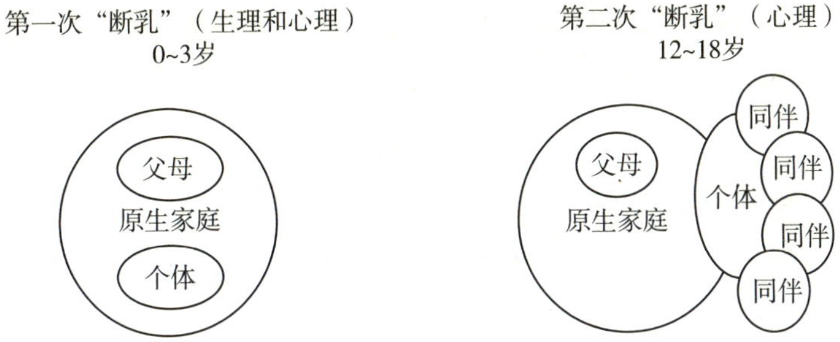


图4-2 分离与个体化的两个重要时期

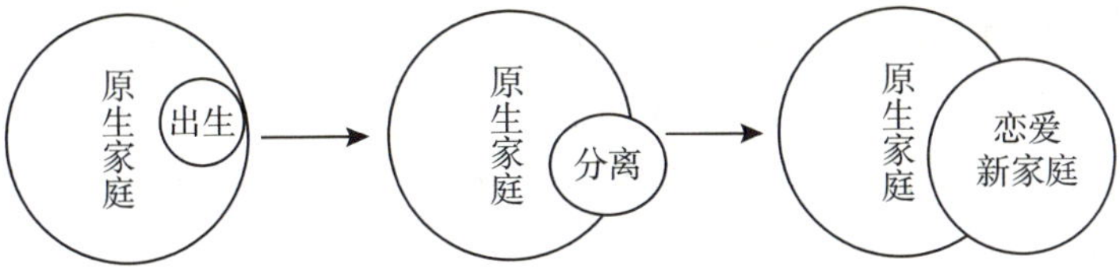


图4-3 分离与个体化过程①

① 贾晓明. 原生家庭与分离个体化[Z/OL]. [2014-10-21]. //心理学与生活——当代中国社会心理学热点问题，http：//www. doc88. com/p-1856011378398. html.

青少年若将早期的客体关系重现，回到幼儿期依赖与独立的矛盾中去，一方面要面对失去客体连接的害怕与恐惧，希望能够与家庭紧密结合；另一方面又因害怕被控制，失去自主性，而希望和父母保持距离。在这种矛盾中，青少年才能再次确认自我意识，顺利地完成分离的过程。

### （一）分离与个体化的不同状态

1. 分化

青少年意识到自己和父母是不同的，他们有自己的想法、空间和秘密。关于这些特征，不同个体出现的时间不同，有早有晚。

2. 实践

在此阶段，开始建立同伴关系，并采取行动以巩固这种关系，不愿与父母同行；将生活重心转向自己的同伴，以此达成与父母的心理分离，遇到问题更倾向于向同伴寻求解决方法；刻意表现得与父母“唱反调”，以表明自己有独立见解，不断挣脱父母的管教。

3. 期待和解

这是一种矛盾状态：既想独立，又不想与父母分离。在生活中遇到学业、交友、情感等问题，同伴解决不了需要寻求父母帮助的时候，不求助，求助的话似乎就不独立了；在与父母分离后，一旦有所获，就会回头确认父母是否仍在原处，希望可以继续得到父母的爱与认可。

可以说，这个阶段是整个青少年发展过程中最困难的阶段，这种矛盾可能会持续好几年，是亲子关系得以发展的主要动力。有些人义无反顾地去实践，即便遇到挫折而又没有能力解决；有些人遇到困难后寻找父母帮助，但又全部交给父母、继续依赖于父母，这些都不利于个体化发展。

4. 情感客体的恒常

在此阶段，青少年逐渐建立稳固的个体，开始形成自己的价值观，有自己真善美的判断标准，在很多问题上可以自己去解决。更重要的个体化完成的标志是，可以离开家庭自己生活一段时间，有比较稳定的同伴关系。

### （二）父母对个体化的支持方式

大学生个体化的过程中虽然父母不在身边，但他们的影响一直都在，他们的回应和干预对我们的分离与个体化还是有较大影响。这种影响对新生最明显，之后随着分离与个体化的进度的完成会逐渐减弱。分离与个体化的过程对父母的要求很高，需要父母给予正确的引导。关于理想的父母角色，安娜·弗洛伊德认为，青少年时期理想的父母角色是时进时退，给孩子最有利的距离和空间；孙世维认为，青少年不是要切断与父母的关系，只是不再将父母作为自尊的唯一来源。

父母自主性支持方式有两种：

第一，鼓励孩子自主性地表达、判断和决策，即使别人不喜欢，也要让孩子表明自己的观点。

第二，帮助孩子独立探索他们真正的价值观和兴趣，在不违反原则的前提下，鼓励孩子按照自己的价值观和兴趣活动。孩子有自己的兴趣爱好，是心理健康的表现，这时候如果父母告诉他这是不对的，对孩子的打击是非常大的！

与父母、家庭分离，本身就给青少年带来很大挑战，大学生也时常处于矛盾和痛苦之中。大学生还要同时完成环境适应、生涯规划、学业就业、人际交往、情感建设等，内外交互无疑带来更大压力。在此过程中必然遇到来自自身内部和外部环境的挫折，会产生自我怀疑、迷茫、焦虑、受挫感等负面情绪，进而出现退缩、自我逃避、自暴自弃等消极行为。

面对分离个体化过程中遇到的问题，大学生往往会采取非建设性的方法：因为独立与依赖的矛盾，或回避问题、报喜不报忧，或求助受挫后放弃；或者走向另一种极端，即事无巨细，事事请示，父母代办解决。

非建设性的方法不利于问题的解决，应采取建设性的解决方法：正视困难；先尝试自己解决，而不是立即寻求帮助(锻炼自己解决问题的能力)；自己解决不了，先寻求同伴的帮助；同伴解决不了，寻求父母的帮助。

面对孩子这种矛盾心态，父母的非建设性回应是：替孩子决定一切，解决一切(孩子以后的人生会非常麻烦)；让孩子必须听自己的，否则就威胁“怎样怎样”；让孩子不要想太多，只学习就行了。这些做法无法带来实质性帮助，只会让孩子重新回到被父母控制、依赖父母的“儿童化”状态。

建设性的回应是：尝试让孩子把心里话说出来，理解孩子的困扰；鼓励孩子跟同学、同伴很好地交流、互动；鼓励孩子自己寻求解决问题的方法，给予足够的支持；给出解决问题的不同途径，并告之后果，让孩子自己选择，一步步让孩子学会自己独立解决问题。

### (三)同伴的影响

孩子慢慢长大，父母要把孩子慢慢地往外推，但前提是外面必须有接纳之处。只推出去，外面没人支持会把孩子置于很麻烦的境地。高中或大学阶段，同伴成为支持系统的重要组成部分，如果孩子没有自己真正的朋友，就会有深深的孤独感和无助感，并带来其他问题。

## 三、培养公民意识

小的时候，只有依靠父母，即使想去帮着他们分担也无能为力；当我们不断成长，就会越来越清晰地认识到自己肩上对自己、对亲人、对朋友、对国家社会的责任，并且有能力去承担。

钱理群教授在2012年的一次研讨会上讲过一段话：“我们的一些大学，包括北京大学，正在培养一些‘精致的利己主义者’，他们高智商，世俗，老道，善于表演，懂得配合，更善于利用体制达到自己的目的。这种人一旦掌握权力，比一般的贪官污吏危害更大。”这种说法与曾在耶鲁教过十年书的物理系教授威廉·德雷谢维奇提出的“常青藤的绵羊”有异曲同工之意。

钱教授“文学概括”了一类学生。上课总在第一排专心致志地听课，一副对他授课内容非常痴迷、感兴趣的样子；下课后主动找他讨论问题，“钱教授，您课讲得真好”，能够指出他的课好在哪里，而且能讲到点子上。赢得好感后，请钱老写一封去美国留学的推荐信，达成目的后，就此消失不见了！让他唏嘘不已！

利己是天性，本身没错。实用主义、实利主义、虚无主义的教育，正在培养出一批“绝对的、精致的利己主义者”，所谓“绝对”，是指一己利益成为他们言行的唯一的、绝对的直接驱动力，为他人做事，全都是为了“投资”。所有行为都是以自己的利益为中心，而且包裹上“为他人”的华丽外衣。精致利己主义者并不幸福，因为他们只有利己，没有自我，别人和自己都成了“行走着”的名利工具，只剩无止境地逐利，就像永远推着石头的西绪弗斯，永不停歇、永不安宁。

真正的精英应该有独立自由创造精神，要有自我的承担，要有对自己职业的承担，要有对国家、民族、社会、人类的承担。

进入大学后，同学们很重要的一项任务就是身份和角色的转变。我们不再仅仅是父母照顾的孩子、老师保护的学生。此时应重建与父母、老师及他人的关系，重新审视自己的社会支持，主动承担自己对父母、亲人以及社会的责任，培养公民意识，实现从未成年人到成年人、学生到公民的转变。

公民意识是公民依据法律规定的基本权利和义务，对自己在国家政治生活和社会生活中的主体地位、主人身份的认识，对相应的责、权、利的认知和价值取向。马克思主义倡导每个人自由而全面地发展，是德、智、体、美、劳各种素质的综合发展。

大学阶段是公民意识形成和公民能力培养的重要时期，大学生是未来国家政治、经济、文化活动的积极参与者和控制者，其公民意识对大学生良好社会功能、全面自由发展、健康学习生活有重要意义。因此，提高公民意识水平是大学阶段重要发展任务。

### （一）大学生公民意识的内容

1. 主体意识

主体意识包括公民对自己公民身份的认知，对自己在国家中的地位的认识，以及对个人与国家、社会的关系的认识。当前少数大学生公民意识淡薄，参与性不强的主要原因在于缺乏主体意识。只有主体意识觉醒，树立“天下兴亡，匹夫有责”的观念，才可能真正形成公民意识、独立人格和主人翁思想，自觉、自发地关心国家和社会的发展，参与国家和社会事务的管理，从而促进现代民主法治国家的形成，促进国家的发展和社会各项事业的进步。

国家认同是维护一国存在和发展的重要基础，只有感受到自己与国家之间的密切联系，对国家产生一种自我归属感，才会自觉关心、维护国家利益，自愿担负起应该承担的社会责任。国家认同主要表现为爱国主义精神，是对自己故土家园、民族和文化的归属感、认同感、尊严感和荣誉感的统一。

2. 权利与义务意识

权利意识表示公民在自身权利上的认知情况、理解情况以及主要态度，义务意识表示公民自觉履行义务，承担来自他人、社会、国家以及全人类的责任的意识。权利义务意识作为公民意识的起点和归属，涵括了公民意识的全部内容，公民意识培养必须以权利义务教育为核心。大学生要学习法律知识，培养社会主义法治理念，树立法律信仰，增强法治意识。

权利义务培养应当达到四个层次的目标：一是在思想和心理上对依法享有的权利和义务产生认知和认同，全面掌握其基本内容及其价值；二是掌握如何有效行使与捍卫这些权利的方式；三是把法律权利和义务作为行为标准，正确进行法律判断和行为选择，自觉将行使公民权利的行为规约于法律规范之中，以免损害其他主体的合法权利；四是自觉履行义务，承担相应的责任。

3. 公德意识

公德是指人们在长期的社会生活交往中积累下来的、用以维持公共生活秩序的、全体社会成员应该遵守的最起码的道德规范，包含“必须为”和“应该为”两个层次。大学生在公德意识方面主要存在的问题有：文明礼貌意识认知清晰，但情感存在偏差，行为能力不足；助人为乐意识认知良好，但情感存在偏差，且知行不一；爱护公物意识认知和情感表现良好，行为倾向方面表现较差；保护环境意识整体表现较差；遵纪守法意识认知良好，但情感和行为倾向方面表现较差。

4. 生态与环保意识

生态与环保意识是人们对生存环境的认识，是公民对生态价值、生态文明、生态责任、生态忧患、和谐共存等形成的看法。生态问题是关系经济和社会发展全局的重要问题，我国当前面临着严峻的生态问题，生态文明建设也是当代中国面临的重大政治任务之一。

### (二)公民意识内容之间的关系

国家与民族意识是根本前提，离开国家，公民的身份便无从谈起。爱国是一个合格公民的底线与原则，公民只有树立国家与民族意识，才能正确认识自己所处的位置，正确看待自己拥有的权利与义务。权利与义务意识是核心内容，公民是权利的主体，也是责任的主体，是公民主体精神的体现。法治意识是保障，良好的法治意识能够促进公民意识各方面的形成与发展，是健全社会主义法治的关键。公德意识是支撑，通过提高大学生道德水准、文明素养，可以实现全社会文明程度的提高。生态与环境意识是重要补充，是对新时代社会可持续发展的新要求，也是主体责任的体现。

### (三)大学生公民意识的现状

1. 大学生对公民意识认知模糊

其一，大学生对自身的公民身份认知不足。现在的大学生大多是独生子女，心理和精神层面的发展相对滞后，对自身的公民身份和所应承担的社会责任还没有明确的认识，主要表现为心理依赖性强，过于依靠父母，不愿面对和担当自身所肩负的公民责任等方面。其二，由于大学生对法律缺乏了解，对法律的内容知之甚少，许多大学生对于公民被赋予的法律权利和义务认识不足，导致他们无法充分享有权利、履行义务，在法律权利受到侵害时，缺乏维权意识，亦不知道维护权益的方法和途径。

2. 大学生公民意识的实践不足

大学生公民意识若仅停留在理论层面，则将缺乏实践的具体指导，尤其是法制教育方面的指导。另外，大学生的公民意识若仅停留在感性认识的层面，则将缺乏对公民意识内容的理性认识。例如，大学生对于社会公德的内容非常熟悉，但是考试作弊、公共场所大声喧哗、乱扔垃圾等违背公德的行为并不鲜见。

### （四）大学生公民意识的培养

除了重视家庭教育、改进高校的教育工作、优化培育的社会环境等因素外，大学生更要提高公民意识培育的自觉性。这就要求大学生在实践中通过外部施加的教育影响结合自我教育把外界要求内化为公民意识，根据自己的知识结构、兴趣爱好、以往经历等，对相关信息进行有目的、有意识地选择和加工，诚心诚意地接受并转化为自身的情感、意志和信念，并以此作为指导进一步践行于日常学习生活中、实际行动中。

大学为同学们提供了一个多元平台，每个人都可以相对自由地选择怎么度过自己的大学生活。当大家走出校园那一刻，每个人的收获是不一样的，是一无所获被推出去灰溜溜地离开，还是收获满满、踌躇满志地昂首踏入社会，都取决于自己。若比自己优秀的人都在努力，我们还有什么借口虚度光阴、浪费生命？

☞ **师生问答**

**1. 问：每个大学生应该都明白自己需要学习、必须学习，但为什么还是有不少同学逐步“堕落”，旷课、“挂科”甚至无法正常毕业并不鲜见？**

**答：**这种现象的产生有多方面的原因。长期以来，在父母、老师监督甚至“压迫”下的应试教育、生存教育，使很多同学失去了学习的兴趣和内在动力；当前，“考上好大学”依然是很多师生家长的“终极目标”，认为到了大学就不必再那么拼命；追求轻松是人的本能，学习相对游戏娱乐肯定是一件“辛苦”的事；长期的被动行为，导致自主性、自律性不足；成就动机不强，个人目标不清晰，学习无法再像原来那样通过大考小考的分数带来即时的成就感。

因此，一旦进入大学，没有了压力和督促，自身动力和潜力又没有充分激发，再加上周围环境和同学的相互影响，不少大学生沉溺于轻松娱乐而无法自拔。

**2. 问：对于大学生兼职，你怎么看？**

**答：**兼职能在获得一定报酬减轻家庭负担的同时，还能帮助自己积累社会经验，提升社会适应能力，是大学生开始履行自己对家庭和社会的责任、实现成长的比较好的途径。但同时应该看到，大学生的主要任务还是学习，因此不能因兼职耽误课堂学习和学业发展；时间宝贵，尤其是对于处于快速成长阶段的大学生，尽量选择与专业相关、时间相对自由的工作，实现兼职锻炼与专业实践、能力提升相统一。对于单纯体力劳动、重复操作的任务，体验过、有收获就行，不应为了“高工资”而占用太多时间。同时，应学会时间规划统筹，提升时间利用率和学习、工作效率。

另外，大家参与兼职，一定要注意保护自己的合法权益以及人身财产安全，也不要让自己太辛苦！

## ☞ 课外拓展

1. 影片赏析——《心灵捕手》

◎ **剧情简介：**

影片《心灵捕手》由美国导演格斯·范·桑特执导，于 1997 年 12 月 2 日在美国首映。在好莱坞经典的感人励志思路下，影片将主人公威尔的蜕变史呈现在观众面前。其中传达的爱的气息与人物内心的感悟历程，让观众经历了主人公的悲欢离合；煽情的主线牵动着每一个观众的心弦，更充满了鼓舞的力量(见图 4-4)。

图 4-4　《心灵捕手》海报

麻省理工学院的蓝勃教授是数学界中大名鼎鼎的人物，他获得过被誉为“数学界中的诺贝尔奖”的菲尔茨奖，他给上他课的大学生们留了一道难题，并称看谁能在学期结束前给出答案。其实他根本不相信有谁能给出答案，毕竟作为数学界的顶尖人物，他当年是花了很长时间才找到答案的。

但是，没两天黑板上就出现了答案。蓝勃教授再下战书，留了第二道难题，这道难题，他和伙伴花了整整两年才解开。同样没两天，那个“神秘数学天才”再次给出答案。这位“神秘数学天才”竟然是大楼里的清洁工威尔。

可是威尔却是个问题少年，成天和好朋友查克等人四处闲逛，打架滋事。当蓝勃找到这个天才的时候，他正因为打架袭警被法庭宣判送进看守所。蓝勃向法官求情保释，才使他免于牢狱之灾。经过蓝勃和尚恩的不懈努力，威尔渐渐敞开心胸，而好友查克的一席话，更是让他产生了新的顿悟和认识：“我每天到你家接你，我们出去喝酒玩闹，那很棒。但我一天中最棒的时刻，只有十秒，从停车到你家门口，每次我敲门，都希望你不在了，不说再见，什么都没有，你就走了，我懂得不多，但我很清楚。”

影片的最后，是威尔驾驶着查克等死党送给他的破车，奔向加州，奔向那个爱自己的富家女孩史凯兰，奔向新的人生。

◎ **影片启示：**

看上去，我们每个人都限制了自己，都生活在各种各样的痛苦中。但是，我们之所以陷在这种痛苦中而不能自拔，是因为这种表面上的痛苦其实有着极大的好处。我们之所以离不开痛苦，是因为舍不得这种好处。导演给了威尔太多的支持性因素，他的天分、爱情、卓越的心理医生和极讲义气的死党，而在现实生活中，同时获得这些因素非常不容易。

所以，我们在现实生活中若想有真的改变，需要拿出比威尔更多的勇气。

2.《富爸爸　穷爸爸》，[美]罗伯特·清崎著，萧明译，四川人民出版社，2019(见图 4-5)。

◎ **作者简介：**

罗伯特·清崎，他教人们成为百万富翁，这就是为什么人们称他为百万富翁学校的教师的原因。他生在夏威夷，长在夏威夷，父亲在夏威夷州教育部任职。高中毕业以后，罗伯特在纽约接受教育。大学毕业后加入了美国海军陆战队，作为军官和舰载武装直升机驾驶员，被派往越南战场。从战场上归来后，罗伯特·清崎开始了自己的商业生涯。他经营的房地产、小型公司取得了一定成就，他的投资经验和商业、投资课程也产生了广泛影响力，但他真正爱好和热衷的却是教育。他致力于教给人们有关富裕的秘密，唤醒人们的理财天赋并走向富裕。

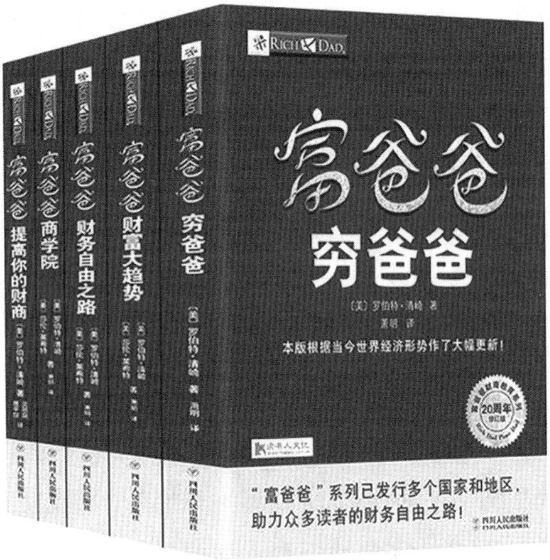


图 4-5 《富爸爸　穷爸爸》

莎伦·L. 莱希特，作为一位妻子和三个孩子的母亲，作为一位注册会计师，作为一位玩具和出版业的资深经理和咨询专家，她把她的专业知识奉献给了教育事业，坚持不懈地为提高整个教育系统的效率而奋斗。她认为："我们不仅要教育我们的年轻人在学术上的技能，也要教育他们理财的技能，这不仅是他们在这个世界上生存下去，而且是生活得更美好所必须具备的技能。"

◎ **内容导读：**

这是一本可以作为财商启蒙和投资入门的书。作者以自己的亲生父亲和最好的朋友的父亲为主线，通过这两个对财富不同理解的人所产生的认知冲突以及作者亲身的自我实践来向读者说明，我们究竟应该怎样认知和对待财富。它是一本讲如何赚钱的书，但是它并不直接告诉你赚钱的方法，而是讲一种对于财富的态度。

富人和中产阶级的区别就是中产阶级的收入大部分流入负债，收入越多，买得越多，负债越多；而富人优先将收入变成资产，不会急着去交首付买房子住，而是一点一滴地积累，使其资产增值越来越快。什么是资产和负债呢？直观的理解就是：资产就是能把钱放进你口袋里的东西、负债是把钱从你口袋里取走的东西。人生实际上是在无知和幻觉之间的一场斗争，如当我们能克服眼前的诱惑和即时满足的快感，理性地对待生活消费，投资属于自己的资产，让资产来"下蛋"，不断赚取更多的钱。这样在不远的将来，可以拿钱当自己的雇员，为自己工作，实现人生和财富的自由。

作者给出了10个步骤来作为我们行为的指导：

我需要一个超现实的理由——精神的力量。

每天做出自己的选择——选择的力量。

慎重地选择朋友——关系的力量。

掌握一种模式，然后再学习一种新的模式——快速学习的力量。

首先支付自己——自律的力量。

给你的经纪人以优厚的报酬——好建议的力量。

做一个"印第安给予者"——无私的力量。

用资产来购买奢侈品——专注的力量。

对英雄的崇拜——神话的力量。

先予后取——给予的力量(想得到什么先给予什么)。

我们最重要的资产是我们的头脑。如果受到良好的训练，转瞬之间它就能创造大量财富。而一个未经训练的头脑通过教给自己的家庭不正确的生活方式，将会延续给后代极度贫困的生活。当你拥有的财富越多的时候，知识的作用会越大。

如果我们没有“富爸爸”，希望可以从我们开始，在正确的道路上一起努力，让自己成为富爸爸/富妈妈。

# 第五章　我的“美团”

☞ **内容导入**

每年秋季新生入学后的一段时间内，学生社团的各种“招新”活动都是高校一道靓丽的风景线。高校里丰富多彩的学生社团对提高学生综合素质、增强学生社会适应能力、促进学生成长与成才发挥了重要的作用。对于大一新生来说，充分了解学生社团的类型和特点，明确学生社团的定位及其功能，可以帮助其选择合适自己的社团，更快地融入大学生活。

在这一讲当中，我们重点探讨以下几个方面的内容：

“盲”：学生社团是什么，有哪些？

“茫”：社团怎么选？兴趣、能力或者随缘？

“忙”：社团与学习的博弈？

“芒”：“美团”点亮我的大学——听听学长们的社团故事

## 第一节　“盲”：学生社团是什么，有哪些？

### 一、关于大学的社团组织

新的学期，新的起点。大家即将进入大学校园，开始一段全新的生活，会面对新的生活方式、新的学习方式和新的团体。我们先来了解一下大学团体生活主要包括什么，以及大学有哪些主要的社团组织。

大学生社团是大学不可或缺的学生组织，是由兴趣爱好相同的大学生在遵循一定的管理规范下，以共同开展彼此感兴趣的活动、丰富大学生生活、愉悦大学生心性、促进大学生发展为目的、自发结成的学生团体。作为自发结成的团体，具有学生选择层面上的灵活性和主动性，少了许多约束性，学生进出相对容易和随意。这种结构相对松散的组织是大学组织的重要组成部分，对大学生的成长发展有着重要影响。

常见的高校学生社团有 4 种类型，分别是信仰型、学术型、文娱型、实践型。

信仰型社团：是以成员共同的理想、信念、志向为基础建立起来的社团。如：马克思主义研究会、党章学习小组、习近平新时代中国特色社会主义思想青年学习研究会等。

学术型社团：是以满足成员对知识的需求为基础，以提高学术水平为目的建立起来的社团。如：金融投资协会、发明协会、数学建模协会、航模爱好者协会等。

文娱型社团：是以成员的兴趣、爱好相同为基础而建立的文化、艺术、体育等方面的社团。文娱型社团是高校学生社团的主体，数量大、种类多。如：艺术团、吉他协会、摄影协会、武术协会、飞镖协会、自行车协会、文学诗社、话剧社等。

实践型社团：是以社会实践活动，或提供公益志愿服务为主要内容而结成的社团。如：环境保护协会、青年志愿者协会、义务支教协会、法律援助协会等。

## 二、社团的功能和作用

### (一)社团活动能促进大学生学习和掌握知识技能

社团活动促进大学生学习和掌握知识技能，主要从两个方面体现出来：第一，社团活动能够促进大学生知识的学习与掌握，完善其知识结构。由于社团类型多样，学科的交叉性可以帮助学生培养广泛的兴趣爱好，拓宽知识领域，完善自身的知识结构。学生社团活动内容比较丰富，涉及学科面大，能使文科的学生了解一些自然科学的基本知识，使理工科学生了解一些社科知识，有助于学生文理互通，使知识结构合理化。一些知识性、学术性、科技性的学生社团，有助于学生获得一定的科学文化知识，可以培养学生科技创新能力，巩固专业知识的学习。

第二，社团活动能促进大学生基本技能的学习和掌握。社团活动的实践性和社团组织的社会性，为大学生学习能力、交往能力、社会实践能力、领导能力的培养创造了更多的条件。在社团里，同学们需要自己去解决很多问题，筹备很多事情，而且学校社团的管理大部分是由学生自主进行的，大学生自发组建社团、组织活动、主动参加活动并在活动中起主导作用。各种体育运动比赛或各种艺术、文学类的比赛，如球赛、辩论赛、晚会、沙龙、舞会、甚至校外或野外活动等，基本上是学生自己参赛、竞赛、拉票，乃至筹备活动都是由自己来解决，同学们在参与、组织社团活动的过程中，既锻炼了自己的领导能力，也培养了团队协作意识。

在 2004 年北京举行的第二届中外大学校长论坛中，美国耶鲁大学校长理查·C. 莱温教授谈道：耶鲁大学特别鼓励学生参加课外活动，在课外活动中培养学生的领导能力。耶鲁大学有 200 多个课外文化小组活跃在校园中，包括辩论赛小组、撰写新闻小组、音乐小组、社区服务小组以及政治团体等。课外活动小组是培养未来领导人素质的实验室，小布什当时就曾经积极参与社团的活动，这对他担任总统起到了很大作用。莱温教授给在校大学生提出了最好的建议：“参加课外活动，在课外活动中培养领导能力。”

薛涌先生也曾在《给大学校长们扫精英教育之盲》一文中说，“培养领袖光上课不行，还要有学生的社团和组织活动、社会活动以及体育竞技”，“大学课堂的教学，大部分和培养领袖没有直接关系，有直接关系的是学生的社团组织和活动”。①

### (二)社团活动能促进大学生学习和内化社会规范

大学生社团的活动主要是在大学生之间的交往中展开的，当然也有学生社团指导老师与学生的交往，而群体中的人际交往和关系必然形成相应的组织、制度和规范，如学生社团章程、规章制度、日常工作管理细则、管理社团活动审批制度等。除了社团的制度规定以外，还有学生社团的传统、舆论，指导教师的举止、言谈、衣着、仪表等，都在传递着社会规范。这些对大学生社团成员具有一种同化力和约束力，使生活在其中的大学生潜移默化地受到影响和熏陶；对于培养大学生的社会态度和社会行为，更好地学习和内化社会规范具有重要作用。

### (三)社团活动能促进大学生确立生活目标和人生理想

著名的社会学家埃米尔·涂尔干曾说：“我们之所以认为它(社团)是必不可少的，不在于它促进了经济的发展，而在于它对道德所产生的切实影响。”②

参加某一类型学生社团的大学生们，一般都有着某一方面相似的情感倾向性，或志趣相投、或有着共同的奋斗目标，在参与社团活动和社团管理的过程中，自然地会对人生、世界诸多事物产生相同或相近的看法，并较易形成群体认可、崇尚和追求的观念、价值标准和行为方式。同时，优秀的学生社团组织所提倡的独立、民主、平等、团结、协作、奉献等精神也会感召每一个社团成员，尤其公益服务类社团如“大学生志愿者服务队”“法律援助中心”“爱心社”等社团组织，这些社团通过开展志愿服务活动，使广大同学有更多的机会与社会接触，更加理性地面对社会、认识自己，在为社会服务的同时，树立正确、健康的人生价

① 薛涌. 北大批判[M]. 南京：江苏文艺出版社，2000：274-275.

② [法]埃米尔·涂尔干. 社会分工论[M]. 渠东，译. 北京：生活·读书·新知三联书店，2000：35.

值观。

学生社团及社团活动还是一个发现自己、认识自己的好场所。社会学家库利认为自我是以群体为背景，在人与人的互动中产生的。[①] 大学生在社团活动中，通过成员之间的互动和交流，可以更好地认识和了解自己，形成大学生的自我感知和态度。这种对自我的认识有助于大学生树立正确的生活目标和人生理想。英特尔大中国区前总经理陈朝益曾说：“在学校中要尽量参加社团，社团中有各院系的人，思想逻辑各擅胜场，他们不同的思考模式，往往会增加你对待事物的深度与广度。我的大学时代，在社团中结交不少好朋友，而我受惠最多的当属社团，我们那群人都是哲学思考型的，有数学系，有工程系等，而且我们非常投缘，我们谈论许多事，包含人生的思考，其实人生的思考，在大学是很 basic 且相当重要的思考。”[②]

从这段话中可以看出大学生社团对他的成长，对他人生观的确定有着积极地促进作用。

### (四)社团活动能促进大学生学习和适应多种社会角色

同学们在大学阶段需要完成从学生角色到社会角色的转变和适应，社团活动大学生的角色学习则为这种转变提供了多方面的条件。

大学生社团为社团的组织目标、组织规范、社团舆论对社团成员提出了明确的角色期望，大学生在社团活动中的态度、成绩以及教师和伙伴的相应评价决定了他们在人际关系中的角色地位。伴随着社团活动过程的会员之间交往，会员与非会员的交往，也为大学生提供了多样的教育情景，为大学生积累交往经验、学习变换角色、提高担当角色的能力，提供了锻炼和体验的机会。

---

① 汪晶. 对初级社会群体特征的探析[J]. 科技视界，2013(10)：228.

② 左岸读书 blog. 对英特尔中国区首任总经理陈朝益的专访记录[EB/OL]. [2008-12-31]. http://www.zreading.cn/archives/392.html.

## 第二节　“茫”：社团怎么选？兴趣、能力或者随缘？

面对各色各样的社团组织，我们该如何选择？笔者问了几位学校社团的负责人，一位同学说她最想加入书法协会，因为自己从小喜欢书法。但听了学长学姐的宣传后，抱着试一试的心态加入学生会。另一位同学则表示自己认为大学与社会接轨，所以想要在大学中，提升自己的综合素质，锻炼自己与人交往和处理事情的能力。刚好艺术团拥有这个可以锻炼自己的平台，同时也可以继续发展自己爱好和文艺特长，所以在一进入大学时就很坚定地加入了艺术团。

这两位同学的想法很有代表性，反映了相当一部分大学生们在选择社团时的考量，那就是要么根据自己的兴趣，希望能够培养某种学习之外的，例如琴棋书画等方面的爱好；要么出于提高自身能力的期待来选择，希望能够通过社会活动得到全方位的锻炼。

那么，我们能否通过大学里的社团活动当中达到预期的目的，则需要我们有更多的思考。

### 一、常见选择标准之一：兴趣

不少同学会首先根据自己的兴趣来选择，那么我们需要来了解什么是兴趣以及如何创造兴趣、保持兴趣。

很多人会觉得喜欢的事物就是兴趣爱好，经常会听到有人把“爱电影、爱音乐、爱美食、爱旅行、爱阅读”当成自己的兴趣爱好挂在嘴边，但如果并没在这些领域做出过任何超出平均水平的成就，那么这个层面的喜欢可能只会驱使我们去做一些门槛比较低的娱乐活动，以获得欲望的满足，比如吃、娱乐、放松等。这些还不足以成为我们去做那些真正有挑战、有难度的事情的内驱力，一旦遇到现实的困难很容易就放弃了。

有人说热爱旅行，却常因行程安排的繁琐、预算的规划而屡屡作罢；有人说对摄影感兴趣，拿着手机拍了几天之后，就厌倦了自己拍出来的照片；有人说对健身有兴趣，但是锻炼的计划执行了两三次以后就再也提不起劲头来。

真正的兴趣是需要投入的，它是一件需要克服困难、需要坚持、需要努力的事情。三分钟的热度不叫兴趣，痴迷于低门槛、低成本的欲望的满足，比如吃喝玩乐，也不能称为兴趣。只有当你做某件事遇到了挑战和困难的时候，首先想到的不是放弃，而是想办法解决、突破，这才叫兴趣。只有这样的兴趣能刺激我们去学习，而学习又能帮助我们获得新的技能。我们平时说的“兴趣是最好的老师”就是这个意思。

仅喜欢某件事不足以称之为兴趣，还要为之付出努力，投入精力、体力、脑力，这才能有可能获得深层次的乐趣和真正的成就感。但接下来一个新的问题出现了，如果不知道自己喜欢做什么，该怎么去“发现”自己的兴趣呢？这可能是不少同学困惑的问题。在过去的十几年里，大部分同学忙于考试，也没有太多精力投入到其他领域。实际上，如果你现在不知道自己的兴趣是什么，那么你也“发现”不了它。

兴趣反映的是个体对于环境的一种偏好。我们的兴趣并非天生存在，而是在我们不断与周围事件和人的交互过程中引发的，而且只有一部分事件和人激活了我们的奖赏机制，这部分事件和机制作为正向激励，最终形成了我们的兴趣集合。

因此，我们可以尝试参与各种活动，去了解一切能够激发思想涟漪的新鲜事物，让自己的世界丰富起来，和外部世界尽可能地产生互动。再从中复盘，看哪些事情让你有成就感和意义感。只有不断地去积累成功的经验，将无数的正反馈积累起来，才能培养出兴趣，才能够形成真正的“爱”。

但是如果你不开始行动，那永远是白纸一张。

所以，没有兴趣怎么办？如果给出一个简单的答案，那就是“去做，去尝试”。

大学里多种多样的学生社团，正是这样的一片土壤，让大家能够去获得各种体验和经历；即便你暂时没什么特别喜欢的，如果精力允许，不妨随意选择几个去感受一下，多了解、多探索。但是正如我们前面所说的那样，不要指望它是一个舒舒服服、开开心心就得到满足的过程，要做好有付出努力的准备，才能培养出让我们有成就感，获益终生的兴趣爱好来。

## 二、常见选择标准之二：锻炼能力

同学们在选择社团时另一个很常见的标准，是希望能够锻炼能力，例如组织协调能力、人际交往能力等，进而提高自己的综合素养。

但是又不少同学在加入社团之后经历了一个失望的过程，就是发现在社团里忙于琐事，或者经常开会，好像什么也学不到。我们来看看这又是怎么一回事呢？

同学们进入社团之后，第一个头衔都是“干事”，而且干事的基本业务全一样，比如贴海报、撕海报、搬桌子、抬椅子、通知人……刚开始你可能还觉得有新鲜感，比上课好玩嘛。但是可能一个学期都干这些事，有人就觉得这算什么社团啊。因为听起来似乎没有任何专业性和含金量，是个人都会，但其实也不见得。

如果你接到一个任务：“去找几个人，把活动现场的桌子布置好。”你会想到什么呢？

有的人想到的就是让我干啥就干啥呗，有什么好想的。

有的人就会想，从哪里搬？搬到哪里？搬到之后怎么摆？用完之后怎么收？

搬大量的桌子不可能全是自己搬，需要找人帮忙，叫谁呢？

叫自己协会的？万一人家不愿意来呢？叫自己宿舍的？舍友凭什么跟你搬桌子？喊老乡？要不喊搬家公司？

于是，你要寻找合伙人，你要开口说话，你要交际沟通，你要分工协作。

也确实有人因为搬桌子退出了学生组织，然后将来他还用过来人的身份谆谆告诫学弟学妹，千万不要加入社团，因为进去就是搬桌子。

是的，你如果不主动进入社团，可能还真的没有什么搬桌子的机会。

如果大家做了社团的负责人，就需要熟悉更多的具体业务了，比如策划方案怎么写？工作经费怎么筹划？活动创意如何体现？突发事件怎么应对？当然也包括，那张桌子到底搬过去了没有……

这些工作背后其实锤炼和敲打的全是你的能力。社团并不像课堂，并没有专门开设教大家提升特定能力的课程，大家需要主动寻找机会，主动思考和总结，在选择和坚持中以求得锻炼。

## 第三节 “忙”：社团与学习的博弈？

### 一、听听学长怎么说

社团的工作和发展必定会占用同学们的一些课余时间，我们该怎么平衡学业与社团活动之间的关系呢？

王同学(学生会)：对于二者平衡，我觉得要制订相应的计划并对自己的时间进行有效的管理。我在学生会大会的时候跟学弟学妹们讲过我的时间管理法，一天 24 个小时，休息 8 个小时，还有 16 个小时，一天满课顶多 8 个小时，你还有 8 个小时，这 8 个小时就可以用来娱乐啊、锻炼啊、参加社团活动之类的；而且每次到学期开始，我都会召开主席团会议制订学生会学期计划，让部长制订本部门的计划，这样有计划地进行一些活动加上有效的时间管理，就能较好地平衡学习和工作了。

李同学(艺术团)：艺术团和学生会的工作不太一样，我们除了一些大型活动以外，很多排舞是不固定的，有些舞蹈的排练必须精益求精才能在舞台上呈现效果，我个人建议要提高效率。在具体的时间就专心致志地做好那个时间段应该做的事情。不要太浮躁，做一件事情的时候心就飞到了下一件事情上。比如在筹备新年晚会时，遇到考试周，所以大家一边要复习备考，又要准备新年晚会的舞蹈，那个时候不仅应对自己更加严格要求，对部门干事也应更加严厉。当时大一的学妹们就说，学姐怎么突然变得好严厉？因为这样大家才能更加集中精力，减少打打闹闹的时间，提高排舞的效率；才能做到高效率排舞、高效率学习。

## 二、面对学业和社团活动的冲突，不必苛求完美平衡

学习和社团活动的冲突是一个非常现实的问题。也的确有同学因为怕耽误学习而中途退出社团，也有同学一心扑在各种社团活动中导致多门课程“挂科”。在前文中，我们讲述了如何进行时间管理，例如可以用四象限法来做一个规划，既提高效率又不偏废。

不论是社团活动，还是课业学习，所涉及的一些能力，例如专注的能力、逻辑思维的能力等，是可以互相迁移的；但是想把这两件事情都做好，就需要分别投入大量的精力和时间，从这个角度来讲，这两者可能是没有办法平衡的，我们要做的，其实是学会取舍。

如果你既想参加社团活动，又想绩点够高拿奖学金，那可能就要减少玩乐的时间，告别周末的懒觉，放弃参加同学聚会；如果你忙于社团事务，可能就会疏于和室友交流感情，难免大家还会不理解你；如果你一心苦学，把社团视作市侩、庸俗、官僚的代名词，远离公共生活，可能日后会感到遗憾，少了很多珍贵的体验。

所以你看，哪里有完美的平衡呢？无非是权衡取舍。而这个取舍的背后，更是合理化期待和自我认识的问题。比如，当我们这么问的时候，其实是暗藏了一种期待，那就是我们可以平衡一切，什么事情都能做得很好，我们能很好地扮演各种社会角色。其实，这是一种对自己不合理的期待，也是心理学上说的“全能感”。执着于全能感，不仅不会让我们更完美，而只会带来更多的挫败感。

伴随着成长，几乎所有人都会面对这样的一些事实：即使努力，还是有些事做不到；即使做到了，还是有些人看不到；即使看到了，还是

有些人不在意和不喜欢。

这个过程就是一个打破全能感的过程，也就是说，我们要承认自己是不完美的，并非无所不能，得放弃对自己的苛刻要求。

金无足赤，人无完人。其实能够认识到自己的不足和不完美本身也是一种优秀的品质，看到了自己的不完美，承认自己并非无所不能，这就是一种接纳的姿态。接纳是承认自己的有限性，接纳更是让我们放松心态，不苛责、不纠结、不拧巴，从而调动全部心智，相信自己能不断拓展限度。

生活中每时每刻我们都在做出取舍，无法兼顾所有。这就要求我们充分认识自己，知道自己想做什么，能做什么，而不是被他人所裹挟，盲目从众。别人说没有社团经验毕业时简历不好看，你就参加一大堆社团，心力交瘁还不敢退出；别人说社团活动都是浪费时间，耽误学业，你就敬而远之，这显然不是明智的选择方式。同时我们还要意识到，任何选择都是有代价的、有得有失的，没有完美的选择。

不论是学业还是社团活动，都有其不可取代的价值，每个人能力不同、特点不同、需求不同，要权衡的内容也就不一样。所以，面临冲突的时候，我们既不要苛求完美，也不要盲目从众，希望大家都能做出自己最满意的选择。

## 第四节 “芒”：“美团”点亮我的大学

——听听学长们的社团故事

**王同学（学生会）：** 说到印象深的事情，我觉得应该是团学代会的筹备和校学生会主席给新生戴校徽了。我参与过两次大型会议的筹备，一次是单独学代会的召开，一次是团学代会。从人员的召集、分工，相关会议材料的起草、修改、审稿、定稿、印刷，到会议现场的布置、美工，以及现场宣传和参会人员组织、物资的运输分发，都要亲力亲为，不允许出一丁点儿错误。那段时期基本上每天睡眠不超过 5 个小时，有时还会遇到突然情况的处理。记得第二次学代会的时候，学术报告厅的音响坏了，当时我们做了预备方案，一位副主席马上带人把设备运到报告厅，当时是6月底，他们回来时后背全湿了。另如给新生戴校徽，我觉得这是一项比较有意义的活动。当时我们主席团穿上一身帅气的西装，把头发梳成成年人的模样给一个小萌新分发佩戴校徽。虽然站了一整天，也比较累，但是对于新生而言佩戴校徽是他们大学生涯开始的标志性事件，我们觉得非常有意义，这更像是一种精神仪式上的传承。

**李同学(艺术团)：**我印象很深的就是音乐话剧《织梦》的排练，《织梦》是由武汉纺织大学与长江人艺联合创作的大型音乐话剧。刚进学校时，在台下看《织梦》真的是感到非常惊艳。但是当我真正去参与“织梦”时，才知道有多不容易。虽然艺术团里的同学多才多艺，有一定的基础，但毕竟大家不是专业的舞蹈演员、话剧演员，而指导我们排练的都是长江人艺的导演和老师，所以要求都比较严。暑期时集训，几乎天天待在练功房，一遍一遍地扣动作、练台词。那时候脚上腿上都是淤青，晚上还要回寝室贴膏药。虽然很辛苦，但是每次听到演出时台下阵阵掌声，看到朋友圈里面“刷屏”式地转发，就感到无比自豪。通过《织梦》，我也更加深切地体验到了武汉纺织大学的校园文化。通过《织梦》这部剧里的服装表演、服装设计部分，也更加深入地感受到武汉纺织大学学子自强不息的拼搏精神。作为大学生，能够登上舞台来展示出具有学校特色的文艺作品，我的内心也是无比的骄傲和自豪的。最后借这个机会给艺术团打个广告，如果你多才多艺，希望在大学生活中享受绚丽的舞台，请加入大学生艺术团。

**结语：**

社团活动是大学生活的重要组成部分，选择和加入社团组织的过程是大学生了解自己需求，明确自己的兴趣爱好，挑战自身不足的宝贵探索体验。在社团活动中，可以不断提升自身的组织能力、协调能力、时间管理能力、表达能力。

☞ **课外拓展**

1.《穿过金色光阴的哈佛人》，[美]理查德·莱特著，范玮译，中国轻工业出版社，2002(见图 5-1)。

◎ **作者简介：**

作者理查德·莱特，哈佛大学教育研究生院和约翰肯尼迪政治学院的教授、美国知名的统计学专家。他历经十年，利用研究的调查结果及第一手访谈资料，围绕“使每位学生都充分利用大学时光”这一主题，撰写了这本书。

图 5-1 《穿过金色光阴的哈佛人》

◎ **内容导读：**

该书以哈佛大学生的学习与生活来安排章节内容，回答了一切本科生可能面临的问题，如：如何处理好课内学习与课外活动的关系，丰富个人的学习经历；如何充分利用校园的学习资源；如何在需要时寻求帮助；如何获得大学教师的有效指导与建议，等等。

读完这本书，应该记住这句话：卓越的大学教育在某种程度上，依赖于人与人之间的联系与交往。大学里最重要的不是有多少齐全的设备，有多少古老的爬满爬山虎的教学楼，而是周围的同学和老师，这些都是极为宝贵的资源。我们可以尽可能地寻找那些能对自己产生积极影响的老师，适度地参加社团活动，充实地度过大学时光。

2.《刻意练习：如何从新手到大师》，［美］安德斯·艾利克森著，王正林译，机械工业出版社，2016(见图5-2)。

图5-2　《刻意练习：如何从新手到大师》

◎ **作者简介：**

这本书由心理学家安德斯·艾利克森和科学作家罗伯特·普尔合作撰写。

安德斯·艾利克森(Anders Ericsson)，“刻意练习”法则研创者，佛罗里达州立大学心理学教授，康拉迪杰出学者。他专注于研究体育、音乐国际象棋、医学、军事等不同领域中的杰出人物如何获得杰出表现，以及“刻意练习”法则在其中的作用。他是该领域世界顶级研究者之一。

罗伯特·普尔(Robert Pool)，著名的科学、技术和医学作家，他在约翰霍普金斯大学教授科学写作，在世界最有名望的两家科学出版物《科学》(*Science*)和《自然》(*Nature*)担任编辑和作者。

◎ **内容导读：**

所有人都以为“杰出”源于“天赋”，“天才”却说：我的成就源于“正确的练习”！

该书开篇用莫扎特的例子，引出了核心观点之一：有些看似是天赋的技能，实际上是可以通过后天培养的。作者通过一个记忆随机数字的实验，提出后天刻意练习对于学习一项的重要性；并通过医学方面的观察，发现大脑其实和肌肉、韧带一样，可以通过练习、锻炼来提高能力甚至改变外观。

该书前半部分描述了刻意练习是什么，为什么管用，以及杰出人物如何运用它来发展杰出的能力；接着更仔细地研究了先天禀赋的问题，以及这个问题可能怎样限制了有些人追求卓越。书的最后部分从对杰出人物的研究中，解释了刻意练习对我们普通人来说到底意味着什么；对于个人可以怎样进行刻意练习，以便在个人感兴趣的行业和领域变得更加优秀提出了详细的建议。

# 第六章　我与你和TA

☞ **内容导入**

大学时期是个人成长发展的关键时期，对于准大学生来说，大家即将离开父母，告别熟悉的师长同学，踏入全新陌生的生活环境。

进入大学，大家马上要开始集体生活了，室友是个什么样的人？好不好相处？

也有不少同学在入学前从亲戚朋友、学长学姐那听说了很多类似的话：“初中、高中的时候我有很多好‘闺蜜’/好兄弟，为什么到大学，同学之间的关系总像隔了一层纱？”

甚至有人在网上总结出这样的观点，认为人际关系初中单纯、高中真诚、大学虚伪。那么，进入大学后我们能交到真心朋友吗？

也有不少同学感觉无所谓，认为即使在现实中没有朋友，也可以在虚拟网络中交到很多好朋友。进入大学以后，我们如何正确对待虚拟和现实世界的人际关系呢？

来到一个全新陌生的生活环境，我们既怀念熟悉的亲情、友情，又渴望新的友谊，这就增加了大家对人际交往的需求。那怎样才能提高人际交往能力？在人际交往中如何让自己做个有吸引力的人呢？

这些入校后的人际适应问题，下面的内容将为我们一一解答。

# 第一节　我与同学隔层纱？

适应贯穿于我们的一生，生活中只要出现转折就会有各类适应问题，其中也包括人际适应。准大学生们即将从基础教育阶段迈入高等教育阶段，经历从高中生到大学生的角色转变，生活学习方式、人际交往、个性心理、自我认知等方面要经历转变，这种转变对准大学生学习适应提出了巨大的挑战。

## 一、高中和大学人际关系的不同

高中和大学属于不同的教育阶段，其人际关系也具有不同的性质和特征。根据高中生与大学生的身心发展规律，不同年龄段的个体在身、心、社会性等方面的发展状况也不同。在生理特征方面，不同于高中生的明显发育，大学生正进入生长的稳定期，其体态特征、性成熟程度、神经系统等均接近成人水平。在心理特征方面，大学生的观察力、注意力、记忆力、思维能力、想象能力等较高中生发展更为完善，情感与理智趋于平衡，自我意识明显加强，个性和气质基本稳定；在社会性方面，大学生对时代精神感受更为敏锐，更加积极地参与社会活动，思想和行为的内部差异性也相对显著。这些差异也必然会影响高中生和大学生的人际交往模式，下面我们具体来探讨高中和大学人际关系的不同。

### (一)高中人际关系的特点

高中阶段学生年龄一般在15~18周岁，正是个体人生观、价值观和道德观形成与发展的关键时期，也是学生自我意识迅速发展的时期。有研究表明，人际关系可以影响青少年的自我意识、学业成绩、心理健康和身体健康等方面的发展。学习和交往是处于此时期的高中生活中的两件主要大事。在这一阶段，高中生心理发展正处于幼稚期向成熟期转变的过渡时期，人际交往仍倾向于儿童式交往模式，具体有如下特点：

1. 交往对象的邻近性

高中因就近就读，很多同学如果在同一所高中读书，那各自的家也不会相距太远。在同样一个环境成长起来的人都较为相似，从小接受的教育、接触的事物、家庭的环境也是相似的；在校的教学分班使大家的课程安排、时间分配也是相似的；为了考大学这一共同目标，同学们的学习任务也是相似的，正是这种空间、年龄和学习活动中的相近性为高中生交往提供了比较多的机会，朋友大多是同一学校、同一班级，朋友之间的交往，且以情谊为主，以兴趣相投为纽带，如果在此基础上能谈论未来，那么往往就能发展成心灵相契的密友。

2. 朋友关系亲密而稳定

我国学者陈梅曾以我国小学生、青少年和大学生为被试对象，进行了一项调查对象。问卷中的问题之一是：“你平时将自己内心想的事经常对谁讲?”并要求被试将所列对象按其重要程度排出顺序。小学生对此的反应是父母、兄弟姐妹、朋友；而青少年期的反应则是朋友、兄弟姐妹、父母。由此不难看出，朋友关系在青少年的心目中显得日益重要。随着年龄的增长，社会经验的逐渐积累、生活范围的不断增大，青少年时期这种情感依恋的重心逐渐转为以同学、朋友为中心，并随着时间推移不断加强，他们对朋友的选择不再是单纯的玩伴关系，更强调感情上的共鸣，对朋友和同伴的态度也较亲密稳定，友谊一旦形成便不易发生变化。高中阶段建立的友谊是很难忘却的，甚至会保持终身。

3. 父母对子女人际关系网的参与较多

高中阶段学生的世界观、人生观、价值观尚未健全，在交往的过程中的价值取向很容易受到他人影响。父母教养风格对子女的人际关系有重大影响，近些年因高中生里独生子女居多，孩子多为家庭关注的核心，父母对子女过度控制和干预会影响学生的择友过程，很多家长强制学生与有益于自己的同伴、背景相对较好的同学进行交往，过分干涉了孩子对交往对象的选择。高中阶段学生由于思维仍不够成熟、情感不够稳定，很多同学即使不认可父母的观点也会顺从父母的要求。

4. 师生关系亲密且依赖

高中阶段的学习均以班为单位，由班主任领导，班主任有充足的时间和精力同学生活在一起，掌握着班级中每一位学生的情况，并与学生保持紧密的联系。部分任课教师，特别是业务能力强、自身素质高的教师，深受学生的爱戴，学生对教师普遍比较尊敬满意。同时，由于高中严格的应试管理结构，学生和教师不能处于完全平等的地位，教师具有知识和心理优势，代表了一定的权威性，师生交往具有一定的从属关系，学生需要教师的指导和关爱，对老师较为依赖。

### （二）大学人际关系的特点

进入大学，大学生心理发展日渐走向成熟但又不完全成熟，因此大学阶段的人际关系也日渐趋向于成人化的交往模式。大学生作为一个比较特殊的群体，其交往呈多元化与开放化特征。大学生渴望友谊，渴望结交更多的朋友，交流更多的信息，接受更多的新思想。由于这种心理的作用，决定了其人际关系具有如下特点：

1. 交往群体心理的相近性与个性心理的差异性

和高中生一样，大学生基本上处于人生同一阶段：年龄相近、学历相近、生活学习环境相近，使彼此之间有许多共性。但大学生来自五湖四海，不同的成长环境让大家个性、认知能力、接触范围各不相同，这些不同在人际交往中表现出比较大的差异性；而且学生在校学习状态、效果的差异也会影响到学生人际交往的热情。

2. 交往领域的扩大性与交往方式的多样性

进入大学，同学之间的交往对象由以前的亲缘、朋辈交往转向更广泛的社会交往群体。同学交往不局限于同班同学，而是发展到同级、同系甚至是同校的可认识的所有同学。在高中阶段，因高考这重大山让大家没有机会去丰富大家的交往方式，但进入大学后丰富的课余生活让大学生的交往方式也逐渐发生变化，开始走上多样化发展轨道。随着信息技术的应用和普及，大学生的人际交往方式也发生了根本性的变化。大学生交往方式从最初的面对面交往，逐渐转变为以“网友”“驴友”等以共同兴趣爱好为交往基础的人际交往方式，从而拓宽了大学生人际交往的方式和渠道。

3. 交往需求的迫切性与交往行为的被动性

大学生年轻活泼、精力充沛，接受新事物的能力较强，刚刚脱离家庭的生活圈，迫切地想认识与熟悉更多的人，结交新朋友。在实际交往中又有不少大学生显得比较被动，其原因主要是缺少社会实践的经验，不太了解社会，对人际交往的知识了解甚少。当前大学生独生子女越来越多，其中少数人性格乖僻，唯我独尊，不易与人交往；少数来自偏远农村的学生因学校与家庭反差太大而不适应，不敢与人交往。

4. 交往内容的情感性与交往动机的功利性

大学生因处于求知阶段，交往中涉及的内容主要是学习、思想、生活、集体活动、娱乐等，增进感情和友谊是交往的主要目的。随着社会的发展变化，大学生在社交目的上也趋于“理性化”，选择什么样的人交朋友，并不纯粹是出于情感和志同道合，交往的动机已变得很复杂。可以说，大学生的人际交往在注重情感交流的同时，越来越注重与自身社会利益相关的务实性，呈现出情感型交往与功利型交往并重的趋势。

## 二、高中人际关系向大学人际关系的过渡方式

大学生从高中进入大学，面临着很多新的变化和选择，他们要通过自己的努力去适应新的环境；在适应大学生活的过程中，大学生要充分了解大学教育、校园环境的特点，准确地把握大学人际关系的要求，尽快地从高中人际关系模式过渡到大学人际关系模式，适应环境。只有这样，大学生才能获得前进的动力，在竞争中保持良好状态，在奋斗中实现自我价值。

### （一）大学生人际关系的类型

进入大学，同学们离开了原来的交际圈认识新朋友，也将迎接大学

校园人际关系的新挑战。根据不同的标准，可以将大学生人际关系划分为多种类型；区分不同的类型，有助于充分描述和正确认识大学生人际关系。常见的大学生人际分类主要有以下几种：

(1)血缘型：这是大学生的一种天然的人际关系，如与父母、兄弟等的亲属关系。亲属关系即大学生的父母、兄弟等，与大学生关系密切、对其个人成长发展具有举足轻重影响的长辈和同辈，这一群体与大学生之间的关系即为亲属关系。相对于发生在大学校园里的人际交往关系来讲，这种关系在空间上距离较远，其发生也不那么频繁。

(2)地缘型：主要指大学生因地域相同的缘故而结成的人际关系，如同乡关系等。同乡关系指大学生与来自同一生源地或相近生源地的学生之间的关系。由于大学生的个人人际交往需求，这种关系的发生在大一新生之间、大一新生与高年级学生之间以及应届毕业生群体之中更为普遍和频繁。

(3)业缘型：指大学生以所学专业为纽带形成的人际关系，包括师生关系、同学关系等。

(4)趣缘型：指大学生以兴趣为主而结成的人际关系，专业兴趣所造成的业缘人际关系也属此类，如话剧社，剧团等社团关系。

(5)情缘性：指男女大学生为满足爱情的需要，通过与异性交往而建立的人际关系，情缘关系是大学生人际关系中强度较大的一种。爱情是生命中的一部分，恋爱问题一直是大学校园的敏感话题，也是大学生的热门话题。但是恋爱是一门学问，也是一门艺术，对于心理并未完全成熟的大学生而言，并非都能娴熟驾驭爱情方舟，扬起风帆，顺利而浪漫地远航。因此，情缘关系是一种复杂的人际关系，需要我们慢慢地学习与积累，需要我们去探索、去挖掘。

### (二)大学人际关系的新挑战

大学生常见的人际关系中，大家交往比较频繁的对象有三种群体：教师、同学与宿舍室友。进入大学，同学们也将迎来这三种人际关系的新挑战。

1. 与教师关系的新挑战

老师与学生，是大学校园里两大基本群体。老师是学生人际交往的重要对象，师生关系是学生人际关系的重要内容。师生关系如何，直接影响到学生在学校的健康学习成长，并在很大程度上决定了学校能不能对学生的身心施加符合社会要求的影响。而在大学校园里，这种关系又可具体分为任课教师与学生的关系和辅导员与学生的关系两种。

(1)辅导员——辅导员类似于高中班主任但又有很大的区别，主要从事学生的思想政治教育、学生管理以及党团建设等工作，直接涉及学生思想、学习、生活的方方面面(见图 6-1)。每个辅导员一般管理数个班或一个年级，很多同学在收到录取通知书后最先接触的人就是辅导员，他们向大家介绍学校，告诉大家怎样更快地适应大学生活。大学四年他们可能是学生最熟悉的老师，也是最了解学生的老师。他们引导大家树立正确的价值观，培养良好的道德品质，帮助学生解决在校期间遇到的困惑、困难，帮助学生化解矛盾冲突……他们和学生心灵距离较

图 6-1　辅导员的“身份”

(图片来源：https：//www. jingyeqian. com/news-317. html)

近，学生也比较为信任依赖他们。

辅导员是学生们的人生导师，作为大学新人同学们要多与辅导员交流，增加互相了解的机会；多参加集体活动，展现自我；遇到困惑或问题多向辅导员沟通请教。

(2)任课教师——任课教师主要担任公共课或专业课的知识传授，这种师生关系范围比较窄，内容较为简单。就如图 6-2 所展示的那样，有些同学一学期结束仍然认不清自己的任课老师。大学很多课程是两个或者三个班一起上，课程内容比较多，授课的流动性与课堂的扩展，师生之间缺乏直接的沟通与必要的情感交流，师生信息的对流与沟通明显不足。

图 6-2　任课教师的“身份”

(图片来源：https：//www. sohu. com/a/217933026_ 440562)

作为大学新人，同学们怎样和任课老师相处呢？怎样让任课老师在茫茫人海中记住你呢？首先，一定要认真听讲，抓住课堂发言机会多与老师交流；其次，课下虚心请教，多与老师探讨专业问题；最后，课外见到老师主动打招呼。

## 2. 与同学关系的新挑战

“这个女生很面熟，是我们班的吗？”

“我也不知道，问班长吧。”

上面这个场景在大学里经常见到，很多同学四年毕业，班里同学都认不全，更何谈友情？

在大学里，由于整个班级多是上课时间聚在一起，更多的自由时间让大家课下缺少沟通交流的机会；也有行政班级，但其组织性较弱，很多学生的班级概念淡薄；课外各类活动也没有强制性要求，是否参与更取决于学生的兴趣；同学们对未来生活的追求不同，缺少共同目标，也减少了大家的交流。因此，班级同学之间的交往缺乏稳定条件，交往对象变动大、流动性较强，同学关系并不密切，这给刚进入大学的同学交往带来了很大的挑战性。

同学关系不仅影响着班级的氛围和凝聚性也影响着个体的健康发展，而个体的个性特征反过来也会影响其同学关系。比如外倾性的学生一般喜欢社交，关注外界事物，更容易感受到积极的情绪体验；开放性的学生更喜欢接受新事物。因此，他们能更快地融入集体，在班级活动中更积极、主动，在交往中更受欢迎。而性格较内向并具有孤独人格特质的学生，往往更关注于自身内部而不是外界事物。因此，他们在同学交往中比较被动，很难建立亲密的朋友关系，往往社交技巧、社交能力较差，有更多的社交焦虑，在生活中更多关注自己的内心感受，而不倾向于对外交往。

在这样的情景下，我们怎样和同学相处，更好地融入集体和大家做朋友呢？有以下几条建议：

一要积极与班里同学交往，善于发现和欣赏他人的优点，克服对他人的认知变差，用全面发展的眼光看待他人和处理人际关系，而认识他人最好的方法就是面对面的接触，在与他人互动的关系中了解他人、认识他人；与同学交往时不要妄自菲薄，而应客观认识自我，老子的《道德经》中讲“知人者智，自知者明”，自知是完善自我的前提，会影响我们与人交往中的表现。学会接受自己、悦纳他人，客观准确地认识交往双方，有利于形成和谐团结、互相促进的群体环境。

二要勤奋学习，严于律己，遵守班级秩序，善于实施自我管理。

三要积极参加班级集体活动。关系的形成依赖于长期、持久而充分的互动。只有在班级成员间充分交往与了解的基础上，才能形成合理的关系结构，而成员间的充分交流应以丰富多彩的班级活动为载体。因此，多参加班级集体活动，能有效提升同学间互动的频率，扩大其互动的范围，有助于我们更快地融入班集体，在活动中增进与同学的相处相知。

3. 与室友关系的新挑战

进入大学，大家马上要开始集体生活了，大学生大部分的课余时间在宿舍度过，宿舍将是同学们第二个家，室友关系将是重要且不可回避的人际关系。和谐的宿舍人际关系能让学生更好地投入到学习中，更有信心取得好的成绩，生活满意度和主观幸福感也更强；不和谐的宿舍人际关系则会降低学生的生活满意度和主观幸福感，出现更多的负性情绪，甚至出现躯体症状。

对于很多刚进入大学的大学生来说，大学寝室可能是大家第一次的集体生活，充满了好奇新鲜，都有一定的结识欲，往往同一个宿舍的同学最先成为朋友；可由于寝室分配多是按性别、学院、班级随机分配，时间一长，因生活习惯、作息时间、兴趣爱好等的不同和宿舍频繁的人际互动，室友间的各种矛盾就出现了。

调查显示，40%的学生在宿舍中有过孤独感和失落感，其中4%的学生经常感到孤独，若有机会重新选择舍友，有32%的学生想重新选择舍友同住。这些数据反映，并不是每一位学生都会感到宿舍温馨。这样的室友关系让大家觉得宿舍仅仅是生活场所，并不能激发学习和生活的热情，甚至可能成为负面压力的来源。我们来看看下面几个发生在寝室的案例。

**案例一**：小司考取了自己理想的大学，满怀憧憬地踏入了大学校门，但与自己中学时的几个好朋友并没有考到同一所大学，自己性格慢热，不爱参加集体活动，因此总感觉自己像游离于群体之外，形单影只，无法交到好朋友。尤其是有一次和一名室友发生争执，其他两名室友也与其一起孤立自己，让她每次回寝室都很压抑，干脆选择在图书馆待到闭馆再回。长此以往，和室友的关系越来越冷漠，甚至于后来再和其他同学交往时，也总害怕和他人发生冲突被人排斥。

**案例二**：小李习惯早睡早起，有两个室友则相反。晚睡的室友不愿关灯，有时煲“电话粥”也不注意控制音量，或是用电脑时还用音箱，或是键盘声很大，惹得小李甚是恼怒。每次遇到这种情况，第二天，早起的小李有意无意地提高洗漱声音，故意吵醒还在睡梦中的室友。

**案例三**：公共卫生总是宿舍里最麻烦的事。“都有责任”总会被那么几个人理解成“都没有责任”。作为寝室长的小刘诉说了他的苦衷：我们寝室就是有一个同学做得特别差，从不扫地，从不注意个人的卫生，不仅懒，还常常要享受。作为寝室长，开始想着帮他们多干点没啥，时间久了，觉得心里特别不平衡，为什么他们那么缺乏起码的集体观念？为什么他们该坐享其成？可他一管，不仅起不到根本的作用，反而使矛盾闹得更大了。

以上这些案例都来自我们身边的例子，如果寝室氛围这样，那每天一见心情如何灿烂？

室友之间的生活小摩擦有时也可以加深彼此的友谊，但如果摩擦不积极处理，则会导致误会及不和睦，有的甚至发展成“冷战”或者爆发激烈的争执。时间久了，不但会导致室友关系冷漠，也会影响我们的学习生活状态与效率。

多一点宽容，多一点珍惜，相聚是缘，寝室是大学生求学期间的家，学会处理寝室矛盾也是一门“必修课”。

(1)彼此打扰是寝室矛盾的第一导火索，因此尽量协调好作息时间，大家共同商议出一个作息时间表，同步的作息习惯是和谐寝室的秘诀。

(2)宿舍是大家共同的生活空间，“随心所欲”的时候也要考虑共同生活的其他室友，维护寝室整洁，搞好自己的内务，排个宿舍值日表，一人一天，共同维护寝室整洁。

(3)不要把别人的举手之劳当理所当然，“给我拿下快递”“帮我带下饭”“帮我递下水”，偶尔几次没有问题，时间久了没人会迁就你，同样，遇上总是使唤别人的“懒癌晚期者”也不必迁就。

(4)珍惜宿舍集体活动，一起吃饭、一起“K 歌”、一起逛街，不要错过宿舍集体活动的机会，多年之后大家回想起来也是不可复制的美好回忆。

(5)室友之间发生摩擦也十分正常，大多只是小事，一旦爆发争执则多是由小事积累的。因此，宿舍生活中有事多沟通，不要积压矛盾；有问题先沟通，不要积攒；观念习惯不同，也不要背后议论，更不要乱传“八卦”，因为谣言止于智者。

(6)注意宿舍人身安全，贵重物品不要随意摆放，养成离开宿舍随手锁门的好习惯；如果邀请朋友来玩时，要提前跟室友打好招呼。

(7)借用物品主动归还，室友之间借东西很正常，但一定要有借有还；尊重个人隐私，宿舍是共享空间，没经别人允许不要乱翻别人的东西，即使关系再好也不行。

室友是同学们一辈子的财富，偶尔一起请假，逃课看似“酷”，但一起奋斗上进更“酷”，这几个突如其来闯入你生命里的人，最终会成为那段岁月里最美好的记忆。

# 第二节　网络上的键盘侠，生活中的路人甲？

**案例**：上课、吃饭、上网、睡觉，四个简单的动作构成了大三学生陆浩(化名)一成不变的大学生活。无论课程多少，到学校机房或街头网吧泡上四五个钟头是他每日的“必修课”。和老朋友诉诉苦，与新朋友调侃几句，再往本校的 BBS 论坛中“灌点水”……实在无聊了，就与网友联机打游戏，时间过得不知要比课堂快多少倍。

日复一日地上网闲逛，陆浩有时也会觉得无聊。可一旦下了线，自己就如同无头苍蝇，没了方向。心里空荡荡的感觉让他很不踏实，甚至情绪低落、烦躁不堪。无奈，强大的孤独感又把他推回那熟悉而陌生的网络世界。

莫非自己面前的网页成了无法抗拒的“电子鸦片”？陆浩有些茫然……

随着社会的发展，网络的逐渐普及，上网成了大学生课余生活的重要组成部分，通过网络游戏、聊天、交友、互助等多种渠道，形成了大学生与其他网络虚拟领域使用者之间的交往关系，网络直接介入大学生人际交往领域。“90 后”“00 后”是伴随着电视、电脑、手机长大的“网生代”，互联网已成为其生活中必不可少的一部分，借助新媒体的网络人际交往比率日渐高于传统交往方式的比率，进入大学以后，大学生如何正确对待虚拟和现实世界的人际关系呢？

## 一、新媒体对当前大学生人际交往模式的影响

### (一) 大学生广泛接受并使用新媒体

据第 43 次《中国互联网络发展状况统计报告》统计，截至 2018 年

12 月，我国网民规模为 8.29 亿，其中手机网民规模达 8.17 亿，占总比的 98.6%。其中 10~39 岁群体占总体网民的 67.8%，其中 20~29 岁年龄段的网民占比最高，达 26.8%。由这个数据可以得出以下结论：

第一，大学生已经成为互联网大军的主力。如“90 后”“00 后”大学生大多拥有并能熟练使用电脑、智能手机等电子设备，更是紧跟时代潮流，能很好地接受新鲜事物。各类新媒体早就悄然无声地进入大家的日常生活，渐渐成为当代大学生不可或缺的一种生活方式和状态。

◎ **阅读材料**

由统计数据分析，在校大学生对于社交媒体种类的选择存在明显的喜好偏向，其中使用频率最高的社交媒体种类是微博、微信、QQ 这种即时通信软件(100%)，其次是以抖音为最热的创意短视频社交软件(81%)，像知乎、豆瓣这样带有一定知识性的网络问答社区使用频率也达到了 36.3%。①

第二，“90 后”“00 后”大学生张扬个性、乐于表现自我、自我中心意识强、思想开放独立等鲜明特点都与新媒体“互动性”“去权威化”传播方式不谋而合。即使还未入校报到也可有自己的话语权，这便刺激了大学新生自我表达的欲望和张扬个性的追求。

### (二)新媒体环境下大学生人际交往模式的新特点

由武汉大学发起的中国首份针对“90 后”大学生的调研报告显示，互联网已经成为“90 后”生活中必不可少的一部分，仅人际交往方式一项而言，传统的聚会联谊和信件交流等沟通方式已经被淘汰，仅有 17.4%和 13.8%的“90 后”愿意以这种方式交朋友；而短信电话和 QQ

① 蔡进. 当代大学生网络社交偏好与现实人际交往的关系研究[J]. 智库时代，2018(28)：276-277.

微信分别以74.1%和63.7%的比例占居绝对优势地位。

1. 大学生的虚拟交往程度在不断加深

依靠智能手机和移动互联技术，人们开始摆脱旧有的人际交往模式，诚如大学生不再以书为友、以同学为伴、以教者为师、以教室和图书馆为主要活动场所。他们借助人人网、微信、QQ、MSN等新媒体，开始了一种更为开放、自由的人际交往，使沟通更加轻松和便捷。在大数据的影响下，学生在网络海量信息中寻找到志同道合的人际交往对象，形成了不同的交际圈；通过社交平台进行交往，获得精神或者物质支持，既满足了学生的交往需求，也提高了大家的交往热情。而且，实名制网站加强了大学生对朋友和同学的了解和沟通，为他们提供了一种全新的表达自我、观点交锋的方式。匿名方式的网络平台保护隐私的特性也有助于大学生更好地交流思想、传递情感，还可成为紧张学习生活的一个泄压阀。

2. 大学生人际交往形式出现新变化

因大学入学各奔东西而导致的高中同学联系锐减的现象将不再出现，因为通过微信、微博、QQ就能了解世界各地朋友的近况，也可以随时随地在网络上发表自己的所思所想及所经历的事情，分享自己感兴趣或者认同的理念。在新媒体环境下，大学生交往突破了时间空间的限制，手机随时保持开机状态，在教室、图书馆、食堂等地都可线上交流，交往范围也不仅仅局限在校内，全国各地甚至国外各类人士都有联系。

3. 大学生人际交往信任出现危机

有研究表明，近半数的大学生对父母、社会交往对象、新闻媒体持不信任态度。出现这种现象的原因是网络交往的虚拟性、自由性和低责任感，人们可以隐匿真实信息参与到交往中，不管是否符合道德、法律，而随意地编造言论、表达情感。这些导致了互联网上的信息良莠不齐，让大学生们对网上信息似信非信，不敢轻易相信别人，甚至将这种交往不信任延伸到大家的日常生活中，致使学生的人际信任出现危机。

此外，由于大学生生活阅历不深，长期在充满学术文化氛围的校园生存成长，远离社会缺乏社会经验，对很多复杂的社会现象和问题缺乏切肤的体验与客观的目光，往往看法片面单一，很容易受网上一些错误观点和偏激言论引导而误入歧途。

4. 大学生现实人际交往减少

网络虚拟人际交往的匿名性、间接性可让大学生在网络交往中抛开现实交往时的各种顾虑，扮演各种不同的角色，在网上畅所欲言、直抒胸臆，即使发泄现实生活中的各种不满情绪也不担心被身边人发现。长此以往，很多大学生更加依赖网络交往，越来越缺乏现实交往的动机。同时，虚拟人际交往的撤销重新编辑功能，使大家交往时能有充足的时间思考，互动压力小，尤其是大学新生，为了避免面对新人际关系时陌生或紧张带来的交流障碍，往往更愿意选择文字交流，这也是为什么会出现寝室四人微信群里聊得飞起但面对面却无人交谈的现象(见图6-3)。现实人际关系的冷落与疏离进一步降低了大学生在现实生活与人交往的兴趣，严重者甚至会出现性格孤僻冷漠，交往能力下降，一旦现实中与人交往就紧张、胆怯，甚至抵触反感。这种虚拟人际交往的“畅所欲言”和现实人际交往的“谨小慎微”，让一些大学生分不清虚拟与现实，更乐于网上交流，结果是网上交往时间越来越多，现实交往时间就越来越少。

图 6-3　一个寝室 6 个人建了 5 个微信群

（图片来源：www. m. sohu. com/a/277728240_822243）

## 二、正确对待虚拟和现实人际关系

网络是把双刃剑，它在给人们生活带来便利的同时，也衍生出众多社会问题。相较于现实生活中借助语言、动作、表情等直接方式来表达思想、情感、信息、需要的传统人际交往方式，越来越多的在校大学生偏向于用微信、微博等社交平台与好友取得联系。很多人随时随地发朋友圈来记录自己生活中的点点滴滴，吃饭都要拍照上传发朋友圈，事无巨细地向别人诉说生活中的喜怒哀乐，而在现实生活中与坐对面吃饭的家人朋友只字不语。美国麻省理工学院社会学教授雪莉·特克尔(Sherry Turkle)在《群体性孤独》一书中把这种在网络世界中积极活跃却在现实社会中陷入孤单的现象，称作群体性孤独。① 她在书中提到：我们虽然发邮件，上各种社交网站，从表面形式上人们之间的联系较之以往显得更加轻松、密切，但事实上则是更加焦虑和孤独。人们如此习惯于自欺欺人，逃离真实的交谈，如此习惯于更少更浅的交流，以至于他们几乎希望躲开现实中的朋友。

◎ **阅读材料**

### 网络人际交往的主要特征②

■交往动机的多样性　人们网上交往动机多种多样。一些人上网抱着一种游戏的心理，视人际交往尤其是感情交往为游戏，缺乏责任感和真诚感；一些人上网只为关注异性，尤其是帅哥美女；一些人在现实生活中遇到挫折时，往往沉溺于“虚拟时空”，不愿直

---

① [美]雪莉·特克尔. 群体性孤独[M]. 周逵，刘菁荆，译. 杭州：浙江人民出版社，2014：161-170.

② 应力，邱晓东. E 海逃生——网络成瘾及其克除[M]. 北京：高等教育出版社，2008：45-49.

面现实。

■交往角色的单一性　网络人际交往可以打破时空的限制，通过键盘和鼠标就能找到自己想找的人。通常交流的个体都极力展现自己美好的一面，缺乏真实的多面性；而现实社会中各种人际关系，比如同事关系、同学关系、师生关系、男女关系、长晚辈关系等在网络中容易被弱化。

■交往角色的虚拟化　现实交往中角色的来源多样化，是直接的、真实的、稳定的，它所依附的是特定的时空位置；而网络空间中的互动不具有现实交往中的实体性和可感性，只是一种功能上的实体性。许多网络使用者是以“隐形人”的身份在网上自由活动，这就使得网络人际交往比较容易突破年龄、性别、相貌、社会地位等传统因素的制约。部分人在网上交际时，经常扮演与自己实际身份和性格特点相差悬殊甚至截然不同的角色，强化了交往角色的虚拟性。

■交往过程的弱规范化　在现实社会中，个体依据一定的标准，其行为受到社会规范的普遍制约，然而在网络空间中的交流不需顾虑对方的身体属性、社会属性及地域属性等造成的各种沟壑，可以畅所欲言，没有他人在场的压力。这种交往中的弱社会性和弱规范性必然引起人们内心的焦虑感、真正归属感的缺失及行为的失范，甚至造成在现实环境中的交往困难。

我们很多大学生正是在现实生活中感受到孤独和压力但无处排解，转而求助网络，因为技术可以把我们带进一个虚拟、无生存压力的世界。然而，大多数大学生又难以从技术需求中逃脱出来，于是又陷入另一种孤独，从而陷入一种“内心孤独寂寞—转向网络寻求慰藉—更加孤独—继续向网络寻求慰藉”的恶性循环中。作为大学新人，我们如何正确对待虚拟和现实的人际关系？

### (一)树立正确的网络交往观

理性认识网络社会中的人际交往只不过是现实社会的人际交往在网络技术上的延伸，并且与现实社会中的人际交往存在着转化关系。比如网友，随着互相的了解发现双方同城又志趣相投，慢慢变成经常见面聚聚的密友；比如高中的好朋友，因就读不同城市的学校分开，大家的交流就转到线上。不管怎样转换，现实社会中的人际交往内容丰富、形式多样、关系确定等原本特点是网络社会人际交往所无法替代的。网络社会的人际交往具有一定的工具性，不能把网上生活作为自身生活的全部，以免沉溺其中。面对面的现实人际交往是大学生适应社会、完善自我发展的基础途径。

### (二)线上线下相结合，在现实生活中提高人际交往能力

网络交往是现实社会人际交往的一种延伸和补充，大学生在进入大学以后可以多开展线下活动，积极参加校内外各类有意义的集体活动，提高现实人际交往的频率；将线上线下相结合，在现实人际中锻炼自我表达和交际能力，避免出现“线上滔滔不绝，线下支支吾吾”的现象，以全方位提升大学生的人际交往能力。

### (三)充分认识自我，提高自控能力

相对于有丰富社会阅历的人来说，大学生没有足够强的自制能力和意志，尤其是刚入校的大学新生。和高中相比多出来的大把课余时间，让大学生难以抵抗来自多彩虚拟网络世界的诱惑，甚至沉迷网络、迷失自我。因此首先应提高自我控制能力。自我控制是人主动定向地改变自己的心理品质、特征及行为的心理过程，提高自控能力首先要充分认识自我、了解自己的心理特点、认识自己的优劣势，只有认清自己才能更好地管理自己、控制自己。其次，应培养顽强的意志和坚强的性格，锤炼其韧性和自制力，使自己能自觉主动地减少虚拟人际交往，增加现实

人际交往，并能为这一目标努力排除干扰、克服困难。最后，应增强自尊和自信，使自己有提高自控能力的强大动力，激励自己不断努力。

## 第三节　怎样提升人际吸引力?

人际交往是个体的基本需要，当代大学生人际交往的质量及人际关系直接影响其在校期间的学习、生活、身心健康乃至未来的发展。在上一节提到线下全方位提升自己的人际交往能力，那怎样提高人际交往能力?在人际交往中如何让自己做个有吸引力的人呢?

人际吸引是指人与人之间由于彼此注意、欣赏、倾慕等心理上的好感，彼此接近以建立感情关系的历程。

### 一、修炼自己良好的个性

许多研究结果表明个体人格特征与大学生适应的关系密切，高水平的外向性、亲和性、开放性能够促使学生更快更好地建立人际关系，获得更多的社会支持，提高其适应水平。每个人都有自己喜欢的人，并愿意与之交往；每个人也都有自己讨厌的人，不愿意和这些人交往。大学生要增强自己的人际吸引力，做一个受别人欢迎的人，修炼好自己的个性。良好的个性特征对于建立良好的人际关系有促进作用，不良个性特征对于建立良好的人际关系有阻碍作用。在生活中，大家都愿意与性格良好的人交往，没有人愿意与自私、虚伪、狡猾、性情粗暴、心胸狭隘的人打交道。据调研，大学生最喜爱的个性品质前十位是：真诚、诚实、理解、忠诚、真实、可信、聪慧、可依赖、有头脑、体贴。最厌恶的品质前十位是：古怪、不友好、敌意、饶舌、自私、狭隘、粗鲁、自负、贪婪、不真诚。由此可见，一般人际关系好的同学比较忠诚老实、善良开朗，会尊重他人、关心他人。因此，大学生要不断形成良好的个性特征，注意克服性格上的弱点和缺陷，以增强自己的人格魅力。

◎ **阅读材料**

我国学者黄希庭①采用社会测量、访问与观察方法，研究大学生的人际吸引，其所归纳的“嫌弃型学生”与“人缘型学生”的人格特质如表 6-1 所示：

表 6-1　**大学生人格特质**

| “嫌弃型学生”人格特质的等级顺序 | “人缘型学生”人格特质的等级顺序 |
|---|---|
| ①自我为中心，不考虑他人的处境和利益，嫉妒心强<br>②对集体的工作缺乏责任感，敷衍，浮夸，不诚实<br>③虚伪，固执，吹毛求疵<br>④不尊重别人，操纵欲、支配欲强<br>⑤淡漠，孤僻，不合群<br>⑥敌意，猜疑，报复性强<br>⑦行为古怪，喜怒无常，粗鲁，粗暴，神经质<br>⑧狂妄自大，自命不凡 | ①尊重他人，关心他人，富有同情心<br>②热心集体活动，工作可靠、负责<br>③持重，耐心，忠厚老实<br>④热情、开朗，喜欢交往，待人真诚<br>⑤聪颖，爱独立思考，成绩优良，乐于助人<br>⑥独立、谦逊<br>⑦兴趣和爱好广泛<br>⑧温文尔雅，端庄，仪表美 |

## 二、把握人际关系的原则

### (一)尊重平等原则

人与人之间的关系是平等的关系，我们每个人都有自己独立的人格、做人的尊严，期望在各种场合中受到尊重。尊重平等能够引发人的信任、坦诚等情感，缩短交往的心理距离。在交往过程中，如果一方居

① 黄希庭. 大学生心理学[M]. 上海：上海人民出版社，1988：397.

高临下、盛气凌人，总是对他人发号施令、颐指气使，那么他很快便会遭到孤立。因此，大学生在人际交往中尤其要注意尊重的原则，不损伤他人的名誉和人格，承认或肯定他人的能力与成绩；否则，易导致人际关系的紧张和冲突。

### （二）真诚信任原则

真诚信任是人与人之间沟通的桥梁，只有以诚相待，在人际交往中说真话、言必行、行必果，才能使交往双方建立信任感，并结成深厚的友谊。坚持真诚信任原则，必须做到热情关心、真心帮助他人而不求回报，对朋友的不足和缺陷能诚恳批评。对人、对事实事求是，对不同的观点能直陈己见而不口是心非，既不当面奉承人，也不在背后诽谤人，做到肝胆相照、赤诚待人、襟怀坦白。

### （三）宽容理解原则

人际交往中往往会产生误解和矛盾。大学生个性较强，接触密切，不可避免地会产生矛盾。这就要求大学生在交往中不要斤斤计较，而要谦让大度、克制忍让，不计较对方的态度、对方的言辞，勇于承担自己的行为责任，做到“宰相肚里能撑船”。多站在对方立场上考虑问题，真正了解对方的处境、心情、好恶、需要等，并能设身处地地关心对方。

### （四）互利合作原则

互利是指双方在满足对方需要的同时，又能得到对方的报答。人际交往永远是双向选择、双向互动。你来我往交往才能长久。在交往的过程中，双方应互相关心、互相爱护，既要考虑双方的共同利益，又要深化感情。

## 三、掌握人际沟通的艺术

你有没有以下口头禅？

你还没懂啊？

亏你是学……专业的，这也不懂啊？

你爹妈没教过你……吗？

没教养！

关你什么事啊？

你白学……啦！

你干吗这么死心眼啊？

你脑袋不好使啊？

你有病啊？

你有没有以下暖人心的话？

你真的很不容易！

你想得真周到！

你辛苦啦！

你很棒！

你真是不简单！

你好有创意啊！

我好佩服你啊！

俗话说："良言一句三冬暖，恶语伤人六月寒。"在交往中如何让人喜欢、如何让人愿意与你交往，都离不开沟通的技巧。

### （一）称呼得体

恰当得体的称呼，能使人获得一种心理满足，并使对方感到亲切，这样交往便有了良好的心理氛围；称呼不得体，往往会引起对方的不快甚至愤怒，使交往受阻或中断。在交往过程中，要根据对方的年龄、身份、职业等具体情况及交往的场合、双方关系的亲疏远近来决定对方的称呼。

### （二）善于表达

正确运用语言，就是要表达清楚、生动准确、有感染力、逻辑性强。在交往中，切忌口若悬河，滔滔不绝，忽视对方的反应；语音、语调、语速要恰当，要根据谈话的内容和场合，采取相应的语音、语调和语速；谈话态度坦诚；不要急于抢着说话，急于表现自我；克制自己插嘴讲话的欲念；不以个人的价值观念来评断对方的叙述；在适当的时候可以说一些幽默的话活跃气氛。在几个人一起交谈时，不要把注意力集中在一个人身上，要注意平衡。

### （三）给人以真诚地赞美

每个人都渴望得到别人及社会的肯定和认可，我们在付出了必要的劳动和热情之后，都期待着别人的赞美。那么，把自己需要的东西先慷慨地奉献给别人，这无疑是在给你的人际交往添加润滑剂。真正的赞美要选准角度、具体实在、恰如其分。与其夸赞一位相貌平平的女生貌美如花，不如赞美她温柔可爱、才能出众；与其笼统地说“你真漂亮”，不如说“你今天的衣服真漂亮”。

### （四）长于倾听

人际沟通是一种双向行为，需要学会倾听和表达。

王老伯：小明，最近学习好认真啊，晚上 12 点多还在听英语，真要向你学习！

小明得体地回了一句：

回答 1：王伯伯，谢谢您夸奖啊，我会再接再厉的。

回答 2：王伯伯，不好意思打扰您休息了！

上面的例子中王老伯的真实意思是什么呢？

正如第 2 个回答中，王老伯的潜台词是你打扰我休息了。

生活中学会倾听，是一种重要的交往艺术，要学会有效地聆听。在沟通时，作为听者要少讲多听，不要打断对方的谈话，最好不要插话，等别人讲完之后再发表自己的见解；要尽量表现出聆听的兴趣，经常与对方进行目光交流，不停地赞许性地点头、微笑，时不时给予回应，重复一些你认为重要的话表示你在注意倾听，鼓励对方继续讲下去；力求在对方的角色上设身处地地考虑问题，对对方表示关心、理解和同情；不要轻易与对方争论或妄加评论。

### （五）善用肢体语言

社会心理学家艾根（G. EGAN）提出了在别人心目中建立良好第一印象的 SOLER 模式，S—sitting face to face（面对面坐好）；O—openness（心灵开放）；L—leaning forward（身体前倾）；E—eyes contact（眼神接触）；R—relaxation（全身放松）。与人交谈的时候身体微微前倾，是在告诉别人我对你说的很感兴趣；交谈中眼神接触在告诉对方我在用心听你说；交谈时全身放松在告诉对方和你交谈很开心……有意识地在社交场合运用 SOLER 模式，可以帮助我们改变一些不恰当的沟通习惯，可以有效地增强别人对自己的好感和接纳意愿。

### （六）给人以友善微笑

微笑是友好的信使，它可以缩短人与人之间的心理距离，为深入沟通与交往创造温馨和谐的氛围。在与同学的交往中，真诚地微笑往往会给人留下美好而深刻的印象。当你不知道说什么的时候微微一笑，也在向对方传递你的友好。真正的微笑应发自内心，渗透着自己的情感，才会被人接纳。那种皮笑肉不笑的笑、虚假的笑是骗不了人的，只会令人反感。

### (七)把握好交往的度

大学生人际交往中把握好“适度”的原则，正确地认识自己、自我评价是建立友谊的前提。对他人的期望要适度，因为现实中没有十全十美的人，每个人都有缺点和不足，在交往中应降低期望值，避免失望感的产生。同时，交往的广度要适当，既不能过广，过于分散精力，也不能过窄，形成排他性；交往的深度要适当，对交往对象有的可浅交，有的可深交；交往的频率要适当，即便是好朋友也要保持一定的距离，这样双方才有新鲜感、愉悦感。

### ☞ 师生问答

**1. 问：** 每次和人交流的时候我就不自在，尤其是和陌生人和师长讲话时，请问如何能克服这种交往中的羞怯?

**答：** 羞怯心理是指在他人面前感到不自在和受抑制，害怕与他人接触的倾向和行为。羞怯的根本原因是对于安全感的过分追求，只求太平，不想冒风险；常常担心自己被别人否定，自信心缺乏，总把别人看作自己言行的裁判员。那么该怎样克服羞怯，下面是几种有效的方法：

(1)树立自信。大学生在人际交往中不要总是否定自己，拿别人的长处与自己的短处比，让自卑心理左右自己。要相信自己一定能行，遇事多采取主动态度。当你勇敢地说出第一句话、勇敢地迈出第一步时，你可能感到羞怯。这时，应想到羞怯并不等于失败，胜利者比失败往往多的是一份勇气。当你大胆尝试着与人交往时，会感到现实要比想象的简单、容易得多。

(2) 积极自我暗示。通过默念一些积极的指令性语言来增强自己的自信，如反复念“我不紧张”“我非常镇静”等，可起到放松的作用。

(3) 掌握训练方法。克服羞怯心理训练方法有很多，现摘要如下：练习在公众场合发言；上课、开会时尽管坐到前排；走路时抬头挺胸，把走路的速度提高四分之一；主动大胆和别人尤其是陌生人、异性、老师讲话；与人说话时，正视对方的眼睛；在高兴时，开怀大笑。

**2. 问：交往中发生冲突了，如何化解？**

**答：**第一步，澄清并界定问题：了解双方冲突的焦点是什么？先学习“对焦”，倾听了解双方对问题的看法，才知道该如何处理。

第二步，找出彼此的需求或愿望：知道问题的症结后，还要能够了解彼此的需求或愿望，才能找到令双方满意的解决方法。

第三步，评量可能的解决方法：冲突的双方可以讨论有哪些可能的解决方法——讨论其可行性与彼此的接受度。

第四步，达成共识：将所有解决方法列出之后讨论各个方法的优缺点，找到一个两人都同意的方法后，再加以实行。

第五步，回顾与重新切磋：施行之后的结果有可能不如预期，此时两人便需要依这几个原则重新磋商。

**3. 问：与人交往中我总担心别人看不起我，害怕与人交往怎么办？**

**答：**有些人常常觉得自己处处不如别人，总是感到别人看不起自己，又怕受到别人的伤害，所以人际交往中多回避。处处畏缩是社交自卑、是人在社会交往中的自卑心理在作祟，它容易使人孤立、离群、丧失信心。要想摆脱人际交往中的自卑心理，可以从以下几个方面着手：

(1) 正确认识自己，提高自我评价。从改变认识入手，要善于发现自己的长处、肯定自己的成绩。只有客观地评价自己和他人，正确地对待自己的缺点和不足，才能克服自卑心理，才能积极参加各种社交活动。

(2)正确认识人际交往自卑感，增强克服自卑心理的信心。自卑并不是一种有弊无利的不治之症。在人际交往中，与那些狂妄自大者相比，自卑的人往往很谦虚，善于体谅人，不会与人争名夺利，安分随和，善于思考，做事谨慎，一般人都较相信他们，并乐于与他们相处。认识到这一点，会增强自卑者的人际交往信心，为克服自卑感奠定良好的心理基础。

(3)进行积极的自我暗示。积极的自我暗示是自我鼓励、消除自卑感、建立自信心的有效办法。积极的自我暗示，就是要在困难的时候看到自己的成绩和长处，用以提高自己的勇气。自我暗示时应注意：凡事不能常怀奢望，要从实现小的目标、获得小的满足开始，从小小的成功中获取胜利的信心，以此逐步由自卑走向自信。

(4)积极与他人交往。只有同他人交往，才能感受到他人的喜怒哀乐，使自己的胸怀逐渐开阔起来；只有在人际交往的过程中，才能较多地了解他人的长处与不足。再通过自己与他人的比较，使自己正确地认识自己，从而克服人际交往中的自卑心理。在积极与人交往时，有意识地加强同性格开朗、乐观、豁达，能尊重人、关心人的人交往，对于克服和消除人际交往自卑心理，更会有意想不到的益处。

**☞ 课外拓展**

1.《人性的弱点》，[美]戴尔·卡耐基著，袭村野译，大众文艺出版社，2010(见图 6-4)；《卡耐基沟通的艺术与处世智慧》，[美]戴尔·卡耐基著，王红星编译，中国华侨出版社，2012(见图 6-5)。

◎ **作者简介：**

戴尔·卡耐基，美国著名人际关系学大师，美国现代成人教育之父，西方现代人际关系教育的奠基人，被誉为 20 世纪最伟大的心灵导师和成功学大师。卡耐基出生于美国西部的贫困农家，青少年时期充满自卑、恐惧和忧郁，但他最终选择了不断地自我磨炼，运用心理学知识及人类共同的心理特点进行探索和分析，终于从百般痛苦煎熬中浴火重生，并开创和发展了一种融合演讲术、做人处世、推销和管理等的训练方式，影响了不同国籍、不同时代的千百万人，成为“成功学之父”。

图 6-4 《人性的弱点》

图 6-5 《沟通的艺术与处世智慧》

◎ **内容导读：**

《人性的弱点》《卡耐基沟通的艺术与处世智慧》是戴尔·卡耐基的代表作，荟萃了卡耐基思想理论的精华部分，是世界上最畅销、最经典、最实用的为人处世参考书，它能帮助你解决你所面临的各种人际问题：如何在你的日常生活与社会交往中与人打交道，并有效地影响他人；如何击败人类的生存之敌——忧虑，以创造一种幸福美好的人生。告诉我们要学会勇敢地做自己的主人，不能让自己内心充满了自卑与挫折感。学习拥有“乐观、易于与人交往的观念”，以积极阳光的态度前进，在自己的日常生活与社会交际中与人打交道，我们就可重新面对自己的工作和生活，享受到快乐的人生。无数读者通过阅读和实践书中介绍的各种方法，不仅走出困境，有的还成为世人仰慕的杰出人士。不断研读该书，相信你也可以发掘自己的无穷潜力，创造辉煌的人生。这两本书适合长时间地品味，有利于养成良好交往的习惯。任何书都不可能让人一下子就有脱胎换骨的改变的，但多读好书、多实践，将最终形成良好的交往习惯。

2.《别独自用餐》(十周年修订珍藏版)，[美]基思·法拉奇、[美]塔尔·雷兹著，前十网译，北京时代华文书局，2016(见图6-6)。

英文原版

中文版

图6-6　《别独自用餐》

◎ **作者简介：**

基思·法拉奇被称为全球人脉大师，法拉奇绿讯营销咨询顾问公司(FerrazziGreenlight)创始人、CEO；《纽约时报》作家，《Inc.》《华尔街日报》《哈佛商业评论》等媒体撰稿人。曾入选《克雷恩芝加哥商业杂志》“40位40岁以下商界精英之一”。

塔尔·雷兹，咨询公司创始人，记者，作家，《Inc.》《财富》《福布斯》《哈佛商业评论》等媒体撰稿人。曾任法拉奇绿讯营销咨询顾问公司内容官(CCO)。曾入选“美国30位30岁以下商业记者”之一。

◎ **内容导读：**

《别独自用餐》一书介绍了21世纪的交际规则，被《纽约时报》《今日美国》《达拉斯晨报》等媒体倾情推荐，是一部实用性强的颠覆性著作，影响到数千万人。该书作者从小时候给人当球童起，就发现了人脉的重要性，便不断地摸索和总结如何经营和提升自己人脉圈的方法。多年的摸爬滚打，使他终于从白手起家的穷小子，变成一颗美国商界璀璨的新星。他把自己如何与商场或政界中的风云人物交往的过程，用生动的笔调写了出来。一个人的成功，85%来自社交能力。书中提出了让人终身受益的社交法则，这些法则将改变人们思考人脉的固有方式，通过持续地改变生活中看似不经意的行为，从而获得更有价值的人际关系；该书还提出了许多实用技巧，指导你如何交真心朋友，度过成功、有意义的人生。通过阅读该书，能让同学们学习建立高效的社交能力，从而获得更大的成功。以下是其中交往技巧的精华部分。

## 培养人脉的30个技巧

1. 帮助他人成功

社交的本质就是不断用各种形式帮助其他人成功。共享出你的知识与资源、时间与精力、朋友与关系、同情与关爱，从而持续地为他人提供价值，同时提高自己的价值。

2. 努力让自己的付出多于回报

因为你会为别人提供价值，别人才会联系你。所以多考虑别人而不是自己。

3. 不要保留

不要以为友谊是有限的。这是投资，会越滚越多。

4. 成功的关键是慷慨大方

在社交中通行的不是贪图便利，而是慷慨大方。

5. 明确你的人生目标

明确自己的人生目标才能与渴望的交集就是你内心的激情。什么是你最兴奋的事?你做什么事时会觉得时间过得飞快?

6. 明确知道自己想要什么

越清楚你要什么，你就越能找到实现的方法。

7. 习惯于为自己设立目标

让你与众不同的最简单方式就是设立目标。把梦想变为人生目标，再分解为小目标。

8. 为发展人际关系设定计划

打造交际网络是有过程的，你的计划应当包括以下三个部分:

(1)你3年的目标以及每3个月的进度。

(2)列出可以帮你实现每个目标的人。

(3)如何与第2点中列出的人联系?

一旦你设立了目标，就可以将其贴在你经常看得到的地方。

9. 打造出你个人的“智囊团”

找到愿意尽责帮助你的有识之士，他们就是你的“智囊团”。

10. 在你需要前，打造好人际网络

要你发现要用到别人之前，就尽早地保持联系。重要的是把这些人当做朋友，而不是潜在的客户。

11. 与你认识的人保持好联系

刚开始时，要关注于你当前人际网络中的人。

12. 大胆

勇气非常神奇。才能相似的两个人发展不同，可能仅仅因为脸皮的厚薄不同。

13. 乐于求助于别人

乐于索取可以创造出机遇。你应当像乐于帮助别人一样，乐于向他人索取。记住，要做好别人说“不”的最坏打算。

14. 在畏惧面前考虑到收获

厚着脸皮和不认识的人说话，自然会害怕你可以失败的窘境。这是件有风险的事，要有收获，有成就就必须冒风险，而什么也不做就只有平庸。

15. 尊重别人

尊重每个人，不分高低贵贱。

16. 透明

敞开心扉是一种有益并极受欢迎的态度。

17. 结交朋友

善于交际的人，不是在“打造网络”，而是在“结交朋友”。广泛收获是自然的结果，而不精心设计的目标。

18. 做好准备工作

你要见谁？如何见？见你之后他对你是什么意见？这些都不容忽视。

19. 了解与你交往的人

如何你有足够了解你交往的人，可以深入他的领域，与之对话。你就能很容易得到赞赏。找到一个风趣而有深度的共同点，之后你们就能容易交往并能留下深刻的印象。

20. 了解其他人的兴趣

爱屋及乌，你很快就会成为他们生活的一部分。

21. 别独自用餐

和别人一起吃饭，是交际的有效方法。

22. 管理好你的信息

有效的信息管理非常重要。如果你有条理、专注、坚持，那没有人会离开你的交际网。

23. 列出清单

按自己的目标分类整理出自己的列表。不仅要列出相关的单位，还要列出单位里有话语权的人。

24. 认识你专业领域的权威

为了实现目标，你要知道在你所从事的领域，谁最优秀。列出当前领域的权威。

25. 列出你已经认识的人

列出你已经认识的人：亲戚、大学同学、过去的同学、之前的老师、之前的同事……

26. 灵活的组织信息

你管理列表的方式要灵活。按地点、行业、亲近程度……

27. 利用别人的联系清单，补充自己的

他人的清单是你的资源。

28. 建立“渴望认识的人”名单

你清单的分类中可以包括“渴望认识的人”，他们是一些高水平的人，你希望在未来可能认识他们。

29. 联系完全陌生的人

当你需要给陌生人打电话时，你多少会有些惧怕。只管硬着头皮，只想着自己会成功。去认识一个新人是挑战，也是机遇。

30. 坚持

如果你与他人联系，别人没有回音，你要继续与他们联系。你要占据主动，甚至是侵略性的。

3. 电影赏析——《六度空间》

◎ **剧情简介：**

《六度空间》讲述了互不相识的六个纽约人之间的链条机制(见图6-7)。主人公 Laura 这个单身妈妈是链条的开端；Whitney 是个靠自己双手成功的女人，但却怀疑自己的男朋友出轨；Steven 是个摄影艺术家；Damian 永远逃不出罪犯哥哥的阴影；Mae 是个拼命隐藏过去的女孩；链条的末端是 Carlos，一个永远搞不清自己情况的好人。Lost 和 Alias 的制作人创造了关于陌生人之间互相纠缠的迷人故事。这些故事证明了你的未来也同样受到 5 个人以外的冲击。这 6 个完全不同背景的陌生人还像以前一样过着自己正常的生活，并未察觉相互之间已经产生了某种影响。他们就像置身于一张神秘的大网之中，总是同时发生非常巧合的事情，把他们与那些可能永远改变他们命运的人越拉越近。甚至是一个不经意作出的小小决定，看起来也像是冥冥之中已经注定，究竟是什么在指引我们，在推动世界前进，让人际关系网越来越复杂？

图 6-7　《六度空间》海报

（图片及资料来源：https：//baike. baidu. com/item/六度空间/10217905？fr=aladdin）

◎ **影片启示：**

剧情告诉我们地球上任何人都可以和一个人扯上关系，且中间不超过六个人，也就是说，没有什么人可以称为陌生人。根据“六度空间理论”，我们会很惊奇地发现，在芸芸众生当中，每一个人都与任意一个其他人相联结（见图 6-8）。只要这种“六人链”持续下去，我们就和全世界所有人连在一起。只要你愿意，你可以和任何你想要认识的陌生人成为朋友。

图 6-8　“六度空间理论”示意图

（图片来源：周洁如. 企业社交网络营销经典案例及精解[M]. 上海：上海交通大学出版社，2013：43）

### 4. 影视赏析——《生活大爆炸》

图 6-9　电影《生活大爆炸》海报

◎ **剧情简介：**

美剧《生活大爆炸》讲述的是四个宅男科学家和一个美女邻居发生的搞笑生活故事（见图 6-9）。主人公谢尔顿·库珀（Sheldon Cooper）和莱纳德·霍夫斯塔特（Leonard Hofstadter）是一对好朋友，他们的智商绝对高人一等，因为他们对量子物理学理论可以倒背如流，无论你问他们什么问题，都难不倒他们。但是说到日常生活，这两个不修边幅的男孩就彻底没了脾气，生活中柴米油盐这些看似简单的事情，却让他们有迷失在太空里一样的感觉，他们所掌握的那些科学原理在这里根本没有用武之地。直到有一天，隔壁搬来一位美貌性感的女孩佩妮（Penny），顿时吸引了莱纳德的目光。佩妮是个梦想成为演员的女孩，但一直没有能成功，平时只能在快餐店打工。她个性开朗，待人友善，是位与莱纳德、谢尔顿截然不同的追求时尚的年轻人，最重要的是她刚刚变成单身。

莱纳德和谢尔顿还有两个好朋友。一个是自认为花花公子的霍华德·沃洛维茨（Howard Wolowitz），他称自己是加州理工学院的“卡萨诺瓦”（1725—1798，意大利冒险家，以所写的包括他的许多风流韵事的《自传》而著称，后来该词被引申为“风流浪子，好色之徒”），能用六种语言泡妞，参与负责美国的火星探索计划。其实霍华德不过是个喜欢拿一些过时的手段“泡妞”的家伙，很多时候他的手法都让对方感到恶心。另一个是来自印度的拉杰什·库斯拉帕里（Rajesh Koothrappali），他患有严重的“与异性交往障碍症”，有异性在场的时候他就无法说话，只有在喝醉以后才能自在地与女孩交流。

◎ **影片启示：**

剧中拉杰什·库斯拉帕里和女友第一次约会，由于两人都羞于言谈，最后选择在图书馆面对面，用手机互发信息相互交流。这又何尝不是我们当前很多大学生的现状：网上滔滔不绝，网下支支吾吾？看见女孩子就说不出话的拉杰什，在心仪的女生面前也渐渐走出了阴影，敞开内心，成为一个体贴的好男友。虽然一直没能修成正果，但风趣又可爱的他是被所有人喜欢的。

主人公谢尔顿·库珀是一位完美主义者，有强迫症，智商远超常人，但情商低到感人，极度自负，交际能力奇差。他有一个优点在人际交往中是很多人做不到的，即非常真诚，真诚得像个孩子。无论是喜欢讨厌善意或者恶意都丝毫不掩饰，这当然跟他情商低有关，这也是他得罪无数人、朋友不多的原因。随着剧情的发展，他也逐渐学会了怎么才能让两个人和谐共处，学着怎么去关心对方，学着不去伤害别人的感情，学着站在另一半的角度去思考。

剧中四个科学“阿宅”“脑回路”清奇，而社交能力为负，变通能力为零。整套剧下来，他们都各自遇上了心爱的女生，慢慢变成了三个幸福的小家庭，学会了沟通，学会了爱与被爱，也学会了怎样维持友谊和正常的人际关系。同样地，在我们的学习生活中，只要我们尝试改变，习得一定的交往技能，一定能够改善我们的人际关系，在大学里做个受欢迎的人。

# 第七章　在最美的年纪里谈谈爱情

☞ **内容导入**

面对战场，我们会说不打无准备之仗；面对考场，我们会说不打没有备考之战；但面对情场，很多人却会不假思索投身其中，还美其名曰真实，好像那里只有幸福的召唤，没有任何风险与痛苦。人们祈求爱、渴望爱，但未必懂得爱，未必能把握得住爱。爱一个人也不是只有爱心就够了，还要有爱的智慧和能力。

任何一个准备去爱的人，都应当了解什么是真正的爱，去学习爱的能力。同时，真正的恋爱始于自我的成长，在自我成长中所获得的成熟使我们可以面对生活的风雨和考验，使我们在追寻爱情的过程中能够有的放矢。

接下来，我们先聊一聊大一新同学们关注最多的三个问题。第一(被提及最多的问题)：大学期间该不该谈恋爱？第二(关于了解自己)：我们对理想爱情的期待来自哪里？第三，爱情的吸引力来自哪里？

最后，介绍一些关于爱情的理论，感兴趣的同学可以通过这些理论，了解到在心理学家和社会学家眼里，人类为什么会产生爱情问题，以及他们是如何阐释爱情的。

# 第一节 大学期间该不该谈恋爱？

大学期间该不该谈恋爱？当同学们这么问的时候一般顾虑的是：会不会和学业冲突？前途未定，如果毕业后不在一个城市怎么办？经济尚未独立，有没有能力担负责任？

如果从心理健康的角度，则要考虑这些问题：你是否足够爱自己？你会不会主动学习怎么爱？我们一个个来看。

## 一、谈恋爱？先学会爱自己

我们在这里说的“爱自己”更强调的是相信自己是完整的，每个人都是有能力掌控自己的生活的。弗洛姆认为：爱是人格的体现，要发展爱的能力，就需要先发展自己的人格。如果不努力发展自己的全部人格并以此达到一种创造性的倾向，那么每种爱的过程和结局都会带来伤害。

怎么去理解呢？

有不少人之所以渴望爱情，并不是自身足够成熟，已经做好了充分的准备想去爱某个人，内心有珍贵的东西同别人分享，而是因为孤独、寂寞，因为脆弱、焦虑，因为情感匮乏，因为生活没有目标，茫然无所事事。于是，带着自己的幻想和缺失，去寻找另一半。有人觉得，只要找到了我心中的那个他/她，我的感情和生活都将得到完满和满足。例如矮个子男性的理想目标是选择高挑的女性；从小受过穷挨过饿的男性倾向于寻找能伺候好自己吃喝的女性；从小缺少父爱的女性，更倾心于年纪大的男性；内向的人更容易被外向的人所吸引；过早承担起家庭责任的人内心非常渴望能在另一半面前变回孩子，偶尔放肆地撒娇任性一下；过早经历家庭矛盾和目睹家庭离散的人，会把给予绝对安全感的梦想寄托在另一半的身上；被父母关注过多的孩子，长大以后希望伴侣不要过多干涉自己的事情；还有那些被溺爱长大的孩子、被忽视的孩子、身体有残疾的孩子……在去渴望通过寻找另一半来圆满自己的过程中，都有着不同倾向的美好愿望和想象。所有的人都盼望着，只要找到这个对的人，幸福就会来到。这样的人爱自己吗？不，他对自己充满了否定，也不认为自己可以为自己的生活负责任，于是把改变的希望寄托在爱情上。

这样的人一旦开始恋爱，要么轻易爱上对自己好或者能够接近的异性，要么对爱人有过高的期待，给爱情赋予过多的功能和意义，恋情频繁出状况，但他们还常常认为自己是“爱得很认真很严肃”的人，并引以为豪。

如果我们再讲远一点的话，分手或感情终结这件事，对有的人会造成非常大的痛苦，而对另一些人似乎影响并不大(可能也会经过一段低潮抑郁期，但在时间和程度上完全达不到前一种那种程度)？

对于前者来说，恋爱对他们具有功能上的意义：这种意义就是证明我是好的，我是值得被爱的。

他们特别需要被爱，如果一旦不被爱，就会引发他们潜意识里的“不被爱”的创伤。所以，对这种人来说，恋爱等于被爱，等于我是好的、我是值得被爱的。如果被爱一旦消失，就意味着自己没有被爱的价值了，附着在被爱之上的自我也就一并受到重创，就会引发巨大的伤害。

对于后者来说，他们在恋爱上附有的其他意义很少，恋爱就是看看相处看合不合适、舒不舒服、快不快乐。如果不快乐不舒服，那就终结；如果快乐舒服，那就继续。而没有附带我是否值得爱、他到底有多爱我、爱情到底存在与否等此类问题。

他们有自爱的能力，比起依赖别人，他们更依赖自己，所以他们更会照顾自己、爱自己。即便别人的爱撤退了，他们依然有自己的爱做支撑，虽然会难受，但不至于会自我坍塌。

没有发展出自爱能力的个体往往不具备处理亲密关系的破碎带来的冲击的能力。而有自爱能力的人，则不会因为分手就认为自己是不值得爱的、糟糕的、不完整的。即便别人的爱撤退了，依然有自己的爱做支撑，虽然痛苦，但不至于完全否定自己。

所以，尽管爱情美好甜蜜，会让一个人成长，但是，请不要把它当成孤独寂寞苦闷无助的解药。正如心理学大师弗洛姆所说："成熟的爱之所以让我们有力量面对孤独，是因为在这种爱里，我们承认，孤独是个体的生存事实；我们之所以不恐惧于孤独，是两个独立完整的个体，相信两个人可以通过分享孤独感来缓解孤独。"①

最好的状态是先有爱自己的能力，能规划好自己的生活，能享受独处，能一个人过得精彩，才更容易有相爱的实力。

## 二、如何爱? 需要主动去学习

大多数人认为，拥有一段美好恋情的关键是遇到那个对的人。一旦遇到，爱情的发生应该是水到渠成的事情。但事实是，没有任何事情是我们不用学就会的。一些我们自以为跟随心、凭感觉、遵循本能就可以做得好的事情，往往并非如此。比如做父母、交朋友、谈恋爱。

渔夫捕鱼，收成很好，他会不会抱着鱼说，我们真有缘分？所以当我们看到别人佳偶天成、幸福美满时，不能简单归结为缘分和运气。任何一段成熟的爱，一定是相爱的双方共同主动创造的结果。

我们都听过这样的观点，爱情就是在对的时间遇到对的人，而这个对的时间，往往既指物质条件的具备，更是指我们心理的成熟度：我们了解了自己，知道自己想要什么，期待什么；我们了解了别人，能懂得对方的好与不好；我们还了解了关系，知道爱情并不完美，知道不能仅仅凭本能去爱，知道感情出现了问题该如何处理。否则，即便那个对的人出现了，你可能都辨认不出来，更不知道如何把握住。或者错把瞬间的心动、疯狂的迷恋认为是强烈的爱情，当这种感觉消失的时候便陷入

① ［美］艾里希·弗洛姆. 爱的艺术［M］. 李健鸣，译. 北京：京华出版社，2006：20-21.

痛苦、怀疑人生。

这一切，当然有必要通过实践来学习，在刻骨铭心的痛苦中成长；但是聪明如你，也一定会从别人的故事里学、在课堂上学、在理论中学。

爱的能力能够通过有意识的训练而得到提升，越成熟的人格，爱的能量越稳定持久、爱的能力越强。具体说来，爱的能力至少包括：

(1)亲密的能力。很多人不觉得亲密是一种能力，误以为我们每个人都有能力与他人建立亲密的关系，其实不然。有的人会害怕亲密，觉得和另一个人太亲近会受到伤害；有的人怕对方看到不完美的一面就不爱自己了；有的人对喜欢自己的人非常厌恶，却执着地与不喜欢他们的人纠缠在一起。

(2)了解的能力。每个人的世界都是以自己为中心的，爱一个人，和他和谐地相处，就需要了解他眼里的世界是什么样子。有的人谈恋爱，只关心别人爱不爱他，如果别人没有满足他的想象，他就会认为别人不够爱他，却并不关注对方的感受是什么？对方的需求是什么？了解一个人不是简单地知道对方的兴趣和喜好，更要能站在对方的角度看世界，还要去理解对方为什么会这样。这是一种需要我们去刻意学习和训练的能力。

认识对方、了解对方才能尊重对方。如果不以了解为基础，关心和责任心都会是盲目的，而如果不是从关怀的角度出发去了解对方，这种了解也是无益的。我们只有用他人的眼光看待他人，把对自己的兴趣退居二位，我们才能了解对方。在爱情中、在深入对方中，我们发现了自己、发现了双方、发现了人生。我们必须客观地去认识对方和自己，以便使自己能够看到对方的现实状态或者能够克服幻想，克服我们想象中的被歪曲了的自身的图像。

(3)表达的能力。在亲密关系里，有效地表达爱，也是非常重要的能力。有的人爱得全无保留，却令对方感到窒息；也有的人克制冷静，以为是尊重，却令对方感到冷漠。所以我们需要学会用对方能感受到并能接受的方式去表达爱，而不是用自以为是的方式去爱。

(4)负责任的能力。这里强调的是对自己负责任。不要在亲密关系里面变成一个感情无法自理的“成年 baby”，过度享受并依赖别人的关爱，将自我的力量感交付给了别人。很多人在索要感情的时候会说，你得对我如何如何，这样我才有安全感。可是真正的安全感是来自有能力为自己负责任，这样的人才不害怕失去，才会考虑为这段感情付出，而不仅仅是依赖和索取。

同时，学着为自己负责任，是一段感情关系进入稳定和安全的标志。

(5)接纳的能力。有的人一谈恋爱就试图去改变对方的生活习惯、对方的人际圈子，甚至改变对方的人生规划，还美其名曰因为爱。这不是爱，这是“控制狂”。相信没有人会喜欢和这样的人谈恋爱。但我们每个人又多多少少都有一点这样：“你要是爱我，就应该为我改变。”

在爱情里，我们有多希望对方变成我们期待的样子，就会有多少矛盾和冲突因此而生。

在爱的关系里面，接纳对方，允许对方跟自己不一样，允许对方不符合自己的期望，真正地做到尊重对方，是一项很重要也很不容易的能力。

这样看来，美好的爱情不能光靠运气和缘分，不能仅仅依靠本能和感觉的指引，更要通过主动学习、不断成长来获得和经营。我们越有学习的能力，拥有理想爱情的可能性就更大。

看到这里，关于大学期间该不该谈恋爱，你有自己的答案了吗?

## 第二节 我们对理想爱情的期待来自何方?

先给大家讲一个小故事，曾经有个女孩儿跟朋友抱怨他的男朋友不怎么给她送礼物，朋友问她，你们的感情好吗?在一起开心吗?她说挺好的。朋友又问她，仅仅从物质上来看，你需要那些礼物吗?她说倒真不需要，自己也买得起。她迟疑了一下，接着说，但是别人谈恋爱不都是要送礼物吗？所以她怀疑自己的恋爱不太正常，不像恋爱。

一个综艺节目设计了一个 8 分钟约会环节。一个女孩问男生："如果我成为你的女朋友，有一天，在公共场合我的鞋带松了，你会主动替我把鞋带系上吗？"男生回答："假如你当时不方便，手里提着东西什么，我很乐意效劳。"后来女孩"pass"了这个男孩。在后面的独白环节里，女孩解释说，她认为：如果一个人真的爱你，应该不讲自尊不畏麻烦随时随地弯下腰，替你系好松开的鞋带。

仔细想来，你可能就会发现，我们对于爱情"应该"是什么样子常常都是有剧本的，而且这个剧本还不是从自己的生活经验里来的。大部分准大学生们并没有恋爱经验，但是不妨碍大家都有剧本。哪儿来的呢？实际上在成长过程中，我们已经不知不觉从文化的主流叙事里、从影视作品中、从父母或朋友的生活里，用观察和想象构筑了"理想爱情"的好多版本：

可能是像钱锺书和杨绛这对文坛伉俪那样，追求一致，信仰吻合，一生都互相帮扶，又互相竞争成长，谁也没有成为对方的附庸，各自活出自己的人生。

也可能有人期待的爱情是"金风玉露一相逢，便胜却人间无数"，就像电影《怦然心动》里描述的："有一天你会遇到一个彩虹般绚丽的人，当你遇到这个人后，会觉得其他人只是浮云而已……"

如果深受"鸡汤美文"、爱情金句的影响，则可能有这样的句式脱口而出："真正爱你的人，他/她会如何如何……""肯为你做这 5 件事，才是值得爱的人"……

如果沉迷于童话故事的同学，则可能会等待真命天子提着水晶鞋来找自己，然后像公主一样被宠爱。

甚至还会有更多的细节想象，比如生气的时候，怎么哄与被哄；生病时怎么照顾彼此，分开的时候应该如何想念……

放到爱情这件事上，就是我们从小到大，看到了各种各样关于爱情的叙事，然后从中选择满意和喜欢的剧本，慢慢它们就成了我们心中“理想爱情”的模样。换句话说，我们都是在文化中汲取故事，然后让自己的生活去接近我们选择的那个故事。

也许你会问：“如果理想很美好，难道不值得我们去追求吗？”

我们都见过、听过或者正好有这样的父母，他们非常希望自己的孩子符合某些标准，比如优秀、懂事、独立、孝顺，就像某某某那样。我们暂且不讨论父母心目中理想子女的叙事是怎么来的，但可以肯定的是，如果父母执着于这样的期望，他往往很难看到自己孩子身上的美好和优秀，也很难真正了解自己的孩子，同时会不断地感受到失望与难过。而且，作为他们的孩子，多半也很痛苦。一直活在对对方、对关系的期待当中，只会让关系变得紧张，使对方感到厌烦。

所以，这些来自文化里的“理想爱情范本”，并无所谓对错，但是需要我们去思考一下：这真的是我想要的吗？如果它们变成了人生唯一可行的“剧本”，当我们自身或者爱情关系，达不到这些叙事版本的要求时，我们是否会走向一个死胡同？这也许是我们每个人成长的必经之路。在文化里我们挑选出的理想自我、理想的爱情的模样，最终都要回归到现实中来。

如果你正处在一段爱情关系当中，不妨试着放下自己的爱情剧本，回到你们最真实的关系和互动当中，用心感受爱；而不是像开头我提到的那个女孩子，明明感觉很好，但却会因为它不符合自己对爱情的想象，于是怀疑自己的恋爱是不是正常。

如果你还在寻找爱情，不妨先想一想，自己想要的是什么，为什么？不要带着别人为你写好的爱情测试题，满世界寻找一个愿为自己系鞋带的人；而是要考虑四肢健全的自己是否需要一个随时帮忙系鞋带的人。

最后，我们在期待和追求美好爱情的同时，不妨问问自己，我心目这些理想关系的模样，究竟是怎么来的呢？它是如何在影响着我们追逐爱情的方向？它真的是我内心的需要与呼唤吗？

## 第三节　爱情的吸引力来自哪里？

假如你独自在教室里看视频课，突然门口进来一个陌生的同学。这个人对你有吸引力吗？这个人可能成为你的朋友或恋人吗？在听这句话的电光石火之际，你可能已经尝试在回答了，那么，你判断依据是什么呢？

下面我们就谈一谈，两个人之间的吸引力，到底是怎么一回事儿？

所谓吸引，其实就是一种有奖赏意义的感知。也就是说，我接近你，能给我带来物质或者精神上的奖赏，那就意味着你对我有吸引力了。那么，爱情的吸引力是从哪来的呢？学者通过大量的实验和研究，总结了五个因素，分别是长相的吸引力、接近性的吸引力、相似性的吸引力、互惠性的吸引力，以及阻碍所反向产生的吸引力。①

### 一、长相的吸引力

长相是最直观的吸引力要素。所谓一见钟情，多半是看长相。尽管我们都知道人不可貌相，但长相的确影响着我们的第一判断。一般来说，且先不管对错，外貌俊美的人更讨人喜欢，美的就是好的。

不过长相这个因素，在时间维度上最先产生影响，但并不是最重要的。新西兰的社会心理学家弗莱彻有一个关于择偶权衡的实验，很有意思。他发现在性格、长相、资源这三个要素中间，无论男女，首选的其实都是性格。只有在不考虑性格的情况下，男生才把长相摆在第一位，女生则把资源摆在第一位。也就是说，第一眼吸引人注意，当然是很重要的，但是，只要你的长相不低于平均水平，那么，就相当于已经拿到了爱情的入场券。帅哥美女在这方面，并不一定有更多的优势。

① ［美］罗兰·米勒，［美］丹尼尔·珀尔曼. 亲密关系(第5版)［M］. 王伟平，译. 北京：人民邮电出版社，2011：68.

## 二、接近性的吸引力

心理学家费斯廷格的研究发现，接近性对我们情感的影响，比我们想象的大得多。他把270个学生随机分配到了不同寝室，结果发现，隔壁和隔壁之间，有41%的几率发展成好友，但如果各自在楼道两端，几率就迅速下滑到10%以内，而且，接触得越多，就越能够增加喜爱程度。①

尽管距离可能产生美，带来神秘感，但是你什么时候听说过距离产生喜欢和爱呢?有谁是因为隔得远，天天见不着，所以特别喜欢对方呢?即便那些相隔两地因为网络而相识相爱的情侣，最后大家都是努力克服困难，为了实现物理时空上的接近。

当大家彼此接近时，能听到对方的声音，看到对方的微笑，闻到对方的气味，感受到彼此的温度，这样的关系才是更真实的，也是更能满足我们对归属感、亲密感的需要的。

因此如果你想让别人喜欢你，那么，可以在保证第一印象良好的情况下，适当地多出现在别人面前，这样更容易提升好感(强调一下，是在对方对你有一定好感的情况下频繁出现，会增加喜爱程度；如果对方有点讨厌你，那么就要学习别的策略了)。

## 三、相似性的吸引力

相似性就是说，我们更容易喜欢上那些和我们一样或者相似的人。比如，当我们发现别人和自己是同一天生日，来自同一个城市，爱听同一首歌，酷爱同一种食物，是不是会立刻感觉亲近很多?这就是相似性在人际吸引当中发挥的作用。相似包括在年龄、性别、种族、教育程度、宗教信仰和社会地位等人口统计学上的相似，也包括态度和价值观

① [美]罗兰·米勒. 亲密关系(第5版)[M]. 王伟平，译. 北京：人民邮电出版社，2011：70-71.

的相似。体现在生活中，比如成长经历、兴趣爱好、生活方式、行为特点等。

为什么会这样呢？首先因为遇到和我们相像的人，发现别人跟自己一样，通常令人心安，提醒我们这样子是没有问题的、安全的，因此具有奖赏价值。同时，在各个方面有更多相似性的两个人，更容易产生共鸣，产生被接纳的感觉，也会避免很多冲突。

想象一下，两人在一起的时候，你说好喜欢这部电影，他说他也是！你说有个展览很有意思啊，他说他也这么觉得！是不是很愉快？而如果是这样，你说，哎呀有家餐馆不错，我们一起去吧！他说，不要，他不喜欢那个环境。你说，咱们去旅游吧；他说，浪费钱啊，就在家打游戏呗。若是这样，相处得难不难受？

当然，并不是说两个人有差异就没法谈了恋爱，但是很明显，这就需要双方消耗很多心力来彼此包容，来克服两个人之间的不同。但是，有一种情形下的差异性也具有吸引力，那就是一方所具有的，正好是另一方所需要的。比如一个人果敢，另一个人很缺乏也很欣赏他的果敢。

找到彼此的共同点，是建立和发展一段关系的重要切入点。

## 四、互惠性的吸引力

这是指我们一般会更容易喜欢那些对我们有好感的人。谁会好端端地喜欢一个对自己敌意满满或者毫无兴趣的人呢？即便这个人再有魅力，他的吸引力也会因此大打折扣。因为，比起他的魅力，我们会更在意自己被拒绝或者被否定的糟糕感觉。

所以，尽管“高冷”和“丧”是不少年轻人对自己的描述，这种标签虽然能帮我们找到同类。但是如果你想增加自己的吸引力，不妨试着主动地、真诚地，不带功利地，去释放和表达自己对别人的善意和喜欢。

## 五、阻碍所反向产生的吸引力

有一种吸引力来源，跟之前的都不一样，叫做阻碍。

有一种有趣的现象，就是越得不到的，或者面临失去的威胁的，就越会激发我们的喜欢。心理学家把这种现象，叫做“罗密欧与朱丽叶效应”，比如，你爸妈越是反对你们在一起，你们的情感反而会越坚定。

那么，综合以上说的这五个吸引力的因素，也就是长相、接近性、相似性、互惠性和障碍，你会突然想通一个问题，那就是：为什么中学时代的恋爱总是显得那么美好，但是最后走到一起的却很少？

你想啊，中学的环境，不就是以上这五个吸引力要素的完美组合吗？长相上，青春洋溢，空气里都是荷尔蒙的味道，哪有不好看的？接近性上，天天在教室里坐一起；互惠性上，抄作业、借笔记，你来我往，眉目传情；相似性上，大家连衣服穿的都是一样的，每天聊的也都是那么几个共同话题。

尤其是最后一点，“障碍”这个吸引力的源泉，那有的是啊！老师和家长每天都跟盯贼似的，个个都是梁山伯跟祝英台、罗密欧和朱丽叶，这就是天然的爱情催化剂啊！

那为什么最后走到一起的却很少呢？

阻碍没有了，相似性没有了，接近性也没有了……

其实更重要的是，在中学那个环境里吸引力的要素太充分了，同学们反而很难在这个时候去了解两个人究竟合不合适；去冷静地思考自己到底喜欢什么样的人，爱情到底是怎么一回事。

总而言之，爱情的吸引力或许没有我们想象中的那么玄妙而不可捉摸，其实也是有规律可把握的，希望大家能够学会打造最适合自己的独特吸引力！

### ☞ 师生问答

**1. 问**：现实中是否存在说不出什么原因，一见钟情的爱情呢？

**答**：一见钟情是一种奇异的感受和激情，会让人感受到前所未有的狂喜和至高无上的欢悦，仿佛整个世界突然变得美妙无比。虽然一见钟情不一定会带来幸福，但的确在生活中经常出现，而且很多人一直在追求着这样的爱情方式。

“一见钟情”式的爱情，投入理智的成分较少。普通爱情都有一个发展的过程，而且也正因为是一个逐渐发展的过程，即使其已经发展得比较成熟，其爱的程度仍不易达到痴迷的或者钟情的程度，普通爱情中理智的成分相对较多。

不同的心理学流派对“一见钟情”现象有不同的解释。

弗洛伊德的古典精神分析理论认为“一见钟情”现象是因为：儿童采纳了父母的价值观和标准，以超我的形式表现出来，恋父恋母情结被压抑了，但它并没有消失，仍会在我们的爱情中体现出来；我们会更多地选择与母亲或者父亲相似的人，当我们偶然碰到这样的人，其反应便是对某位貌似父亲或母亲的异性“一见钟情”。

荣格的原型理论则认为，我们在寻找一位爱情伙伴的过程中，是把我们的女性原始意象或男性原始意象投射到潜在的对象身上。用他的话就是：一个男人在对爱情的选择上，受到与他本身无意识的女性原始意象最吻合的女性，即一个能够立即接受他的灵魂投射的女性的强烈诱惑。更现实地说，荣格认为，每个人对正在寻找的男人或女人都有一种无意识的意象。某人越是与他投影的标准相匹配，他就越愿意与这个人发展个人之间的关系。当在生活中偶然碰到这样的人，就产生“一见钟情”。

还有一种认知图式理论的解释。这种理论认为，男人和女人各自把所梦想的对象特征储存于大脑之中，并称之为“爱之图”。原来，这张图最早由父母勾画，并不断受到外界因素的修正与补充，逐渐为未来的爱人设计出一个模型，确定出择偶的“标准”。这个“标准”对有的人来说是很具体的。比如，是找好看的，还是找有挣钱能力的；是希望对方事业心强，宁可不擅家务，还是希望他温柔细腻，能够体贴人。有人甚至连对象的职业和身高都规定得很具体。另外一些人，虽然在事先并不如此规定，却同样有自己的“意中人”，虽然其意中人是模糊的、说不清的。这种潜在的愿望便塑造出意中人的幻影，这个幻影有可能在进入恋爱之前，就已经生活在心中，陪自己度过不少时光了。当在生活中一旦遇到符合理想的人物，恋人的影子立刻便同现实中的实体合而为一。你会惊奇地发现，对方正是自己寻觅已久的爱人，于是，便在见面之际迅速做出反应。

一见钟情是一种奇妙的情感，除了心理方面解释之外，还有很多生理方面的解释。有人认为是体内基因不同，异性双方有可能通过“气味”互相吸引而终成眷属。有人认为是“爱情物质”如多巴胺、异丙肾上腺素、苯乙胺、内啡肽等的作用，其中苯乙胺最为突出，它是神经系统中的兴奋物质，一旦遇到所爱慕的人时，体内此种特质就会起作用。例如一个动人的微笑呈现于脸上，一种晕眩感便突如其来，从而产生“一见钟情”。

总之，“一见钟情”这种美妙的体验和现象是客观存在的，但是，如果仅仅依靠一见钟情决定婚姻生活显然不够理智的，因为生活是复杂的。当然那些始于“一见钟情”的恋人，在经历第一印象到深入了解之后，依然非常专一，认为对方不可替代，将“一见钟情”过渡到持久的钟情，则会是非常理想的匹配。

**2. 问**：网络上常常看到这样的表述，一个很渴望爱情的人，同时又觉得处理两个人的关系实在太麻烦了，于是宁可忍受孤独，也不愿意谈恋爱。我们该如何理解这种“谈恋爱太麻烦，一个人也挺好”的观点？

**答**：如今，我们的确经常听到类似的观点，比如，恋爱太麻烦了，要去沟通或磨合“三观”，要在诸多生活细节上互相屈就，而且付出了很多还不一定有结果。反正现在都市服务够发达，一个人也可以过得挺好，无论你是搬家修水管还是看病或者吃夜宵，打开各种 App 都有细致服务。怕孤单？手机多好玩啊！那么多游戏、那么多剧，实在不行我们还可以养宠物呢！花钱就能买来便利服务和生活享受，精神世界也能得到满足，所以有人说“赚钱最紧要”，只要有了钱，单身生活完全不会影响身心质量。

可是，真的是这样吗？

其实人类对爱情的需求，不仅仅是出于共同生活便利的需要，更重要的是，包括爱情在内的亲密关系能满足我们的归属感。归属需要是人类长期演化的产物，逐渐成为所有人共同的自然倾向。这种观点的逻辑是，由于早期人类生活在很小的部落族群里，生存环境恶劣，所以孤僻的人比合群的人在繁衍子女和养育后代的成功率上更低。在这种环境下，与他人建立稳定、持续而充满爱的人际关系的个性倾向就具有演化学上的适应意义，拥有这些个性倾向的早期人类，其子女更可能生存和繁衍。结果人类的特质也缓慢地演化为：十分在乎他人对自己的看法，并极力寻求他人的认同和亲密接触。（必须承认这是一种猜测）无论它是否正确，毫无疑问，如果我们的生命缺乏亲密关系，我们就很容易迷失人生方向，患上身心疾病。

我们在这里并不想讨论“不想谈恋爱”的对错或利弊，只是，这个观点，是不是出自真心呢？会不会是在以拒绝的姿态去要那想要的一切呢？

如果你还有一些想法，希望在这个世界上和他人产生更深的联系，就不要轻易说出什么“不想谈恋爱啊”这种话，说多了自己就不由自主摆出拒绝的姿态，而你心中其实又是充满期待的。如果你渴望爱，渴望人间的温柔情意，不妨提醒自己是一个可以去爱的人，也是一个值得爱的人。

**☞ 课外拓展**

1.《亲密关系》（第5版），［美］罗兰·米勒著，王伟平译，人民邮电出版社，2011。

**◎ 作者简介：**

罗兰·米勒（Rowland S. Miller），美国萨姆休斯敦州立大学心理学教授，1973 年获康奈尔大学心理学学士学位，分别于 1976 年和 1978 年获佛罗里达大学社会心理学硕士和博士学位。自 1978 年至今一直在萨姆休斯敦州立大学讲授亲密关系课程，因教学与研究优秀曾获人际关系研究国际协会的教学奖、美国心理协会(APA)和国际心理学荣誉学会(Psi Chi)的 Edwin B. Newman 奖。米勒教授著有《亲密关系》(见图 7-1)《尴尬：日常生活中的镇定与险境》等书，研究兴趣包括社会心理学、社会情绪(如尴尬、耻辱)、亲密关系等，现在侧重研究亲密关系的维持过程。

图 7-1 《亲密关系》(第 5 版)封面

◎ **内容导读：**

爱情是人类情感中最美妙的一种体验，作者综合了心理学多个分支的研究理论和成果，用饶有趣味的论述总结出人们在交往与沟通、爱情与承诺、婚姻与性爱、嫉妒与背叛等方面的行为特点和规律。该书内容丰富、语言优美；既注重专业性，又强调可读性。研究亲密关系的专业人士可以从中得到学习和参考；而对于社会大众来说，只要他(她)想获得一份满意的亲密关系，都可以从中得到启发。

亲密关系与泛泛之交有什么区别？大丈夫与小女子真的般配吗？吸引力的秘密是什么？男人与女人真的是不同的动物吗？同性恋真的是由基因决定的吗？单亲家庭的孩子长大后更容易离婚吗……什么是爱情？由什么构成？能持续多久？两性在发生一夜情及选择终身伴侣上有什么差异？爱情和性欲是由不同的脑区控制的吗？亲密关系美满的秘诀是什么？有什么方法能让婚姻持续一生？罗兰·米勒在《亲密关系》中回答了这些问题，尤其澄清了通俗心理学所宣扬的经验之谈乃至某些错误观点。

作为一本有关研究亲密关系的科学论著，这本书里很多观点既新颖又论述充分，比如作者驳斥了很多通俗心理学书籍中强调男女差异极大的观点，通过各种实验研究发现男女的平均差异其实非常小，而单独个体的不同才是真正的差异所在。男女差异主要是源自社会、文化与对资源的占有等因素。作者还论证了性格相似的伴侣更可能组成幸福的婚姻关系，这可能跟很多人所认为的男女应该互补的观点相逆。

读这本书不仅可了解亲密关系最新研究成果，也可通过这些研究去重新了解认识自己。书里对依恋类型、冲突与归因、沟通等内容的阐述，对我们了解自己和伴侣，正确处理亲密关系，有着非常积极的意义。

2.《少有人走的路：心智成熟的旅程》，［美］M. 斯科特·派克著，于海生译，中国商业出版社，2007。

◎ **作者简介：**

M. 斯科特·派克（M. Scott Peck）是杰出的心理医生，在近20年的职业生涯中，他治愈了成千上万的病人，他以从业经验为基础写作的《少有人走的路：心智成熟的旅程》，出版后未作任何宣传，但经人们口耳相传，迅速畅销起来，它曾在美国最著名的《纽约时报》畅销书排行榜上连续上榜近20年，创下了出版史上的一大奇迹（见图7-2）。

图 7-2 《少有人走的路：心智成熟的旅程》封面

◎ **内容导读：**

在这里推荐给大家阅读的主要是本书中关于爱的章节。

理解爱的本质对于我们每个人的生活和成长都是至关重要的收获，M. 斯科特·派克凭借其自我反省，以及多年心理治疗临床经验，对爱进行了如此定义：“爱是一种通过自我完善，而促进自我和他人心智成熟的意愿。”之所以说是一种意愿，是因为其强烈程度已经超越了欲望，到了必须转化为行动的地步。

围绕爱的定义，作者从以下方面对爱进行了细致的界定：

• 真正的爱是在显意识和潜意识中共同表达的，当一个看似表达爱的行为受到了自我满足的潜意识支配时，这种行为并不是真正的爱。

• 爱是长期和渐进的持续努力，通过自我突破使得自我和他人获益，实现心智成熟。

• 爱自己和爱他人互为补充，并行不悖，最后两者界限不再分明。

• 真正的爱并不依赖感觉，而产生于理智，依赖于意志与选择的行动。

作者还分析了那些似爱非爱的概念，例如“坠入情网”，我们最容易把男女恋爱，尤其是“坠入情网”的感受当成爱。但这并不是爱，只是一种主观欲望。坠入情网意味着自我界限的一部分陡然崩溃，试图和他人连接在一起，所以能给我们一种和他人的自我相融的狂喜。但这是一种情感和心灵的退化。这种融合后的自我只能体验到短暂兴奋，但最终仍会逐渐认识到自我的渺小，并越发感受到世界给自己带来的孤独。由于这种感觉并不能使两个自我真正融合，随之产生的争议和冲突会打破融合的泡影，让两人的自我界限重新回归清晰。

这本书中关于爱的这部分写作，打破了我们以往对于爱的固有认知，可以帮助认识爱的本质。通过爱的定义，我们可以把握爱的核心特征在于实现自我和他人的心智成熟。围绕着这个目的性特征，我们不仅可以将爱与“坠入情网”“依赖性”“精神贯注”“自我牺牲”等概念清晰区分，还可以时刻检验我们自己的行为是否出现了误差。在矫正了错误行为之后，我们还要追随爱的要义，去关注我们所爱之人，做出有效承诺，用自律强化自己爱的能力，妥善处理冲突，尊重对方的独立性。

# 第八章　情商修炼，与情绪共舞

☞ **内容导入**

从学龄儿童开始，每个人智力水平的练习之路就在校内课堂、校外补习班正式开启，但是情商的训练似乎常被忽略。大学生通常都会很在意自己的智商水平，重视学业成绩，但是大学生活作为从校园进入社会的过渡期，有着比过往更丰富的社会适应和人际交往环境。大家会逐渐意识到，在不断追求自我全面发展、自我提升过程中情商的重要性，那些有关学习，以及学习之外困扰着大家的琐事，其实都和情商有着密切关系。对于每一个大学生来说，情商也需要和智商一样不断修炼。那么作为一名大学生，你知道什么是情商，了解过自己的情商水平吗？

## 第一节　揭开情商面纱：你了解过自己的情商吗？

### 一、智商与情商

经过十几年校园生活的认知练习，大学生们认知能力迅速提升，但情绪能力的提升相对缓慢，尤其是对于情绪敏感度较高的大学生，情绪困扰的应对通常比较被动，缺乏有意识练习和改进，实际上，从高中尤其是高三的学习压力剧增开始，情商的重要性日益凸显。高考结束，既是大学求学之路的开启，也是情商锤炼大幕的开启。随着年龄的增长，每个个体的角色随之增加，遇到的问题会相对更复杂，情绪表现更丰富而深刻，无论是学业压力的焦虑情绪调节，还是“青春期撞上更年期”的亲子关系碰撞、抑或是“单纯小美好”的恋爱关系处理，都对情绪管理、情绪表达的要求更高。

在人类大脑几百万年的进化中，从情绪中枢逐渐进化出会思考的大脑，即位于大脑最外层的“新皮层”，情绪区域通过神经回路与负责思维脑的新皮层所有部分产生了千丝万缕的复杂关系，带来了生活中每个个体的认知与情绪的互相影响。在挫败或高压的情绪之下，不少同学曾陷入“情绪怪圈”：恐惧、压抑、焦虑等负面情绪困扰会影响认知思维效率，导致学习成绩下降后压力更大的恶性循环。但是伴随着不断被训练提升的认知思维能力，有些高中生逐渐能调整对高考的认知，用更长远、宽厚的人生视角看待考试，改善不切实际的预期，逐渐缓和焦虑紧张的情绪，帮助自己稳定心态，从而取得令自己满意的成绩。

所以，对于每一个大学生来说，需要花点时间精力，锻炼下自己的“情绪大脑”，开启“双商在线”模式，能更好地实现学习目标与人生理想。

你曾经了解过自己的情商水平吗？
如果让亲朋好友评论自己的情商，他们会说什么？
和朋友相处冷战期，我都是怎么处理的呢？
在陌生的环境我会尴尬吗，通常怎么应对？
心情不好的时候，我需要多久恢复？

情商高不是隐忍克制没情绪，也不是圆滑世故朋友多。情商作为一种衡量情绪能力的指数——情绪商数(Emotional quotient，简称EQ)，它和智商即智力商数IQ(Intelligence quotient)相对应，美国心理学家丹尼尔·戈尔曼(Daniel Goleman)在他的《情商》一书中指出，情商是一种发掘自身情感潜能、运用感情能力影响生活的各个层面从而对未来产生影响的关键性能力要素。① 它是由五种能力构成：自知、自控、自励、识别他人情绪、人际和谐相处。

(1)自知：了解自己，自我觉知。监视自己情绪时时刻刻的变化，能够察觉某种情绪的出现，观察和审视自己的内心世界体验，它是情绪智商的核心，只有认识自己，才能成为自己生活的主宰。若没有能力认识自身的真实情绪情感，就很容易成为情绪的奴隶，陷入情绪的沼泽，甚至在情绪的巨大起伏之下失去行动控制，更难以识别他人情绪，调和人际关系。

(2)自控：调控自己的情绪，使之适时适度地表现出来。任何人都会生气——这很简单。但是，控制情绪、选择正确的对象、把握正确的程度，在正确的时间、出于正确的目的，通过正确的方式生气——这并不简单！人的任何一种情绪都有存在的意义，但是不合时宜就会带来过于压抑或者过于冲动，甚至造成情绪困扰或者障碍；应有效管控自己的情绪，三思而后行。

(3)自励：自我激励。能够依据活动的某种目标，调动、指挥情绪的能力，它能够使人走出生命中的低潮，重新出发，也能戒骄戒躁，稳定沉着；强烈的自我激励是成功的先决条件。自我激励能提升自我心理韧性，在受挫失败后，能尽快摆脱不良情绪困扰，恢复正常生活情绪状态，并继续朝着新的目标继续行动。

(4)识别他人的情绪：了解他人情绪情感状态。能够通过细微的社会信号、敏感地感受到他人的需求与欲望，认知他人的情绪，这是与他人正常交往，实现顺利沟通的基础；能对他人情绪情感做出适当反应也是人际交往中最重要的共情能力，在他人的语言、非语言信息中解读内隐情绪，了解他人情绪背后的心理需求，才能在产生人际矛盾后实现有

① ［美］丹尼尔·戈尔曼. 情商：为什么情商比智商更重要［M］. 杨春晓，译. 北京：中信出版社，2010：49.

效沟通，求同存异。

(5)人际和谐相处：调控自己与他人的情绪反应，能达到求同存异的友好相处。人际和谐，实际也是人与人之间的情绪互动的和谐，在做到识别他人情绪的基础之上，互相理解，互相尊重，有效沟通，真诚相待，能有利于人际相处中和谐互助，人际关系处理能力也是人与人之间寻求共同点和建立亲密关系的能力。

所以在情商所包含的五个方面内容中，都围着一个共同的关键词——情绪。我们不妨了解自己的情绪特质，问问自己：

日常我最常见的情绪有哪些？

我的情绪有没有什么周期规律？

日常生活中容易对什么事情情绪反应强烈？

受打击后心情不好怎么办？

容易被其他人的情绪影响到吗？

我们每天的生活中都体会着不同的情绪，它是一个多维度、多形态、多功能的复合体，虽然看不见摸不着，但是我们可以从主观体验、生理反应、外在行为三个方面来定义。

(1)主观体验，是所有心理活动中最具个性的知觉和意识，是大脑的一种感受体验。个体对同一件物品或同一件事情，不同地域、不同人喜爱或嫌恶的感受体验可能天差地别，“甲之砒霜，乙之蜜糖”。这也是情绪体验中的主观性所在，常常体现在人际交往过程中。对于同一件事或物，不同的人会产生巨大的观念差异甚至激烈的矛盾冲突，并且因为个人感受的内隐性，主观体验通常难以直观地识别和表达。

(2)生理反应。情绪的产生来自大脑神经系统的反馈反应，它的产生与大脑的丘脑、海马、边缘系统密切相关，当人们主观感受到某种情绪后，又会继续增加身体内部的其他生理变化，人体的血液流动、心跳速度、肾上腺素、新陈代谢等方面会发生显著变化。通常在恐惧、忧伤等情绪状态中更多的是唤起人体交感神经系统，驱动人们“战斗或逃跑”，而在幸福、愉悦等情绪状态中更多地会唤起副交感神经带来平和满足的“放松反应”。

(3)外在行为。虽然大脑中神经细胞的运行看不见、摸不着，但并不代表情绪不能被捕捉，因为生活中情绪会通过个体面部表情、肢体动作、语言语调等外在行为传递出来，如同迪斯尼动画电影《头脑特工队》电影里呈现的乐乐、忧忧、怕怕、怒怒等不同情绪漫画角色。在每个人的生活中，也正是这些显性与隐形的情绪信号构成了每个人丰富的心理活动、情绪感受；不同的人群聚集，汇集的情感又构成了人类社会文化的丰富多彩。

想象一个画面，如果一条巨型犬迎面扑来，你肯定感到很害怕，这个害怕就是你的主观感受；当你跑的时候肯定会心跳加速，上气不接下气，这是心脏和呼吸的生理反应，而狂奔的脚步就是具体的行动了。所以情绪通常来自刺激情境所带来的系列主观感受，同时它伴随有心跳、血液、呼吸、肾上腺素等各种看不见的生理反应，以及面部表情、语言表达、肢体动作等各种看得见的行为反应。

## 二、情绪破译：科学与人文

5G时代来临，万物互联。随着人工智能的迅猛发展，脑神经科学的研究也不断突破，人类对情绪的探究越来越全面而丰富。如果说人类的情绪是一栋古老的历史建筑，那么，脑神经、生物研究是搭好的脚手架，情绪的主观个人感受体验是建筑里丰富而隐秘的构造与摆设。生物上的基因差异，决定了人与人的个性特质、情绪气质方面的差异，但是生理上的结构与神经递质的差异，并不能完全决定情绪的产生、持续与变化。对情绪密码的破译，以及行为背后情绪感受的解读，个体大脑和身体运行机制的科学探索是一个方面，还有不可或缺的另一个方面，即对个体所生活的人际背景、社会背景、历史背景等多元文化的探索。

## (一)了解喜、怒、哀、惧四种基本情绪

1. 喜

在快乐的情绪中，多巴胺与内啡肽是两种被提及最多的大脑物质。多巴胺是下丘脑和脑垂体腺中的一种神经传导物质，用来帮助细胞传送脉冲的化学物质，有传递兴奋和开心信息的作用。当我们对一件事情产生欣喜快乐的情绪，大脑会储存这个记忆，等到下次面临同样的事情时，就会提前迅速释放这件事情会让自己快乐的信号。因此，人体大脑中存在一种奖励机制，当你体验到快感之后，大脑就会记住这种快感，同时期待再一次快乐的重复，这种无穷尽的渴望，也是多巴胺让人上瘾的原因。内啡肽是体内产生的一类内源性的具有类似吗啡作用的肽类物质。这些肽类除具有镇痛和带来欣快感的功能外，还具有许多其他生理功能，如调节体温、心血管、呼吸等功能。在生活中，享受美食是一件快乐的事情，但是这些快乐也有细微的差异，普通的美味带来的更多的是满足食欲的多巴胺，而当品尝极为辛辣的食品时的感受，实际是味觉的痛感刺激大脑内啡肽物质分泌，最终带来的“痛快”感。

2. 怒

愤怒，这种难以抑制的情绪冲动，通常会和攻击性的暴力行为一起提及。在科学家们发现了单胺氧化酶 A 基因对攻击性和暴力的影响之后，这一基因被称为“战士基因”。如果身体中这种酶比较少，大脑中的神经递质降解就会比较慢，效率比较低。曾有研究表明，具有低活性单胺氧化酶 A 基因的人更有可能在愤怒中出现冲动和攻击行为。然而，大多数愤怒行为特征出现的原因并不仅仅在于某种基因特质的多少，它更多的是复杂基因组合共同作用的结果，同时加上外部环境和个人成长教育等各种经历的互相影响。如基因组合完全相同的同卵双生子，也会因不同的生长环境和个人经历而有着不同的气质性格特征。在所有的情绪状态中，激情是最强烈而短暂的一种，在愤怒的激情状态中，个体很容易出现认知狭隘，即认识活动的范围缩小，理智分析能力受到抑制，

自我控制力减弱，进而使人的行为失去控制，甚至做出一些鲁莽和极端的行为。所以很多社会新闻中常见的琐事争吵，在愤怒的激情状态中迅速升级成暴力相向，伤人伤己。

3. 哀

哀伤低落的情绪，通常被认为与大脑中化学物质的不平衡相关，在这种不平衡中，5-羟色胺的神经递质水平被提及最多。实际上，5-羟色胺不只存在于大脑中，还存在于肠道中，它通过调节血管的扩张和收缩来促进肠道运动，参与血小板功能的正常运转。医生们通过对改变情绪的药物的研究，发现了能影响情绪的 5-羟色胺，随后制药公司开始结合大量研究数据合成能提升神经递质的药物，生产出越来越多的抗抑郁剂。但是对于在低落哀伤的情绪里的不同个体，并不是 5-羟色胺越多，感觉越好。例如，对于处于成长期的大学生个体，在经历心智的成熟过程中，不可避免地要面对过去儿童期生活方式、情感关系等方面的丧失。另外，对于丧失亲人后的哀伤，是基于具体生活情境和创伤事件的正常情绪反应，但是这些哀伤抑郁的情绪到达什么程度适合使用抗抑郁剂，仍是一个存在争议的问题。

4. 惧

恐惧是人类最原始的情绪反应，也是被研究最多的情绪。焦虑感因其和恐惧感类似的生理、心理反应，而常常被混合提及。实际上，恐惧通常是对具体对象的情绪反应，焦虑通常表现为对不确定事物的恐惧。大脑中的杏仁核往往是恐惧与焦虑反应的核心，强烈的恐惧焦虑情绪会迅速激活杏仁核，从而给脑干发出系列行动指令，带来心跳加快、内脏收缩、身体出汗等身体反应，但是科学能解释这些情绪产生的生理机制，解释不了不同个体在不同思维意识之下千差万别的焦虑感受。在哲学领域，我们称之为存在焦虑。每个人对生存方式、生活意义价值都有不同的困惑，我们有选择想成为谁、想如何生活的自由，我们因事物本身对于我们的意义价值而主动选择，并不是因为要顺从社会规范或者他人的价值观。所以，焦虑就像十字路口的交通信号灯，每一次闪烁出现都在传递你将选择如何前进的信息和提示。

### (二)情绪的传递

在情绪的人际传递中，存在一种常见的“踢猫效应”。它指的是，一个公司的老板压力大，心情烦躁，到了公司老板骂了员工小李。小李觉得很生气回家又跟妻子吵了一架，妻子也觉得窝火，正好儿子回家晚了，于是不分青红皂白给了儿子一耳光。儿子很委屈，就踢了自家的猫；那猫冲到马路上，正好街上开来一辆车，司机为了避让猫，把旁边的小孩撞倒了。情绪是可以传染的，甚至是带来恶性循环的。我们每天都不可避免地存在于不同的人际关系网络里，要有意识地觉察情绪互动中不同情绪的扰动，尤其是在情绪冲动时，需要控制情绪强度，避免升级成“暴力沟通”，甚至暴力行为；但也不应过度压抑自己，把坏情绪继续延伸给其他人，因为在情绪的“踢猫效应”故事中，车撞倒的是最后弱势的小孩，也有可能就是随意发泄情绪的源头——“老板本人”。实际上，情绪的传染与人类大脑中的镜像神经元息息相关，人类会在通过镜像神经元理解他人感情的过程中，直接体验他人的情绪感受，因为镜像机制会使观察者产生同样的情绪状态。当人经历某种情绪或者看到别人表现出这种情绪时，他们脑岛中的镜像神经元都会活跃起来。观察者与被观察者经历同样的神经生理反应，从而启动了一种直接的体验式理解方式。例如生活中，当人们看到其他人打哈欠时，自己也会被感染，而当看到他人哈哈大笑的视频时，自己也会不由自主露出笑脸甚至发出笑声。在网络环境、社交媒体中，愤怒是最容易传染，并持续引发一连串负面情绪，于是网络“键盘侠”们很自然地对着电脑屏幕发泄各种不满和愤怒。

## 三、青春期情绪特点

### (一)内隐与外显

青春期生理上的巨大的变化，以及心理上开始爆发的自主意识，会让个体改变自己原本对事和物的认知，从而带来更复杂的情绪；逐渐增加的同伴评价、异性交往也会逐渐衍生出更多复杂微妙的情绪。既有愿意和家人朋友分享的喜怒哀乐，也有默默掩藏内心的小心思，这一时期的情绪外显性和内隐性兼备，会延续儿童期把喜怒哀乐写在脸上的习惯，同时也会发展出情绪的内敛。很多“更年期”父母突然发现，“青春期”的孩子突然变得很难沟通，甚至拒绝沟通。

### （二）蒙昧与文明

进入青春期后，个体思维认知的精细加工水平不断提升、逐渐发育完善的副交感神经系统，使青春期的情绪表现开始脱离孩童时期的蒙昧冲动，情感上也由单纯地面向家人、同伴，拓展到同学、老师，还包括对偶像、领袖人物的憧憬追随，由自爱到发展爱集体、爱家乡、爱祖国的深层情感，其情感的社会性、道德性增强。在从蒙昧简单的情绪冲动深入到文明深邃的持久情感过程中，也残存着孩童期情绪的幼稚与狭隘，所以这一时期的情绪表现中成熟与稚嫩交织，蒙昧与文明交替。

### （三）冲动与控制

青春期情绪容易出现不稳定，尤其是伴随着身体、生理发育的突然变化，让人措手不及，惶惑不安，很多情绪反应常常来得快、去得也快，情绪感受强烈，但持续时间短暂。人们常常形容这一时期的情绪特质为“暴风骤雨”，但是伴随着个体人际交往能力的提升，每个人都想避免“暴风骤雨”对人际关系的伤害，从而学会控制冲动情绪，将“暴风骤雨”转化成“和风细雨”，有效沟通来表达情绪、增进感情。在经验的学习反思和自我调节之下，情绪表现既有任性的冲动也有刻意的控制。

苏格拉底的格言“认识你自己”，揭示了情商的基石，就是认识自己，了解情绪发生发展的生理机制，意识到自身情绪的发生变化。心理学家提出的“元认知”和“元情绪”两个术语，实际都是自我意识，包含对内在心理状态持续关注，即像旁观者一样，不做评判地意识到自身的情绪，以及自身对情绪的想法。如同在情绪跌宕起伏时，观测自己的情绪过山车如何惊险转换；又如同在情绪暗流涌动时，静坐河边感受水流的细微变化。但是在青春期，缺乏社会阅历和情绪调节练习的大学生，常常容易缺乏这种自我意识，缺乏对自己情绪状态和态度的敏感觉察，而被自己的极端情绪控制。他们会困惑于自己的反复无常，瞬间迷失于其中而不自知，经常感到压抑或情绪失控，对于情绪的快速波动无能为力，抑或采取放任自流的态度。

### ◎ 阅读材料

#### 武士与禅师

白隐慧鹤禅师是日本江户时期临济宗的僧人，他不仅是著名的禅宗大德，也是一位禅画家。

某天，有一位武士去拜访白隐禅师，请教是否真的有地狱与极乐世界，或者这二者只是传说而已。他请求禅师让他体验一下，什么是真实的地狱和极乐世界。

白隐禅师听了，立刻以最恶毒的话辱骂他，武士非常惊讶与愤怒。到最后，武士实在忍耐不住了，随手拿起一根木棍，就要打白隐禅师。武士一面追打，一面大骂："你算什么禅师？根本就是一个无礼的狂徒嘛！"

白隐禅师逃到大雄宝殿的柱子后面，对着一脸凶相、还在追赶他的武士说："你不是想体验什么是地狱吗？你看你现在的样子，这不就是地狱吗？"

经白隐禅师这么一说，武士猛然觉悟，立刻放下手中的木棍，来到白隐禅师面前，忏悔道歉。

白隐禅师见状，又说："你看，你现在这样庄严有礼、慈眉善目的模样，不就是极乐吗？"

（摘自《一切现成·星云禅话》）

善于控制自己情绪的人，看得见自己的情绪正在失控，就会有意识地遏制失控的倾向；在情绪发生的时候能有所意识，就会越来越熟悉并确定自身的心理限度，能及时调整转换负面情绪。

## 第二节　情绪管理：我的情绪谁做主？

在情商修炼中，情绪的协调是一个由己及人的过程，尤其是在高情商的人际互动中，自我的情绪协调与和谐，是应对任何人际关系尤其是人际矛盾的基础所在。所以，自我的情绪管理协调至关重要。大学里既有宿舍关系的鸡毛蒜皮，又有充满未知的青春迷茫，其间还可能体验学业、创业受挫的心灰意冷，或者恋爱矛盾处理的酸甜苦辣。忽高忽低的心情变化如同过山车，我的情绪到底谁做主？该怎么有效管理自己的情绪？

### 一、小情绪，大能量

#### （一）情绪与进化

在人类大脑漫长的进化过程中，脑干是大脑最原始的部分，也是情绪中枢的起源。最早的哺乳动物出现后，脑干外被一层新的神经元层包围着，被称为“边缘系统”，边缘系统随后进化出人类两个强有力的工具：学习与记忆，最终又发展出最高级的大脑皮层完成计划、理解、制定决策等功能。可见，在人类在进化过程中，情绪的脑进化最为久远。丰富而多变的情绪增强了人类的感受力，如很多诗人、画家、作家、音乐家的艺术创作中的巨大冲击力和丰富表现力，就是源自他们内心丰富而深刻的情绪感受。

#### （二）情绪与行为

所有的情绪本质上也都是某种行为的驱动力，是进化过程赋予人类处理各种状况的即时反应。在人类的喜、怒、哀、惧四种基本情绪中，除了神清气爽、兴高采烈等正面情绪能显著提升创造力、行动效率，实际上，焦虑恐惧等负面情绪也有正能量。我们生活中的那些负面情绪，也常常在我们的抗拒、排斥中默默发生着潜移默化的作用。

忧伤：是一种能促进人们深层思考的情绪，能在独处的时间里冷静，能让人更好地从失去中获得经验，从而更珍惜目前所拥有的一切。

愤怒：令人产生一鼓作气的力量，冲破平日受制缚的框框，从而能够克服那些原本不可逾越的障碍和困难，带来意想不到的效果。

恐惧：提高神经系统的灵敏度，可以令个人的危机意识增强，提高对生活潜在问题的警觉性，防微杜渐。

### （三）情绪与健康

情绪分为积极情绪和消极情绪两大类。积极情绪对健康有益，消极情绪会影响身心健康。我国古代医书《内经》中就有就有喜伤心、怒伤肝、思伤脾、忧伤肺、恐伤肾之说，可见自古代起，我国医学就非常重视人的情绪与健康的关系。当人情绪变化时，往往伴随着身体的生理变化。例如，人在恐怖时，会出现瞳孔变大、口渴、出汗、脸色发白等一系列变化。这些生理变化在正常的情况下具有积极的作用，可以使身体各部分积极地动员起来，以适应外界环境变化的需要。积极的情绪能提高大脑和整个神经系统的活力，保持肌体内分泌的平衡，使体内各个器官系统的活动协调一致，有助于充分发挥整个机体的潜在能力，从而让个体精力充沛、身心健康。但过度的消极情绪，长期的不愉快、恐惧、失望、愤怒等情绪会使肾上腺素皮质类固醇等内分泌激素增加，从而造成人的心率加快，血管收缩、血压升高、呼吸加深、胃肠蠕动减慢等。这些不良情绪如果持续时间过长，或者长期被压抑得不到疏泄，就会使人的整个身心状态失去平衡，身体各个技能运转不协调、不畅通，久而久之，就会带来心血管系统、消化系统、内分泌系统等方面的疾病，还会带来抑郁、焦虑等方面的精神疾病。

自2020年新冠病毒疫情发生以来，在全国开通的多条心理热线志愿服务中，出现了许多倾诉身体不适困扰的来电者，比如胸闷心悸、连续多天失眠或者噩梦、肠胃紊乱、头疼等。甚至有人出现轻度发热到医院检查排除了新冠肺炎的可能后，又开始纠结、怀疑测试是否准确。在疫情逐渐得到控制后，很多医院专科门诊中出现了大量怀疑自己肝脏或脾胃有严重问题而没有被检测出来的患者，以致医生们也会建议：是否也考虑去看看心理医生，排查下身心关系带来的影响？在疫情下，很多不接纳自己身体症状的人甚至自问：怎么别人都挺好，是不是自己太过软弱了？实际上，在漫长的疫情期，任何人都会不可避免地产生压力，会危及生命的病毒也会带来每个人面临威胁时的各种负面情绪，体内的交感神经系统被激活，就会产生身体各个部位不适的连锁反应。这些是人类面对危险的正常的应激反应；但是，需要警惕的是这些应激反应存在的时间和强度，如果反应时间过长甚至越来越强烈，就会给身心健康带来严重危害，需要及时寻求针对性的诊治。

◎ **阅读材料**

## 情绪是身体的报警信号①

现在人们最爱说的一个字就是“累”，不仅累身更累心。生存压力让很多人越来越情绪化，有些情绪连自己都没意识到，但身体却早早地发出了“报警信号”。

当人情绪变化时，往往伴随着一系列生理变化。比如恐怖会让人瞳孔变大、口渴、出汗、脸色发白；而情绪低落或过度紧张时，人会越来越讨厌自己的长相，觉得怎么穿、怎么梳妆都不顺心，然后就会发现自己头发容易出油、鼻翼出油、心烦冒汗，甚至下体分

① 情绪是如何影响癌症的？情绪是身体的信号[EB/OL].[2016-03-26]. https://www.familydoctor.com.cn/cancer/a/201603/964290.html.

泌物异常或有味。精神科专家表示，不管是正面情绪还是负面情绪，长时间处在某种情绪中不能自拔，就会对健康产生不利影响。

不同的情绪对应着不同的身体疾病。比如恐惧、焦虑会导致腹部疼痛；批评、内疚可引发关节炎；压抑能导致哮喘；经常愤怒的人容易有口臭，还爱发生脓肿；恐惧会引发晕车和痛经。

胃肠道被认为是最能表达情绪的器官，心理上的点滴波动它们都能未卜先知。在所有的心身疾病中，胃肠疾病是排名第一位的，比如胃溃疡和十二指肠溃疡，全球约有10%的人一生中患过该病。很多人有过这样的经验：一遇到紧张焦虑的状况就会胃疼或腹泻，压力大的时候根本吃不下饭。司机、警察、记者、急诊科医生等患胃溃疡的比例最大。

第二是皮肤。对很多人来说，紧张时头皮发痒、烦躁时头皮屑增加、睡不好狂掉头发，还有反复无常的荨麻疹、湿疹、痤疮，都可能是长期不良情绪带来的后果。

第三就是内分泌系统。女性的卵巢、乳腺，男性的前列腺最容易受到不良情绪的冲击。

大量临床医学研究表明，小到感冒，大到冠心病和癌症，都与情绪有着密不可分的关系。充满心理矛盾、压抑，经常感到不安全和不愉快的人，免疫力低下，经常感冒、一着急就喉咙痛；紧张的人则会头痛、血压升高，容易引发心血管疾病；经常忍气吞声的人得癌症的几率是一般人的3倍。

## 二、坏情绪，与之共舞

### (一)我只是心情不好≠我有问题

#### 1. 负面情绪的去标签化

学会给自己的情绪命名，但是警惕在负面情绪的状态中给自己贴上负面标签。我的心情不好不等于我有问题，更不等于我一无是处很糟糕。对自己生活中所产生的负面情绪的接纳是一切情绪管理的基本前提，如酸甜苦辣、喜怒哀乐都是千姿百味的生活的一部分，应接纳它们作为某一阶段生活中的一部分，不应过度抗拒不盲目逃避，因为负面情绪也能激发人们挖掘出自己生活的意义和方向。

◎ **阅读材料**

### 一百元的价值

在某所大学的课堂上，老师从口袋里掏出一张崭新的一百元，他高举一百元问学生们："你们要不要？"

大家高喊："要。"

他点点头，然后把一百元揉皱，问大家还要不要，大家冲着他大声喊："要。"

老师笑着说："很好，现在，我在这一百元上吐了口水，你们还要不要？"学生们稍停了几秒，还是大声高喊："要。"

老师最后把一百元往地上一丢，然后说："我现在在这一百元上狠狠踩几脚，好脏呀！你们还要吗？"

学生们又停了几秒，还是高喊："要。"

老师捡起地上的一百元，高举过头顶，笑着说："你看这一百元，不管是揉皱了还是吐口水了，甚至被脚踩脏了，你们都想要，这是为什么呢？因为钱依然有它的价值，它不会因为被揉皱、被吐口水、被踩脏了而失去价值。"

是的，我们的人生也一样，在这个漫长的旅途中，我们遭遇过挫折，摔过跟头，甚至被人吐过口水，体验生活的喜怒哀乐，但是，永远都不要对自己失去信心，要永远坚信自己存在就是有价值。

人在处于消极情绪时，会降低对自我的评价，会做出"我是个失败的人""我没有能力""我的存在没有价值"等这样的归因。但是正如同一百元并不会因为被揉皱、被吐口水、被踩脏了而失去一百元的价值，每个人也不能因为生活受挫或者情绪痛苦，而急于给自己贴上自我否定的标签。

2. 落实行动是根本

心情不好的时候，人们常被挫败或高压的无能为力感笼罩，似乎未知的生活很难看到希望。但负面的情绪也可以让生活中简单的美好显得更美好，天黑透了星星才越显明亮。在《奇葩说》节目中，主持人马东说过，心里很苦的人，只要一丝甜就能填满。实际上，所有负面情绪的正能量，都是建立在不断积极行动的基础上；没有落实行动的过程，所有正能量都只是给自己“灌鸡汤”的“昙花一现”，就会出现“晚上想想千条路，早上起来走原路”。泰戈尔曾说如果你因失去了太阳而流泪，那么你也将失去群星了。如果你还渴望下一站的群星，那就先带着失去太阳的不悦，行动起来。

### （二）我只是心情不好≠好不了

1. 情绪本身能流动

心情不好不等于好不了，每个人在负面的情绪中很容易陷入悲观痛苦的沼泽地，总感觉坏心情甩不掉。你回忆童年，或者观察一个儿童的生活，每个孩子都会在跟同伴抢玩具、向父母任性发脾气中号啕大哭，但是分分钟又会自然被其他事物吸引甚至瞬间破涕为笑。所以在人类的情绪大脑中，情绪感受原本就可以如流水般流动出来，只是在后天的生活环境中，被压抑、固着、纠缠，经过适当的疏通、调整，情绪就能流通。在情绪的流动中，还有常常被忽视的时间变量。保证良好的饮食与作息，维持身体机能的正常运转，继续生活中的人际联结互动，情绪会随着时间的洪流被新的人、事、物冲调、覆盖。

2. 坏心情，不要独自死磕到底

尼采《善恶的彼岸》中写道：“与恶龙缠斗过久，自身亦成为恶龙。

凝视深渊过久，深渊将回以凝视。”①所以，不好的心情如恶龙、深渊，独自死磕到底，只会占据了原本将要到来的好心情的心理空间和精神资源。即便是严重到无法遏制的情绪障碍，也可以通过朋友倾诉、体育锻炼、心理咨询、药物治疗等方式得到控制和缓解，而在独自死磕到底的过程中，会很容易陷入认知的自动化灾难思维而不自知，在负面的情绪和生活事件中盘旋，因为看不见的焦虑和担忧而把极小的问题与最坏的结果关联，而难以真正找到解决问题的突破口。

3. 灾难，不等于灾难化思维

2020 年伊始，人类共同抗击新冠病毒，每个人都曾感受到巨大的焦虑和恐惧，因为当生命面临最原始的生存危机时，会瞬间激活人类原始动物脑中掌管情绪的杏仁核；新冠病毒传播有太多的不确定，每个个体都可能像海草一样在社会浪潮中无力地挣扎摇摆。在个体和人类社会共同面临的这场突如其来的灾难过程中，会激发出各种应激反应：高频度、长时间的情绪波动，如焦虑和恐惧，担心自己已经被感染，甚至担心自己传染给家人；而长时间居家隔离不能外出、生活作息被打乱也可能带来抱怨、愤怒情绪，或出现乏力、情绪低落等，甚至会引发机体紊乱，身体上可能出现无明显原因的疼痛问题(头部、肩颈、腰背等)。另外，神经系统和内分泌系统的问题(胸闷、多汗、发冷、颤抖、肌肉抽搐等)、饮食问题(无食欲或食欲升高)和睡眠问题(入睡难、易惊醒、早醒、嗜睡等)也可能出现。但是，灾难带来的不只有无限恶性循环的灾难化思维，人类在漫长的进化史中进化出的高级思维功能与生存本能，在病毒所带来的问题前，不会坐以待毙。如我们会从控制好日常饮食、睡眠，稳定生活作息开始找回生活的控制感，学会对外部海量的信息渠道做出主动的筛选，并且在复杂的生命体验里链接自己内在的身体感受，学会与各种情绪和谐相处，让亢奋的“情绪总管”——杏仁核平

① ［德］弗里德里希·尼采. 善恶之彼岸［M］. 谢地坤，等译. 桂林：漓江出版社，2007：46.

息下来，从而让人类更高级的大脑新皮层上岗复工，逐渐恢复理性思考的功能。这时灾难可能会带来令人绝望的灾难化思维，也可能带来如下新的思维模式：

“这个年过得很憋屈”——“这个年我真正有了与家人好好相伴的机会。”

“宅在家里好郁闷”——“我终于有时间待在家里做自己喜欢的事情。”

“新病毒好恐怖，生命太脆弱”——“人类并没有轻易被病毒打败，大家为战胜疫情所做的努力可歌可泣，我需要想想我活着的意义。”

“我会不会也染上病毒？”——“我开始正视提高免疫力和个人卫生的问题，我发现对抗病毒的疫苗进展迅速。”

### （三）我只是心情不好≠不能更好

情绪是我们身体内执着而勤快的“送信人”，孜孜不倦地为你传递重要的信号，在情绪的漩涡中学会深入了解自己情绪背后的认知观念、内心渴求，情绪就能带领我们寻找到新的方向，变得更好。

图 8-1 展示的正是前文所述的美国心理学家埃利斯的情绪 ABC 理论。他认为诱发事件 A 只是引发情绪和行为后果 C 的间接原因，而引起 C 的直接原因则是个体对激发事件 A 认知评价产生的信念 B。所以，人的消极情绪和行为结果（C2），不是由于某一激发事件（A）直接引发的，而是由于经受这一事件的个体，对它产生的某种认知和评价所产生的某种特定信念（B）所直接引起的。通过对于消极结果（C2）背后的非理性信念重新辩驳调整 D，那么经过大脑重新正性加工后也能重新带来新的积极结果（C1）。①

① ［美］阿尔伯特·埃利斯．理性情绪［M］．李巍，张丽，译．北京：机械工业出版社，2014．

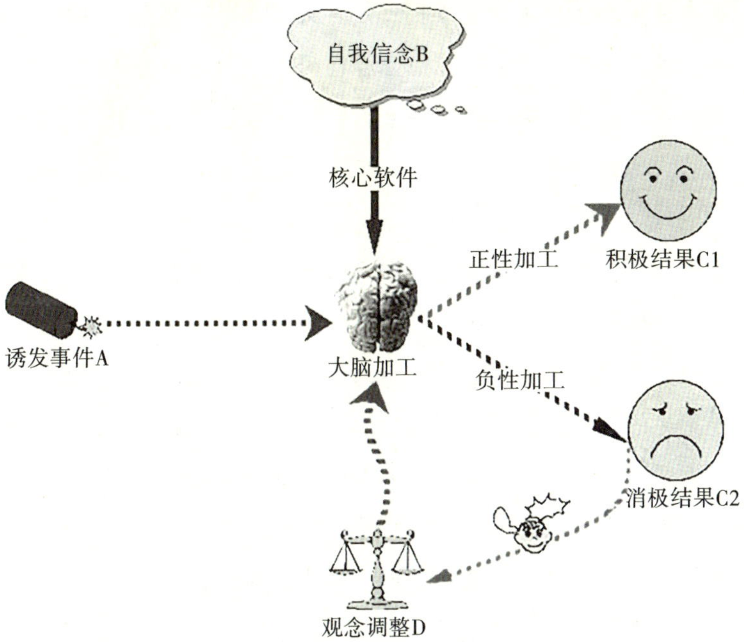


图 8-1 情绪 ABC 理论示意图

常见的不合理信念通常有三个特征：(1)绝对化。这是一种非黑即白的理念，习惯用“必须”“应该”“绝对”等词汇要求自己或他人。(2)概括化。这是一种以偏概全的理念，习惯用“都不好”“总是”要求或评判他人，例如“事情进展都不好”“他总是这样”。(3)灾难化。这是一种灾难化的理念，一旦出问题就觉得彻底失败，永远无可挽回，并且认为会在时间上影响到未来，在空间上无限拓展到生活的方方面面。

透过负面情绪，我们能反思不合理的自我信念，拓展固有认知。改善不合理、不合时宜的信念，在提升认知能力后，能摆脱负面情绪的困扰，提升自我，变得更好。

**案例**：大学生小刘与男朋友分手后，心情低落痛苦，已持续约一个月。最近学业也出现问题，上学期两科不及格；作为班干部，由于情绪不稳，班级事务管理上也经常不能服众，和宿舍室友之间也常因为生活琐事吵架争执。她自认为如果不是失恋导致心情不顺畅，学习肯定不成问题，而且自己现在一无是处，不如从前那样充满自信。她想只有马上找一个认可喜欢自己的新男朋友，才能让自己从失恋的阴影中走出来，一切才会好起来。

案例分析：在这个大学常见的恋爱故事里，失恋可能有很多原因，但是小刘失恋后的一蹶不振，体现的是她对失恋的不合理信念。首先，她认为因为失恋影响到自己的生活，自己就是一无是处。失恋后的自我否定是常见的心理反应，但是给自己贴上一无是处的标签无疑会增强自己的无力感，带来学业、人际更多不良后果的恶性循环。其次，在失恋过程中，因为失去依恋的情感，必然会带来分离的孤独和不适。小刘认为需要新的恋情来补偿自我的否定，才能增强信心，这也是她逃避失恋后自我的探索和成长，认为亲密关系中外界的肯定就能替代内心的缺失。如果小刘能在失恋的过程中坚定自我肯定的信念，相信与恋人分开，是彼此不合适，并没有绝对的好坏之分。那么小刘才可能看清在这段失败的爱情里，矛盾和差异的根源在哪里；这也将帮助小刘学会在恋爱关系里矛盾的磨合、亲密关系的边界，以及自己在恋爱关系中的心理需求和情绪状态。最后，失恋不是美好生活的结束，也可以是深度认识自己的机会，是蜕变新生的开始。

## 三、冲动是魔鬼，不做事后诸葛亮

心理学家 Ogden 等人通过研究提出了“情绪耐受窗”理论，指出人类的情绪根据强度可以分为三类，如图 8-2 所示：高唤起状态（Hyper-arousal）、低唤起状态（Hypo-arousal）和理想的唤起状态（Window of tolerance），处于中间部分的唤起程度的范围就是情绪耐受窗。①

① Pat Ogden, Kekuni Minton, Clare Pain. Trauma and the Body: a sensorimotor approach to psychotherapy[M]. New York: W. W. Norton & Company, 2006.

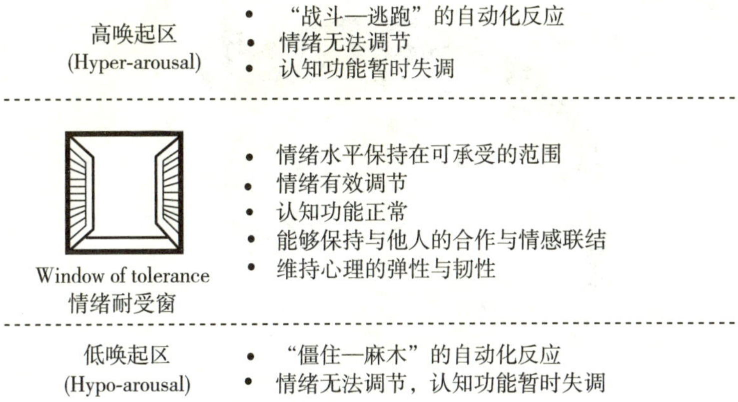


图 8-2　人类情绪的状态

对不同情绪，尤其是对紧张、焦虑、恐惧等负面情绪的耐受，每个人都有不同的耐受范围，每个人只有在自身的情绪感受处于耐受窗之内时，我们才能承受情绪感受带来的痛苦，同时维持理性思考并做出明智的选择。如果在长期的情绪高压之下，情绪反应可能逐渐游离到情绪耐受窗之外，人的反应就容易不受理性大脑控制，甚至出现认知失调的自动化反应。在高唤起区时人会自动进入“战斗或逃跑”的“草木皆兵”模式，在低唤起区时人会进入“僵住—麻木”的“麻木不仁”状态，而在一段时间调整后如果恢复到情绪耐受窗内，又能逐渐恢复理智的认知分析能力，于是就有了在具体生活情境中很多人“事后诸葛亮”和“知道做不到”。

### （一）了解情绪冲动为何“后知后觉”

为何冲动的情绪让人“说话做事不过脑”，我们来看看下面这幅图片（见图 8-3）。

正常的情绪反应，是外界刺激被看见后进入丘脑，通过丘脑转化成大脑内部语言，输送到视觉皮层等大脑皮层中，接受认知思维加工，然后才被运转到杏仁核产生情绪感受，最后传送到脑干，带来各种行为表

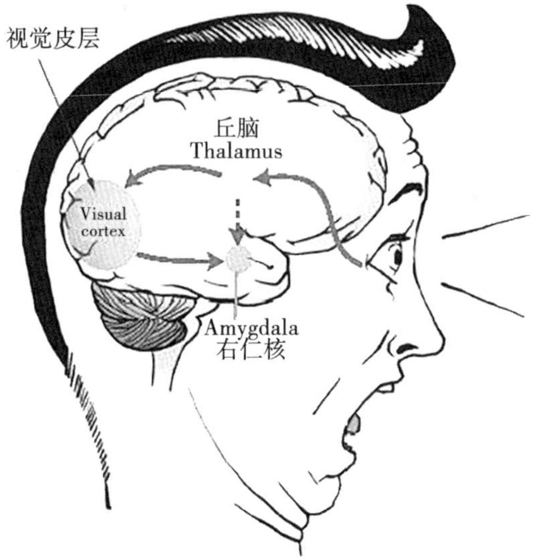


图 8-3　大脑的世界

图片来源：《空军总医院周博士带您探秘大脑之脑世界的地图》

现。但是冲动的情绪反应会激活人类进化过程中最熟悉的情绪警报，外界刺激进入丘脑后，大部分信息第一时间就被传送到活跃的杏仁核而不会经过大脑皮层的加工，只有少部分信息缓慢地进入大脑皮层加工的正常线路，等到这些思维脑加工过的信息传递到脑干的时候，冲动的“先头部队”很可能早就通过活跃的杏仁核，在脑干的指挥下，“条件反射”般地做出了冲动的行为，已经伤害自己或者伤害他人。而这时，我们才会“后知后觉”，发现事情原来并不是像我们最开始想象的那样，此时会懊恼不已：冲动是魔鬼呀！

### （二）当知当觉，暂停或转移情绪冲动

离家上大学，是每个大学生离开父母心理断乳期的开始，需要更独立地了解自己、调节自己。青春期开始爆发的自主意识，既有愿意

和家人朋友分享的喜怒哀乐，也有想要默默掩藏内心的小情绪。所以，对自己或他人内隐情绪的觉察识别尤为重要。要学会通过生理反应、身体变化，及时觉察到情绪的涌动；不断强化情绪觉察能力则会帮助你从“后知后觉”做到“当知当觉”。同时，要学会有意识地控制人际冲突中情绪爆发强度，通过深呼吸调整、暂时离开爆发情境等方式，冷却情绪温度。既然冲动的情绪是被“情绪哨兵”误导的先头部队过早“冲锋陷阵”，那么我们就需要在觉察到开始要“脑子一热”时暂缓行动。例如：做20次深呼吸，洗个冷水脸，或者迅速隔离，转移到另一个开阔的环境。各种暂缓盲目行动的方式，可以预防“脑子一热”的不管不顾。在这个情绪冷却的看似短暂的时间内，经过大脑皮层思维加工后的“大部队”信息会随后到达，会带来更全面的“作战情报”，这时候，大脑自然会做出更适合的决策，发出更明智的语言、行动指令。

### （三）及时宣泄放松情绪，练习“先知先觉”

一触即发、冲破理性的冲动情绪，通常是情绪张力的强烈表现，对应着长期压抑着的很多其他情绪。我们在平时生活中让情绪如水般自然流动，也能缓和情绪的张力，不使情绪积压到最后如山洪暴发一般势不可挡。

保证充足有规律的睡眠，可以使你精神饱满、容光焕发，从而产生应对负面情绪的能量；体育运动能把积压的情绪能量宣泄出来，如汗液的排出会带出体内毒素，并且在剧烈运动后会激发人体内的内啡肽分泌，带来愉悦情绪。适当地哭也可以解除情绪的紧张、内心的压抑，还可以促进生理上的新陈代谢；泪水也能把体内因紧张而产生的化学物质排出体外，缓解人的忧愁和悲伤。放声大笑或引吭高歌也能帮人们从不同的负性情绪中解脱出来，是排解紧张、激动情绪的有效手段。通过冥想练习，切断负面情绪感受不断被强化放大的“滚雪球效应”，提升对情绪的敏感度后，能逐渐做到“先知先觉”，在情绪冲动到来之前，提前感知情绪的暗流涌动。

◎ 阅读材料

### 放松训练

1. 想象放松法

开始想象放松时，先使自己安静下来，平躺并闭上眼睛，使自己的身体处于舒服的位置，然后集中注意力，开始想象让自己感到舒服的有成就感的事或者物，时间为8~10分钟，每天一次。

2. 微笑放松法

使自己处于安静的环境中，试着盯着镜子微笑。刚开始的时候你可能会因为心情烦闷或者紧张焦虑而不想笑，但要尽量做出微笑的样子，直到从眼睛到嘴巴都开始微笑。看到自己真的笑了时，就会感到心情放松，此刻焦虑感就会减弱。

3. 腹式呼吸放松法

取仰卧或舒适的冥想坐姿或仰姿，放松全身。观察自然呼吸一段时间，一只手放在腹部肚脐，一只手放在胸部。吸气时，最大限度地向外扩张腹部，胸部保持不动，体会肚子像气球一样被吹满气体；呼气时，最大限度地向内收缩腹部，胸部保持不动。体会肚子像气球逐渐泄气的过程。循环往复，保持每一次呼吸的节奏一致。细致体会腹部的一起一落。经过一段时间练习后，可以将手拿开，只是用意识关注呼吸过程即可。

## 第三节　情商升级：大学生如何与情绪共舞？

如果说每个人成长中经历的第一次危机——“断乳危机”是生理上与母亲的第一次分离。那么，人生的第二次危机就是从儿童过渡到青春期，尤其是大学生们需要离开家庭独自适应崭新的环境。在“断乳危机”中幼儿的反抗只是在温暖的襁褓中无力地哭闹挣扎，而青春期是个体从精神上逐渐脱离父母的“心理断乳”，来势更凶猛，如同一段未知的旅程，有暴风雨袭击的危险，也有各种收获的无限可能。大学生会在情绪高涨与低落、生活的希望失望的两极中，摸索自己想要成为的样子，以及所能实现的目标。即使是情绪化的碰撞中容易受挫，但是较强的学习能力、较多的改变机会，能帮他们找到适合自己的情绪表达方式和人际边界，最终习得较高的情商水平。

## 一、谁的青春不迷茫？激励自我拥抱不确定

在情商的能力模型中，自我激励对于个体应对挫折，实现目标尤为重要，处于青春期的大学生群体，生活中除了学业目标，未来发展方向充满未知，在普遍迷茫的人生特定阶段，面对所有行动结果的不确定，及时有效的激励自我尤为重要。

### （一）激励自我，积极情绪促进积极行动

20 世纪末，随着积极心理学的兴起，心理学家乔治·弗雷德里克森提出了积极情绪的扩展和建构理论。他认为很多积极情绪具有扩展人们短暂的思维行动倾向的功能。从进化的角度来说，积极情绪不是为了解决迫切的生存问题，而是为了解决个人成长和发展的问题，因而积极情绪能拓展人们的思维行动倾向。人在充满探索兴趣时会产生主动探索的需要，就会留意新的信息，从而发掘出新的信息和资源。在大学单调重复的学业生活中，大学生也需要在麻木迷茫的生活中，结合自己的兴趣爱好，在社团活动、社会实践、艺术欣赏等活动中，激发愉悦、满意、好奇、投入、自豪等积极情绪，以提高思维的创造性和灵活性，带动积极主动的人际交往和灵活的环境适应。

◎ 阅读材料

## 积极情绪小贴士

1. 真诚是重要的

不真诚的积极情绪完全不是积极情绪，它是消极情绪的伪装，是自欺欺人的安慰剂。

2. 数数你的福气

将看似平凡的事情转变为福气，带着感恩的心态去生活，放大生活中的“小确幸”，它所带来的收获可能在你的人际关系中更加显著。

3. 追随你的激情

带着激情生活，给自己玩乐的权利，找到能够让你获得心灵的美好体验，沉浸其中以得到身心的滋养。

4. 利用你的优势

每天都有机会做自己最擅长的事情的人，能凭借他们的优势行事，扬长避短，你更容易不断发展。

5. 享受自然的美好

走近大自然，户外活动可以让你看得更远，并拓展你的思维；当心态达到平和、包容后，你对更多的事物感觉良好。

6. 正念冥想

有意识地把注意力维持在当前内在或外部体验上，并对其不做任何评价。

### (二)增强心理韧性应对挫折与压力

大学四年中，学习、人际交往、恋爱、就业择业等方面都可能给大学生带来看不见的压力和看得见的挫败。在低年级，有些生活习惯、专业学习、人际关系方面的适应障碍如果得不到及时的解决，会产生因为适应性挫折带来的焦虑和迷茫情绪。在高年级，恋爱纷扰、求职择业是很多大学生不断成熟的必经阶段，这些成长性挫折甚至会带来人生观、价值观的变化。还有很多因自然环境、家庭变故、意外事件带来的生活压力和挫折感。压力与挫折可能给大学生带来情绪失控、人格扭曲，甚至危害社会的消极影响，也可能使大学生在迷茫中认知失调，错误归因，在挫败中失去持续的意志努力，因为长期的压抑恐惧情绪形成习得性无助，以至于外界挫折和压力情景发生变化，个体仍然认为自己无能为力。

心理韧性是指一个人面对危机或困难时的适应能力，即当个体遭遇挫折时，能积极自主地摆脱困境并使自己的心理和行为免于失常的能力。心理韧性的核心因素在于复原，即重新回到压力事件发生前所具有的适应的、胜任的行为模式，甚至比之前更坚韧成熟。所以，心理韧性是危机和困难袭来的时候，个体的内的心理韧性才会被激活。在帮助个体面对危难、聚集力量、渡过难关的过程中，心理韧性的形成一方面来自减少危险因子，例如减少昼夜颠倒睡眠紊乱的不良作息，减少结交不良朋友的人际冲击，避开不利身心的自然、社会环境；另一方面，即使在某些危险因子无法避免的时候，也依然大力挖掘保护性因子，例如扬长避短不断强化战胜困难的自信心，保持与亲朋好友的良好互动构建稳定的社会支持体系，积极搜集有利于解决问题的信息资源、物质资源等。

对于处于人生不断变化成长过程中的大学生，挫折与压力实际上也是把“双刃剑”，在给大家带来巨大心理压力和负面情绪困扰的同时，也蕴含着丰富的转变与成长蜕变的契机。

**案例**：南方某高校，一名曾以优异成绩考入大学的大一女生小A跳楼自杀，消息迅速传遍校园，众人无不为之扼腕息。在此后不久，同是这所高校另一名女大学生小C却因敢于向厄运挑战，不畏艰难，刻苦学习，被评为全国三好学生标兵。两人有着相似的家庭背景，同样是来自贫困山区，都出身于农民家庭。小A家境贫寒，性格内向孤僻，很少与父母沟通，更难以与同学交往。小A唯一的精神支柱就是学习，当以优异成绩考入大学后，发现自己唯一的优势，学业已经不能像以前那样受人瞩目了，在家庭条件、言谈举止等方面与他人存在很大差距，强烈的自卑和厌世情绪让她最终选择死亡。小C也出身于偏远贫穷的农村家庭，入学报到中不幸遭遇车祸，导致左手手骨骨折，脊柱压缩性骨折，留下脑震荡后遗症。在这种艰难的困境中，小C克服了身体上的痛苦和家庭贫困的压力，以积极的人生态度来应对，努力学习，顽强拼搏。她连续四年获一等奖学金，被免试推荐为研究生，并被评选为三好学生标兵。

在这个案例中，两人有相似的经济和学业压力，但是两种不同的选择，带来两个人截然不同的命运。

如何在未知的逆境中，坚守自我、砥砺奋进也是情商中自我激励的核心内容，尤其是在挫折中最常见的一系列负面情绪，例如焦虑、忧郁、自卑等，都需要有较敏锐的情绪觉察能力和较有效的情绪调控能力。

如果说大学生的情商表现如彩虹，能折射出生活的五颜六色，那么不经历风雨，如何见彩虹？历经风雨心理韧性锤炼的过程，就是在压力与挫败中不断刷新自我认知，不断激励自我向内、向外拓展的关键。经过风雨洗礼，会帮助大学生走出生活的“温室”，在更广阔而未知的空间里迎接未知的挑战。

## 二、增强同理心，共情他人情绪感受

“同理心”一词由美国心理学家E. B. 蒂奇娜在20世纪20年代最早使用，美学理论家则最初用它来形容感知他人主观体验的能力。蒂奇娜提出，同理心源于一种对他人困扰的身体模仿，个体通过模仿引发相同的感受。它不同于同情心，同情心是对别人的遭遇感到同情，容易有高低上下的比较，而同理心更接近于他人真实感受。虽然同理心的核心是对他人情绪感受的理解，但是其基础是自我意识，我们对自身的情绪越开放，就越善于理解他人情绪。

在高情商的表现中，良好的共情能力能迅速拉近人与人之间的距离，当感到自己被深深地理解，就会产生人与人的亲密联结感，原本纠结困扰的情绪瞬间被弱化。人之所以为人，也在于能共情他人，能想象自己置身于对方处境，并体会对方的感受，发自内心地感受到对方的喜悦、悲痛等情感，随后所做出的回应自然也就更对应对方的情感需求。

### （一）完整的自我意识

一个拥有完整自我意识的人，知道自己是谁、想要什么、价值和优势是什么，同时也了解自己的劣势和不足。他表现出自在、宽容、信任，能够也有力量控制自己心中的情绪、价值观和信念，不会强加自己的价值观念给对方；能做到放空自己，耐心地关注他人，倾听和感受他人，试着用对方的视角审视问题，体会其中的情绪、思维、动机和需要。完整的自我意识是同理心发展的根基，拥有完整自我意识的人，能接纳人与人之间的各种差异，不会轻易被对方的表现击中自己的软肋，而表现出脆弱、自卑和敌意，而是能保持关注、保持好奇之心，深入对方的内心。同理心也需要强大而稳定的自我意识，因为与他人联结，常常会翻出自己内心能理解那种感受的记忆。就好比当某人突然陷入一个地洞里，然后从底部大叫说："我被困住了，这里好黑，我快受不了了！"我们看到后如果马上爬下去，说"我知道这下面是什么样子，你并不孤单"，这就是同理心。而同情心的表现则是会说"这真糟糕啊，但你一定会爬上来的"。稳定而完整的自我意识，才能在共情的时候不至于被对方强烈的负面情绪影响，不至于被过度卷入。

### （二）保持好奇心

好奇心有时候又被称为探究精神，也就是探究事物的更多可能性，它的反面是执着和片面。在最初接触到对方的强烈情绪时，我们不可避免地会产生本能的评判，并带入自身经历过的前因后果，自动思考对方情绪的缘由，甚至因为自身的习惯、喜好产生自己意识不到的抵触、厌恶等情绪。实际上在共情的过程中，需要尽量抛开自身的成见，带着好奇，全身心地关注对方的语言、肢体动作、面部表情等信息，这样才可能综合所有信息更接近对方的真实感受，才可以促进对方反思自身行为。带着好奇去倾听的情感"联结"比喋喋不休去评判的"回应"更有力量。

### (三)共情情绪背后的需求

家庭治疗大师维吉尼亚·萨提亚在冰山理论中用了一个非常形象的比喻：一个人的"自我"就像一座漂浮在水面上的巨大冰山，我们能看到的只是露出水面很小的一部分——行为，而更大一部分的内在世界是暗涌在水面之下的冰山，这是我们长期压抑并被忽略的"内在"。

只有揭开冰山的秘密，我们才能看到生命中的渴望、期待、观点和感受，看到真正的自我。每个人心中都有座情绪"冰山"，平时只看得见水面上尖顶的部分。负面的情绪，例如愤怒，就好似看得见的尖顶部分。事实上，埋藏在愤怒情绪之下的是伤痛或恐惧，比伤痛、恐惧更深的则是个体的观念、需求、渴望、自我价值等(见图 8-4)。①

例如，某大学的男生宿舍里，小白很困扰室友小黑最近的臭脾气。他知道小黑是因为在奖学金竞争中受挫，在宿舍里对一些小事情吹毛求疵；但自己很委屈，并不是室友害他没竞争到奖学金名额的呀，为什么累及无辜呢？但实际上，如果结合小黑平时生活中的情绪表现和家庭关系来看，他并不是一个不愿意承担自己情绪责任的人。如果再深入了解，会看到，实际上反而可能是在过度承担情绪责任，在他乱发脾气的

① ［美］维吉尼亚·萨提亚，等. 萨提亚家庭治疗模式［M］. 聂晶，译. 北京：世界图书出版公司，2007：63.

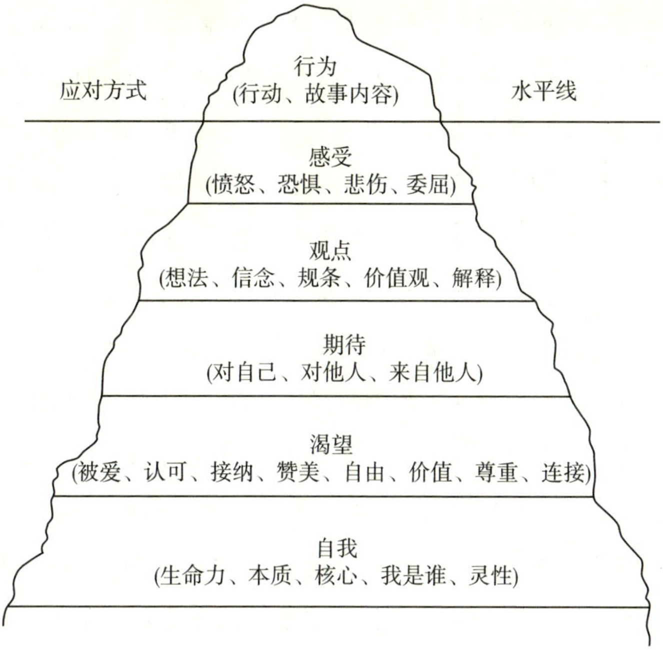


图 8-4 冰山理论图

愤怒背后，并不是针对室友，实际是对自己的不满，是对证明自身价值、满足父母预期的极度渴望。所以，在共情对方的攻击性负面情绪时，先不要被过度卷入，带着好奇去倾听、理解这些情绪背后真实的想法，会发现对方可能还有很多自己原本没有意识到，或者无法表达出来的更深层的信念、渴求。

◎ **阅读材料**

### 互联网令人类变得“薄情”①

据一项研究显示，近年来人们心理状态有所变化，变得对自己

① 谁动了你的“同理心”？沉迷网络，你的共情力在消退[N]. 广州日报，2018-05-29.

更关注，而对他人更忽略，正在失去共情的能力。该报告包括63个国家的数据，对世界范围内超过十万人的数据进行了分析，测量人们对他人的同情心及想象他人观点的倾向。在这份共情能力的“世界地图”中，厄瓜多尔是共情能力最强的国家，其中共情能力最差的国家是立陶宛，而在共情能力倒数十国中，东欧国家占据7席。在来自密歇根州立大学的研究中发现，美国大学生近20年来共情能力越来越差，原因包括社交媒体泛滥、暴力赌博增加、家庭养育方式改变和对成功的期望提高，其中“互联网的过度使用”是首要原因。无独有偶，在一项2015年发表的研究中，科学家调查了中国青少年使用互联网与共情水平间的关系，结果表明，大学生中“PIU”越多的人，共情能力越低。“PIU是‘Pathological Internet Use’的简称，翻译为病理性网络使用，这是人们在互联网使用过程中出现的一种新型心理疾病。”沉迷于网络的年轻人，往往会在现实中无法应对人际交往问题，在现实社交时会产生不适应行为，以及相伴随的焦虑反应。因为对虚拟世界有依赖，他们往往更乐于长时间地独处。互联网削减了他们正面交流的社交时间，长时间面对冰冷的电脑屏幕和虚幻的网络关系，也令他们失去了面对面交流的训练共情能力的机会。

互联网的力量是把双刃剑，一方面它令我们感觉“好友遍天下”，另一方面却令我们更加难以设身处地地深度理解他人的感受。人类为什么能够几乎是瞬间地、本能地理解他人的感受和做出相同的反应？那是因为读心、情感匹配、共情动机多个心理过程的共同作用。而脱离现实的互联网世界，则会干扰年轻人基本共情能力的学习和发育，令他们失去目光接触和察觉微小非语言信息的基本能力。

## 三、在情绪互动中优化人际沟通

### (一)优化人际交往的社交、沟通能力

大学生的生活阅历相对单一，可尝试更多的社会实践，与不同行业、不同年龄的人互动，在陌生的社交关系中摸索适合自己的关系建立、情感升温方式。在人际交往的矛盾摩擦中学会求同存异，设置合适的人际边界，不被外界情绪过度卷入而困扰自己的情绪，甚至能感染、扭转他人的负面情绪，优化人际关系。尤其是在人际沟通中，要避免情绪化的冲动表达，了解“非暴力沟通”方式。

◎ **阅读材料**

**非暴力沟通的四要素①**

良言一句三冬暖，恶语伤人六月寒。批评、指责、生气、隐忍等方式并不能真正解决沟通问题，反而可能会加剧问题。心理学博士马歇尔·卢森堡是全球首位非暴力沟通专家，帮助解决了多起世界各地的冲突。他提倡通过观察、表达感受、需要、提出具体要求等方式进行交流，依照它有意识地进行谈话和聆听，能使人们情意相通，和谐相处，消除误解。

第一步，“我看到……”，客观表达事、物、行为，不评价。

仔细观察身边正在发生的事情，并清楚地说出观察结果。不提倡绝对化的语言，也不要加入自己高低好坏的价值评判。要重点区分观察和评论，能够不带预设地仔细观察正在发生的事情，并具体指出正影响我们的行为和事物。

---

① ［美］马歇尔·卢森堡. 非暴力沟通［M］. 阮胤华，译. 北京：华夏出版社，2018：189.

例如：这个人好懒，这就是主观评价，是一种个人观点。因为每个人对懒的标准不一样。而描述事实是对事物发生时间、进程的客观描述。如果我说，这个人今天从早上到晚上，躺在床上吃饭、玩游戏，衣来伸手，饭来张口，这就是基于所看到的事实，是有理有据的客观描述。

第二步，"我感到……"，区分想法和感受。

什么是想法，什么是感受？我们常常把内心的想法说出来，而不会表达内心的感受。比如孩子生气，会对妈妈说：我觉得你不爱我了。作为妈妈，你当然知道自己爱孩子。但不知孩子为何生气？你可试着问他：发生了什么事？你的感受是什么？孩子说：妈妈刚才一直在表扬别人家的孩子，我心里觉得很难过。这就是感受。

如果你要让对方更好地理解你，你应该直接说出你内在的感受。所以，区分你个人观念想法和真实感受，先说事实，再说感受。

第三步，"我有这样的感受，是因为我需要"，说出具体的需要。

表达你的需要，才能让对方明白你的需要，但表达主观评判可能让对方因为误解而离得更远。好的表达，最好的标准是尽我们所能地接近真相：观察的真相、感受的真相、需要的真相。

我们经常无法控制自己的情绪，容易生气，愤怒，崩溃，但这个问题的本质是什么？其实，问题的本质便是我们有一种需要，希望对方符合我们的预期。但生气时，我们往往条件反射地发泄情绪，批评对方的错，或者等待对方主动猜测而不告诉对方。那么，我的真实需要是什么？往往让对方在被指责的不满中离你的真实需求更远。

第四步，"你可不可以……"，向对方提出具体的请求。

请求必须具体，而非抽象的语言。一个好的请求，不要告诉他，不要做什么，而要告诉他，需要做什么，而且还必须是一个非常清晰的行动方案。最后，好的请求，不是“要求”和“命令”。不要向对方说你马上给我怎样、你必须怎样、赶紧怎样诸如此类的话；否则，对方的反抗是必然的。我们很少用协作的态度把事情做完，而喜欢用操控的方式要求对方做事。如果我们把“你必须怎样”换成“你可不可以”或者“你可不可以和我一起……”，那样的效果就不太一样了。

以上是非暴力沟通的表达框架事实，感受，需要，请求。按照这四个步骤，别人更加容易理解你，你也可以获得一个更好的自己。当然，非暴力沟通也告诉我们，不能要求别人和你一样，要用非暴力的方式来说话，不断强大自己的内心，用豁达的胸怀不断地去倾听对方的感受和需要。

### （二）勇敢碰撞，锤炼自我高情商

一般认为一个人的成功，只有少部分靠他的专业知识，而绝大部分要靠他良好的人际关系和处世能力。对于青春期的大学生来说，对成功的定义并不能以功成名就、财富积累作为衡量标准。但是我们也能结合情商的锤炼，试着为大学四年这一特定阶段，拟定供参考的成功标准：

1. 成人——自知自控

自控意味着能认识自我，完善自我意识，健全人格，对于自己的情绪特质、个性特征、兴趣爱好、价值观念有明确的认识和基本的认可，并能调控自我，不断寻找方向，成为更好的自己。

在2020年初爆发的新冠肺炎疫情中，我们看到全国各地成千上万的医生、护士们“逆流而上”助力武汉，“火神山”与“雷神山”两座医院的“基建狂魔”们与死神赛跑，或许学生时代的他们也会迷茫自己的价值在哪里，但是，他们一定会记得多年前的求学生涯中，自己是如何做出从医的选择，是如何在长年累月的项目工程中积累提升。没有坚持不懈的自我探索与职业生涯实践，就不会有未知困境中迎难而上的勇气与实力。对于每个处于“迷茫青春期”的大学生来说，“疫情”是一面增加了阅历的镜子，每个人都需要去看看自己照见了些什么，去思考我们将如何定义自己成人的价值与方向。

2. 成才——自励

自励意味着能自我激励，在学生阶段的学业、毕业阶段的择业创业过程中，积极应对挫折调节压力；还包括应对家庭关系、恋爱关系、宿舍关系等方面问题处理过程中的负面情绪，不纠结过往，不畏惧未来，在生活、社会中积极展现自我价值。

在新冠病毒迅速蔓延的日子里，恐慌与哀怨也一同传播，在人类对新病毒的认识还处于从无到有的摸索过程中，网络世界里各类信息鱼龙混杂，甚至有不少夹带着愤懑、绝望的情绪刺激着每个人紧张的神经。但是，在针对新冠病毒首创的“方舱医院”里，一张“方舱读书哥”安静看书的照片被大家喻为一股清流。同样是陷入困境，心理学家弗兰克尔曾在集中营每天面临的各种生命威胁中，撰写著作《活出生命的意义》。在大学生活中的挫折逆境中，更需要每个大学生沉静内心，激励自我，尤其是脱离老师和父母紧密的督促和管教后，能顽强自我意志，克服实现目标过程中内在和外在的重重困难，是大学生锤炼自我高情商的重要标志之一。

3. 成功——共情他人、和谐相处

如果说大学前智商训练是“一心只读圣贤书”的单打独斗，那么高考后情商的提升就是“两耳需闻窗外事”的协同作战了。青春期个体各方面可塑性较强，离开原生家庭后，每个大学生都要兼顾好各方面角色，和自己的情绪和谐相处；在管理激励自己情绪的同时，还要能有同理心共情他人情绪，培养良好的社交能力，和他人和谐相处、共事。但是需要强调的是，如果个体无法平衡交际能力与自身真实需要之间的关系，这些交际能力也只能导致空洞的社会成功，如果以忽略或者牺牲自己真实的满足感一味迎合他人，可能给他人的印象非常好，但实际上私底下很难建立真实稳定的亲密关系，甚至不能处理内在真实“我”与外在标准“我”之间的关系。

情绪如调味瓶，酸甜又苦辣；情商如水流，微妙又生动。大学生在生活的不同阶段会肩负不同的角色，对高情商的界定也需要具体语境，远不是某一个标准就能定义得了。对于可塑性极强的大学生来说，情商也一样，只有跟很强的东西、水准很高、甚至有点可怕的东西相碰撞，然后才知道自己想要并且能做到的“高情商”在哪里；才能在忠于自身的真实情感需求与社交技能之间取得最大平衡，真诚而自然地完成人际互动中的情绪和谐。

**☞ 师生问答**

**1. 问**：我在生活中很容易受他人影响而情绪化，常被朋友形容“玻璃心”，怎样才能改变呢？

**答**：容易情绪化的人，常常存在情绪的高敏感特质，对生活细节方面能感受到更丰富的信息，情绪神经元细胞敏感而强大，也更容易捕捉感受到他人的情绪反应。实际上，这样的人常常会有更突出的同理心优势，只是需要警惕被他人情绪传染，明确不同人际关系的边界，设置合理的情感边界，明晰哪些是他人自身需要承担的情绪责任，不要庸人自扰强加在自己身上；明晰哪些是自己需要承担但是无法改变的情绪责任，顺其自然让情绪随时间流动；明晰哪些是自己需要承担但可以改变的情绪责任，积极行动解决力所能及的实际问题。当然，最重要的是需要在陷入不明所以的情绪时能区分这三者，不要急着做出任何行动，先试着给此时此刻的情绪命名，并问问自己：“我现在好像有些太忧郁/

愤怒/焦虑/恐惧，这是为什么？”

大学生在青春期的“玻璃心”，会对痛苦、不适、切身经验的强烈反应。这意味着高敏感、情绪化人群会有意识地更关心自己的情绪健康，看见即疗愈，及时觉察到负面情绪，也是一大优势，能更好地预防情绪痛苦升级为情绪障碍。但是，要学会克服情绪化中的情绪易感性给自己带来的过多不必要的干扰，要学会摈弃对外界的不健康的完美主义，在认知上思维开阔多角度地看待问题。接纳不同声音的存在，就会多一分包容、少一分纠结。

**2. 问：高情商的人会发脾气吗，如果会，他们会怎样发脾气？**

**答：**可以肯定的是，高情商的人会发脾气。很多人以为高情商的人就是圆滑世故，或者没有脾气的老好人，但是高情商的人也会因为对事物的不满而产生愤怒、不满的情绪。高情商的人发脾气首先会尽量做到先控制情绪，再表述观点，很多人发脾气纯粹是宣泄自己的情绪冲动，任由愤怒情绪不断渲染升级，甚至最后升级为行为暴力。最后架吵了，人也打了，事后问题没解决，反而增加一堆新问题才发现这些不是自己想要的。其次，高情商的发脾气是行为与目的一致，合理地运用自己的情绪表达不满，从而让对方能重视彼此的不同诉求，达成自己的目标。很多人发脾气之前自己完全没有明确的目标，任性的宣泄过程中没有明确目标难以适可而止，最终导致失控升级。最后，高情商的人发脾气在于不卑不亢，高情商不等于没有原则底线，没有个人立场；虽然经常被教育“退一步海阔天空”，但是，习惯于无条件退让最终只会成为没有底线的讨好型人格，不卑不亢地表达自己真实情绪说“不”，建立并维护自己不可撼动的底线。

## ☞ 课外拓展

1.《情绪是什么：如何用神经科学解释七情六欲》，［意］乔瓦尼·弗契多著，黄珏苹译，浙江人民出版社，2018。

◎ **作者简介：**

乔瓦尼·弗契多，一位文艺的新锐神经科学家，他醉心于研究科学、社会与文化的关系，尤其擅长将科学与文学结合起来，曾多次在《自然》《科学》等世界级学术期刊发表论文，同时也是深受各种大众媒体读者欢迎的专栏作家。《情绪是什么》是其代表作之一(见图 8-5)。

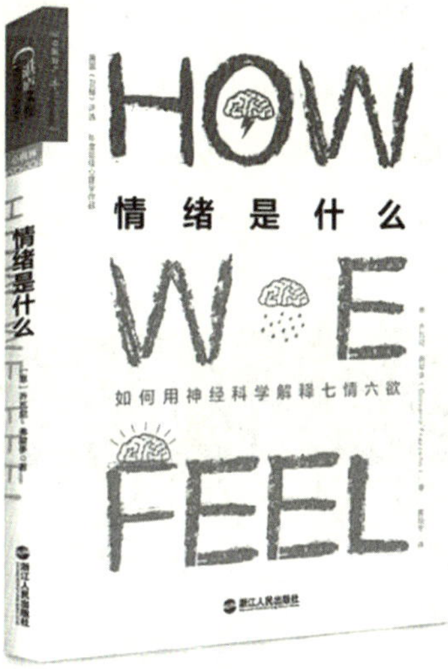


图 8-5　《情绪是什么》封面

◎ **内容导读：**

作者以科学家的理性和艺术家的笔法，从生活情境、脑神经科学研究、人文戏剧、哲学艺术多个方面，解析愤怒、内疚、焦虑、悲伤、共情、快乐和爱这几种不同情绪，诠释了不同情绪在真实生活中带给我们的力量与意义。作者从三个层次入手，剖析了一个人最常遇到的七种情绪，首先从生理层面认识情绪：情绪如何受大脑的影响？为什么有些人总是很难控制自己的情绪？接着从社会环境的层面认识情绪：为什么笑可以成为社交沟通的重要工具？焦虑到底有什么作用？我们为什么越来越焦虑？最后将会学习怎样有效去控制愤怒，缓解焦虑，逐步管理好自己的情绪，真正成为自己的主人。

无论你是文科生，还是理科生，相信你读完它后，对自己的情绪、情商会有更多新的认识。

2.《情商》[美]丹尼尔·戈尔曼著，杨春晓译，中信出版社，2010。

◎ **作者简介：**

丹尼尔·戈尔曼，哈佛大学心理学博士，现为美国科学促进会研究员，曾四度获颁美国心理协会最高荣誉奖项，并荣获美国心理协会终身成就奖。其经典著作《情商》畅销逾 500 万册，雄踞《纽约时报》畅销书排行榜 18 个月(见图 8-6)。

图 8-6 《情商》封面

◎ **内容导读：**

这本书是丹尼尔·戈尔曼积淀数十年的最新研究成果，结合了大量研究成果、实验数据、生物和心理知识。它总括了情商领域的最前沿研究成果和最佳实践，是对后“情商”时代最新理论的一次萃取和十几年实务经验的一次总结。书中除了对情绪大脑、情商本质等概念的阐述，还扩展到情商在婚恋家庭、企业管理、临床医学、家庭教育等生活各个方面中的运用。

科学理论和实验研究使这本书在保证科学性的同时又不乏趣味性，从神经科学和生物学的角度来认识情商，实属创举。当我们某种情绪涌动时，我们仿佛可以感受到信号在神经间的游走以及杏仁核的蠢蠢欲动，当愤怒，忧伤等情感在心中泛起波澜时，我们也会有意识地让自己的左前额叶新皮质释放能量，并积极地给予暗示，由此可以帮助我们更好地控制自己的情绪，保持一颗清醒的头脑，让思维良性运作。

相信这本书能帮助你更好地了解自己的理智与情感，为家庭中的你、学校中的你，以及未来职场中的你提供最全面的情商指导。

3. 电影赏析——《头脑特工队》

◎ **剧情简介：**

《头脑特工队》是由华特·迪士尼电影工作室、皮克斯动画工作室联合出品的3D动画电影，该片在第88届奥斯卡金像奖获得最佳动画长片(见图8-7)。讲述的是小女孩莱莉与她头脑里的五种情绪：乐乐、

图8-7 《头脑特工队》海报

忧忧、厌厌、怕怕、怒怒之间的奇妙故事。莱莉和她的父母原本在美国明尼苏达州生活，后来一家人搬至旧金山，由于对新环境的种种不适，莱莉感到十分郁闷，大脑里的一次意外也让她失去了乐乐和忧忧(从此她便再也不会感觉到快乐和悲伤)，其余三种情绪试图代替，但没成功，反而让情况变得更糟了。而此时，乐乐和忧忧正绞尽脑汁，竭尽所能回到大脑总部。这个奇妙的过程也带来了莱莉的成长变化，由此构成一部引发观众对情绪深思的趣味动画电影。

◎ **影片启示：**

如同莱莉一样，每一个大学生成长的道路同样是交织着各种各样的情绪，尤其是刚进入大学陌生的环境，同样需要调试内心的失落和对过去的怀念，重新发掘兴趣爱好建立人际关系，不管是快乐还是悲伤，都有存在的意义，不要过分压抑某种情绪，尝试着去包容、理解每一种情绪，才有可能直面处于现实的困境中的自己，更好地应对和成长。

# 附录　心理测试量表

## 中国大学生适应量表(CCSAS)

亲爱的同学：

你好！

下面列出了一些关于你个人情况的句子。请你仔细阅读每一个句子，并根据自己**最近一段时间内**的实际情况，在**答题纸**上适当的位置选出你同意或者不同意的程度。

“不同意”选1，“不太同意”选2，“不确定”选3，“比较同意”选4，“同意”选5。

答案无对错之分，请你认真如实作答。

| 项目顺序 | 项　　目 | 不同意 | 不太同意 | 不确定 | 比较同意 | 同意 |
|---|---|---|---|---|---|---|
| 1 | 每天的生活中总是有我感兴趣的事情 | 1 | 2 | 3 | 4 | 5 |
| 2 | 如果让我再选择一次，我还是会像现在这样生活 | 1 | 2 | 3 | 4 | 5 |
| 3 | 我总是感到心情愉快 | 1 | 2 | 3 | 4 | 5 |
| 4 | 我平时常看与专业有关的书 | 1 | 2 | 3 | 4 | 5 |
| 5 | 我很少去了解社会对人才的需求 | 1 | 2 | 3 | 4 | 5 |

续表

| 项目顺序 | 项　　目 | 不同意 | 不太同意 | 不确定 | 比较同意 | 同意 |
|---|---|---|---|---|---|---|
| 6 | 遇到灰心的事情，我常常一筹莫展 | 1 | 2 | 3 | 4 | 5 |
| 7 | 我对现在的大学生活很满意 | 1 | 2 | 3 | 4 | 5 |
| 8 | 我清楚地知道毕业后该继续深造还是工作 | 1 | 2 | 3 | 4 | 5 |
| 9 | 我对现在的学习有很高的热情 | 1 | 2 | 3 | 4 | 5 |
| 10 | 我认为自己的优点多于缺点 | 1 | 2 | 3 | 4 | 5 |
| 11 | 很多人都找我和他们一起玩 | 1 | 2 | 3 | 4 | 5 |
| 12 | 我从不通过阅读各种有关择业的书籍来了解不同职业的特点和要求 | 1 | 2 | 3 | 4 | 5 |
| 13 | 当我不想一个人做事时，总能找到人陪我 | 1 | 2 | 3 | 4 | 5 |
| 14 | 我知道自己适合做什么工作 | 1 | 2 | 3 | 4 | 5 |
| 15 | 我从不感到孤独 | 1 | 2 | 3 | 4 | 5 |
| 16 | 我总是去发现自己的优点并以此来鼓励自己 | 1 | 2 | 3 | 4 | 5 |
| 17 | 我的业余生活很丰富，不需要做任何改变 | 1 | 2 | 3 | 4 | 5 |
| 18 | 我不知道怎么夸奖别人 | 1 | 2 | 3 | 4 | 5 |
| 19 | 我不会为实现自己的职业目标而制订计划 | 1 | 2 | 3 | 4 | 5 |
| 20 | 和别人发生冲突时，我不知道该怎么办 | 1 | 2 | 3 | 4 | 5 |
| 21 | 我很少感到紧张或焦虑 | 1 | 2 | 3 | 4 | 5 |
| 22 | 我会根据自己的实际情况培养一些业余爱好 | 1 | 2 | 3 | 4 | 5 |
| 23 | 我总拿自己的短处与别人的长处比较 | 1 | 2 | 3 | 4 | 5 |

续表

| 项目顺序 | 项　　目 | 不同意 | 不太同意 | 不确定 | 比较同意 | 同意 |
|---|---|---|---|---|---|---|
| 24 | 我经常对学习进行反思 | 1 | 2 | 3 | 4 | 5 |
| 25 | 当我受到打击时，我会想到自己好的一面 | 1 | 2 | 3 | 4 | 5 |
| 26 | 虽然我的业余生活很贫乏，但我不知道怎样改变这种状况 | 1 | 2 | 3 | 4 | 5 |
| 27 | 我总是精力充沛，精神饱满 | 1 | 2 | 3 | 4 | 5 |
| 28 | 我不知道如何分配学习时间 | 1 | 2 | 3 | 4 | 5 |
| 29 | 我觉得自己的能力比别人强 | 1 | 2 | 3 | 4 | 5 |
| 30 | 我非常厌烦现在的学习 | 1 | 2 | 3 | 4 | 5 |
| 31 | 与同龄人相比，我感到很知足 | 1 | 2 | 3 | 4 | 5 |
| 32 | 我不习惯学校规定的作息时间 | 1 | 2 | 3 | 4 | 5 |
| 33 | 我不为自己的外貌而烦恼 | 1 | 2 | 3 | 4 | 5 |
| 34 | 在不同的学习阶段我总是制定不同的学习目标 | 1 | 2 | 3 | 4 | 5 |
| 35 | 当我有困难时，有很多的人愿意帮助我 | 1 | 2 | 3 | 4 | 5 |
| 36 | 我有明确的职业目标 | 1 | 2 | 3 | 4 | 5 |
| 37 | 我知道如何关心别人 | 1 | 2 | 3 | 4 | 5 |
| 38 | 我的业余生活单调乏味 | 1 | 2 | 3 | 4 | 5 |
| 39 | 我常常通过转移自己的注意来调整情绪状态 | 1 | 2 | 3 | 4 | 5 |
| 40 | 我很少对前一阶段的学习进行总结 | 1 | 2 | 3 | 4 | 5 |
| 41 | 我会综合各种因素来确定自己的择业目标 | 1 | 2 | 3 | 4 | 5 |
| 42 | 我不知道用什么办法让自己接纳自己 | 1 | 2 | 3 | 4 | 5 |
| 43 | 很多人都愿意和我交往 | 1 | 2 | 3 | 4 | 5 |

续表

| 项目顺序 | 项　　目 | 不同意 | 不太同意 | 不确定 | 比较同意 | 同意 |
|---|---|---|---|---|---|---|
| 44 | 我非常喜欢自己的专业 | 1 | 2 | 3 | 4 | 5 |
| 45 | 我不知道做什么事情能使自己高兴起来 | 1 | 2 | 3 | 4 | 5 |
| 46 | 我喜欢学校的娱乐、休闲或锻炼场所 | 1 | 2 | 3 | 4 | 5 |
| 47 | 我总是总结考试失败的经验教训 | 1 | 2 | 3 | 4 | 5 |
| 48 | 我认为大学生活中有很多不尽如人意的地方 | 1 | 2 | 3 | 4 | 5 |
| 49 | 我总是想办法来提高记忆力、注意力等学习能力 | 1 | 2 | 3 | 4 | 5 |
| 50 | 我善于用言语和别人进行沟通 | 1 | 2 | 3 | 4 | 5 |
| 51 | 我经常有意识的通过参加社会实践活动为将来的工作做准备 | 1 | 2 | 3 | 4 | 5 |
| 52 | 我非常适应大学里的生活 | 1 | 2 | 3 | 4 | 5 |
| 53 | 不高兴时，我只会抱怨 | 1 | 2 | 3 | 4 | 5 |
| 54 | 我觉得现在的宿舍很舒适 | 1 | 2 | 3 | 4 | 5 |
| 55 | 遇到陌生人时，我不知道如何与他们交谈 | 1 | 2 | 3 | 4 | 5 |
| 56 | 当我想聊天时，总能找到人和我一起聊 | 1 | 2 | 3 | 4 | 5 |
| 57 | 我觉得自己对未来从事什么工作越来越迷惘了 | 1 | 2 | 3 | 4 | 5 |
| 58 | 当心情不好时我会出去散散心 | 1 | 2 | 3 | 4 | 5 |
| 59 | 我觉得自己越来越适应大学的学习了 | 1 | 2 | 3 | 4 | 5 |
| 60 | 我会努力参加各种活动来丰富我的业余生活 | 1 | 2 | 3 | 4 | 5 |

量表分纬度记分情况如下：

项目分数之和相加即为该维度总分，分数越高，适应情况越好。

人际关系适应(10个项目)：11，13，18，20，35，37，43，50，55，56。

学习适应(11个项目)：4，9，24，28，30，34，40，44，47，49，59。

校园适应(8个项目)：17，22，26，32，38，46，52，60。

择业适应(9个项目)：5，8，12，14，19，36，41，51，57。

情绪适应(9个项目)：3，6，15，21，27，39，45，53，58。

自我适应(8个项目)：1，10，16，23，25，29，33，42。

满意度(5个项目)：2，7，31，48，54。

5，6，12，13，18，19，20，21，23，26，28，30，32，38，40，42，45，48，53，55，57等项目为反向计分，即这些项目计分时分值要进行反向转换，不同意、不太同意、不确定、比较同意、同意对应分数分别为5、4、3、2、1。

[资料来源：教育部《大学生心理健康测评系统》课题组，方晓义，沃建中，蔺秀云.《中国大学生适应量表》的编制[J]. 心理与行为研究，2005(2)]

# 安全感量表

测试说明：请仔细阅读下面的每一条陈述，判断与你的感受或行为相符合的程度，然后在右边相应的答案上打勾，来表示你经常性的感受或行为。答案无所谓对或错，因此不必对任何一条陈述花太多的时间去考虑，只要答出你平时的实际感受是怎样的就可以了。

| 项目顺序 | 项　　目 | 非常符合 | 基本符合 | 中性或不确定 | 基本不符合 | 非常不符合 |
|---|---|---|---|---|---|---|
| 1 | 我从来不敢主动说出自己的看法 | 1 | 2 | 3 | 4 | 5 |
| 2 | 我感到生活总是充满不确定性和不可预测性 | 1 | 2 | 3 | 4 | 5 |
| 3 | 我习惯于放弃自己的愿望和要求 | 1 | 2 | 3 | 4 | 5 |
| 4 | 我总是担心会发生什么不测 | 1 | 2 | 3 | 4 | 5 |
| 5 | 我从不敢拒绝朋友的请求 | 1 | 2 | 3 | 4 | 5 |
| 6 | 遇到不开心的事，我总是独自生闷气或者痛哭 | 1 | 2 | 3 | 4 | 5 |
| 7 | 我一直觉得自己挺倒霉的 | 1 | 2 | 3 | 4 | 5 |
| 8 | 人们说我是一个害羞、退缩的人 | 1 | 2 | 3 | 4 | 5 |
| 9 | 我总是担心太好的朋友关系以后会变坏 | 1 | 2 | 3 | 4 | 5 |
| 10 | 对领导我一般是敬而远之 | 1 | 2 | 3 | 4 | 5 |
| 11 | 我常常担心自己的思维或情感会失去控制 | 1 | 2 | 3 | 4 | 5 |
| 12 | 我总是“万事不求人” | 1 | 2 | 3 | 4 | 5 |

续表

| 项目顺序 | 项目 | 非常符合 | 基本符合 | 中性或不确定 | 基本不符合 | 非常不符合 |
|---|---|---|---|---|---|---|
| 13 | 我总是担心自己的生活会变得一团糟 | 1 | 2 | 3 | 4 | 5 |
| 14 | 我感到自己无力应对和处理生活中突如其来的危险 | 1 | 2 | 3 | 4 | 5 |
| 15 | 我害怕与他人建立并保持亲近关系 | 1 | 2 | 3 | 4 | 5 |
| 16 | 无论别人怎么说，我都觉得自己很没用 | 1 | 2 | 3 | 4 | 5 |

量表分为 2 个因子，包含项目分数之和即为该维度总分。人际安全感因子，包括第 1、3、6、8、10、12、15、16 题，主要反映个体在人际交往过程中的安全体验；确定控制感因子，包括第 2、4、5、7、9、11、13、14 题，主要反映个体对于生活的预测和确定感、控制感。分数越高，不安全感越强。

[资料来源：丛中，安莉娟．安全感量表的初步编制及信度、效度检验[J]．中国心理卫生杂志，2004(2)]

# 霍兰德职业兴趣测量表

人的个性与职业有着密切的关系，不同职业对从业者的人格特征的要求是有差距的，如果通过科学的测试，可以预知自己的个性特征，这有助于选择适合于个人发展的职业。您将要阅读的这个《职业价格自测问卷》，可以帮助您作个性自评，从而获自己的个性特征更适合从事哪方面的工作。

请根据对每一题目的第一印象作答，不必仔细推敲，答案没有好坏、对错之分。具体填写方法是，根据自己的情况，如果选择“是”，请打“√”，否则请打“×”。

---

1. 我喜欢把一件事情做完后再做另一件事。 ( )
2. 在工作中我喜欢独自筹划，不愿受别人干涉。 ( )
3. 在集体讨论中，我往往保持沉默。 ( )
4. 我喜欢做戏剧、音乐、歌舞、新闻采访等方面的工作。 ( )
5. 每次写信我都一挥而就，不再重复。 ( )
6. 我经常不停地思考某一问题，直到想出正确的答案。 ( )
7. 对别人借我的和我借别人的东西，我都能记得很清楚。 ( )
8. 我喜欢抽象思维的工作，不喜欢动手的工作。 ( )
9. 我喜欢成为人们注意的焦点。 ( )
10. 我喜欢不时地夸耀一下自己取得的好成就。 ( )
11. 我曾经渴望有机会参加探险。 ( )
12. 当我一个独处时，会感到更愉快。 ( )
13. 我喜欢在做事情前，对此事情做出细致的安排。 ( )
14. 我讨厌修理自行车、电器一类的工作。 ( )

15. 我喜欢参加各种各样的聚会。 ( )
16. 我愿意从事虽然工资少，但是比较稳定的职业。 ( )
17. 音乐能使我陶醉。 ( )
18. 我办事很少思前想后。 ( )
19. 我喜欢经常请示上级。 ( )
20. 我喜欢需要运用智力的游戏。 ( )
21. 我很难做那种需要持续集中注意力的工作。 ( )
22. 我喜欢亲自动手制作一些东西，从中得到乐趣。 ( )
23. 我的动手能力很差。 ( )
24. 和不熟悉的人交谈对我来说毫不困难。 ( )
25. 和别人谈判时，我总是很容易放弃自己的观点。 ( )
26. 我很容易结识同性朋友。 ( )
27. 对于社会问题，我通常持中庸的态度。 ( )
28. 当我开始做一件事情后，即使碰到再多的困难，我也要执著地干下去。 ( )
29. 我是一个沉静而不易动感情的人。 ( )
30. 当我工作时，我喜欢避免干扰。 ( )
31. 我的理想是当一名科学家。 ( )
32. 与言情小说相比，我更喜欢推理小说。 ( )
33. 有些人太霸道，有时明明知道他人是对的，也要和他人对着干。 ( )
34. 我爱幻想。 ( )
35. 我总是主动地向别人提出自己的建议。 ( )
36. 我喜欢使用榔头一类的工具。 ( )
37. 我乐于解除别人的痛苦。 ( )
38. 我更喜欢自己下了赌注的比赛或游戏。 ( )
39. 我喜欢按部就班地完成要做的工作。 ( )
40. 我希望能经常换不同的工作来做。 ( )

41. 我总留有充裕的时间去赴约会。（　）
42. 我喜欢阅读自然科学方面的书籍和杂志。（　）
43. 如果掌握一门手艺并能以此为生，我会感到非常满意。（　）
44. 我曾渴望当一名汽车司机。（　）
45. 听别人谈“家中被盗”一类的事，很难引起我的同情。（　）
46. 如果待遇相同，我宁愿当商品推销员，也不愿当图书管理员。（　）
47. 我讨厌跟各类机械打交道。（　）
48. 我小时候经常把玩具拆开，把里面看个究竟。（　）
49. 当接受新任务后，我喜欢以自己的独特方法去完成它。（　）
50. 我有文艺方面的天赋。（　）
51. 我喜欢把一切安排得整整齐齐、井井有条。（　）
52. 我喜欢做一名教师。（　）
53. 和一群人在一起的时候，我总想不出恰当的话来说。（　）
54. 看情感影片时，我常禁不住眼圈红润。（　）
55. 我讨厌学数学。（　）
56. 在实验室里独自做实验会令我寂寞难耐。（　）
57. 对于急躁、爱发脾气的人，我仍能以礼相待。（　）
58. 遇到难解答的问题时，我常常放弃。（　）
59. 大家公认我是一名勤劳踏实的、愿为大家服务的人。（　）
60. 我喜欢在人事部门工作。（　）

---

职业人格的类型：（符合以下“是”或否答案的记1分，不符合的记0分）

常规型：“是”（7，19，29，39，41，51，57），否（5，18，40）

现实型“是”（2，13，22，36，43），否（14，23，44，47，48）

研究型“是”（6，8，20，30，31，42），否（21，55，56，58）

管理型“是”(11，24，28，35，38，46，60)，否(3，16，25)

社会型“是”(26，37，52，59)，否(1，12，15，27，45，53)

艺术型“是”(4，9，10，17，33，34，49，50，54)，否(32)

请将得分最高的三种类型从高到低排列，得出一个(或两个)三位组合答案，再对照《人格类型与职业环境的匹配》和《测试结果与职业匹配对照表》得出人格类型所匹配的职业。

### 人格类型与职业环境的适配

| | | |
|---|---|---|
| 研究型<br>I | 具有分析、谨慎、批评、好奇、独立、聪明、内向、条理、谦逊、精确、理发、保守的特征，表现为：<br>1. 喜爱研究性的职业或情境，避免企业性的职业或情境<br>2. 用研究的能力解决工作及其他方面的问题，即自觉、好学、自信，重视科学，但缺乏领导方面的才能 | 科研人员<br>数学、生物方面的专家 |
| 艺术型<br>A | 具有复杂、想象、冲动、独立、直觉、无秩序、情绪化、理想化、不顺从、有创意、富有表情、不重实际的特征，表现为：<br>1. 喜爱艺术性的职业或情境，避免传统性的职业或情境<br>2. 富有表达能力和爱凭直觉、独立、具创意、不顺从(包括表演、写作、语言)等特征，并重视审美的领域 | 诗人、<br>艺术家 |
| 社会型<br>S | 具有合作、友善、慷慨、助人、仁慈、负责、圆滑、善社交、善解人意、说服他人、理想主义等特征，表现为：<br>1. 喜爱社会型的职业或情境，避免实用性的职业或情境，并以社交方面的能力解决工作及其他方面的问题，但缺乏机械能力与科学能力<br>2. 喜欢帮助别人、了解别人，有教导别人的能力，且重视社会与伦理的活动与问题 | 教师、牧师、<br>辅导人员 |

续表

| | | |
|---|---|---|
| 企业型<br>E | 具有冒险、野心、独断、冲动、乐观、自信、追求享受、精力充沛、善于社交、获取注意、知名度等特征，表现为：<br>1. 喜欢企业性质的职业或环境，避免研究性质的职业或情境，会以企业方面的能力解决工作或其他方面的问题能力<br>2. 有冲动、自信、善社交、知名度高、有领导与语言能力，缺乏科学能力，但重视政治与经济上的成就 | 推销员、政治家、企业家 |
| 传统型<br>C | 具有顺从、谨慎、保守、自控、服从、规律、坚毅、实际稳重、有效率、但缺乏想象力等特征，表现为：<br>1. 喜欢传统性质的职业或环境，避免艺术性质的职业或情境，会以传统的能力解决工作或其他方面的问题<br>2. 喜欢顺从、规律、有文书与数字能力，并重视商业与经济上的成就 | 出纳、会计、秘书 |

## 测试结果与职业匹配对照表

RIA：牙科技术员、陶工、建筑设计员、模型工、细木工、制作链条人员。

RIS：厨师、林务员、跳水员、潜水员、染色员、电器修理、眼镜制作、电工、纺织机器装配工、服务员、装玻璃工人、发电厂工人、焊接工。

RIE：建筑和桥梁工程、环境工程、航空工程、公路工程、电力工程、信号工程、电话工程、一般机械工程、自动工程、矿业工程、海洋工程、交通工程技术人员、制图员、家政经济人员、计量员、农民、农场工人、农业机械操作、清洁工、无线电修理、汽车修理、手表修理、管工、线路装配工、工具仓库管理员。

RIC：船上工作人员、接待员、杂志保管员、牙医助手、制帽工、磨坊工、石匠、机器制造、机车(火车头)制造、农业机器装配、汽车装配工、缝纫机装配工、钟表装配和检验、电动器具装配、鞋匠、锁匠、货物检验员、电梯机修工、装配工、托儿所所长、钢琴调音员、印刷工、建筑钢铁工作、卡车司机。

RAI：手工雕刻、玻璃雕刻、制作模型人员、家具木工、制作皮革品、手工绣花、手工钩针纺织、排字工作、印刷工作、图画雕刻、装订工。

RSE：消防员、交通巡警、警察、门卫、理发师、房间清洁工、屠夫、锻工、开凿工人、管道安装工、出租汽车驾驶员、货物搬运工、送报员、勘探员、娱乐场所的服务员、起卸机操作工、灭害虫者、电梯操作工、厨房助手。

RSI：纺织工、编织工、农业学校教师、某些职业课程教师(诸如艺术、商业、技术、工艺课程)、雨衣上胶工。

REC：抄水表员、保姆、实验室动物饲养员、动物管理员。

REI：轮船船长、航海领航员、大副、试管实验员。

RES：旅馆服务员、家畜饲养员、渔民、渔网修补工、水手长、收割机操作工、搬运行李工人、公园服务员、救生员、登山导游、火车工程技术员、建筑工作、铺轨工人。

RCI：测量员、勘测员、仪表操作者、农业工程技术、化学工程技师、民用工程技师、石油工程技师、资料室管理员、探矿工、煅烧工、烧窑工、矿工、炮手、保养工、磨床工、取样工、样品检验员、纺纱工、漂洗工、电焊工、锯木工、刨床工、制帽工、手工缝纫工、油漆工、染色工、按摩工、木匠、农民建筑工作、电影放映员、勘测员助手。

RCS：公共汽车驾驶员、一等水手、游泳池服务员、裁缝、建筑工作、石匠、烟囱修建工、混凝土工、电话修理工、爆炸手、邮递员、矿工、裱糊工人、纺纱工。

RCE：打井工、吊车驾驶员、农场工人、邮件分类员、铲车司机、拖拉机司机。

IAS：普通经济学家、农场经济学家、财政经济学家、国际贸易经济学家、实验心理学家、工程心理学家、心理学家、哲学家、内科医生、数学家。

IAR：人类学家、天文学家、化学家、物理学家、医学病理学家、动物标本剥制者、化石修复者、艺术品管理者。

ISE：营养学家、饮食顾问、火灾检查员、邮政服务检查员。

ISC：侦察员、电视播音室修理员、电视修理服务员、验尸室人员、编目录者、医学实验定技师、调查研究者。

ISR：水生生物学者、昆虫学者、微生物学家、配镜师、矫正视力者、细菌学家、牙科医生、骨科医生。

ISA：实验心理学家、普通心理学家、发展心理学家、教育心理学家、社会心理学家、临床心理学家、目标学家、皮肤病学家、精神病学家、妇产科医师、眼科医生、五官科医生、医学实验室技术专家、民航医务人员、护士。

IES：细菌学家、生理学家、化学专家、地质专家、地理物理学专家、纺织技术专家、医院药剂师、工业药剂师、药房营业员。

IEC：档案保管员、保险统计员。

ICR：质量检验技术员、地质学技师、工程师、法官、图书馆技术辅导员、计算机操作员、医院听诊员、家禽检查员。

IRA：地理学家、地质学家、声学物理学家、矿物学家、古生物学家、石油学家、地震学家、声学物理学家、气象学家、原子和分子物理学家、电学和磁学物理学家、设计审核员、人口统计学家、数学统计学家、外科医生、城市规划家、气象员。

IRS：流体物理学家、物理海洋学家、等离子体物理学家、农业科学家、动物学家、食品科学家、园艺学家、植物学家、细菌学家、解剖学家、动物病理学家、作物病理学家、药物学家、生物化学家、生物物理学家、细胞生物学家、临床化学家、遗传学家、分子生物学家、质量控制工程师、地理学家、兽医、放射性治疗技师。

IRE：化验员、化学工程师、纺织工程师、食品技师、渔业技术专家、材料和测试工程师、电气工程师、土木工程师、航空工程师、行政官员、冶金专家、原子核工程师、陶瓷工程师、地质工程师、电力工程量、口腔科医生、牙科医生。

IRC：飞机领航员、飞行员、物理实验室技师、文献检查员、农业技术专家、生物技师、动植物技术专家、油管检查员、工商业规划者、矿藏安全检查员、纺织品检验员、照相机修理者、工程技术员、编计算程序者、工具设计者、仪器维修工。

CRI：簿记员、会计、计时员、铸造机操作工、打字员、按键操作工、复印机操作工。

CRS：仓库保管员、档案管理员、缝纫工、讲述员、收款人。

CRE：标价员、实验室工作者、广告管理员、自动打字机操作员、电动机装配工、缝纫机操作工。

CIS：记账员、顾客服务员、报刊发行员、土地测量员、保险公司职员、会计师、估价员、邮政检查员、外贸检查员。

CIE：打字员、统计员、支票记录员、订货员、校对员、办公室工作人员。

CIR：校对员、工程职员、海底电报员、检修计划员、发扳员。

CSE：接待员、通讯员、电话接线员、卖票员、旅馆服务员、私人职员、商学教师、旅游办事员。

CSR：运货代理商、铁路职员、交通检查员、办公室通信员、簿记员、出纳员、银行财务职员。

CSA：秘书、图书管理员、办公室办事员。

CER：邮递员、数据处理员、办公室办事员。

CEI：推销员、经济分析家。

CES：银行会计、记账员、法人秘书、速记员、法院报告人。

ECI：银行行长、审计员、信用管理员、地产管理员、商业管理员。

ECS：信用办事员、保险人员、各类进货员、海关服务经理、售货员、购买员、会计。

ERI：建筑物管理员、工业工程师、护士长、农场管理员、农业经营管理人员。

ERS：仓库管理员、房屋管理员、货栈监督管理员。

ERC：邮政局长、渔船船长、机械操作领班、木工领班、瓦工领班、驾驶员领班。

EIR：科学、技术和有关周期出版物的管理员。

EIC：专利代理人、鉴定人、运输服务检查员、安全检查员、废品收购人员。

EIS：警官、侦察员、交通检验员、安全咨询员、合同管理者、商人。

EAS：法官、律师、公证人。

EAR：展览室管理员、舞台管理员、播音员、驯兽员。

ESC：理发师、裁判员、政府行政管理员、财政管理员、工程管理员、售货员、职业病防治、商业经理、办公室主任、人事负责人、调度员。

ESR：家具售货员、书店售货员、公共汽车的驾驶员、日用品售货员、护士长、自然科学和工程的行政领导。

ESI：博物馆管理员、图书馆管理员、古迹管理员、饮食业经理、地区安全服务管理员、技术服务咨询者、超级市场管理员、零售商品店店员、批发商、出租汽车服务站调度。

ESA：博物馆馆长、报刊管理员、音乐器材售货员、广告商售画营业员、导游、（轮船或班机上的）事务长、飞机上的服务员、船员、法官、律师。

ASE：戏剧导演、舞蹈教师、广告撰稿人、报刊专栏作者、记者、演员、英语翻译。

ASI：音乐教师、乐器教师、美术教师、管弦乐指挥、合唱队指挥、歌星、演奏家、哲学家、作家、广告经理、时装模特。

AER：新闻摄影师、电视摄影师、艺术指导、录音指导、丑角演员、魔术师、木偶戏演员、骑士、跳水员。

AEI：音乐指挥、舞台指导、电影导演。

AES：流行歌手、舞蹈演员、电影导演、广播节目主持人、舞蹈教师、口技表演者、喜剧演员、模特。

AIS：画家、剧作家、编辑、评论家、时装艺术大师、新闻摄影师、男演员、文学作者。

AIE：花匠、皮衣设计师、工业产品设计师、剪影艺术家、复制雕刻品大师。

AIR：建筑师、画家、摄影师、绘图员、雕刻家、环境美化工、包装设计师、绣花工、陶器设计师、漫画工。

SEC：社会活动家、退伍军人服务官员、工商会事务代表、教育咨询者、宿舍管理员、旅馆经理、饮食服务管理员。

SER：体育教练、游泳指导。

SEI：大学校长、学院院长、医院行政管理员、历史学家、家政经济学家、职业学校教师、资料员。

SEA：娱乐活动管理员、国外服务办事员、社会服务助理、一般咨询者、宗教教育工作者。

SCE：部长助理、福利机构职员、生产协调人、环境卫生管理人员、戏院经理、餐馆经理、售票员。

SRI：外科医师助手、医院服务员。

SRE：体育教师、职业病治疗者、体育教练、专业运动员、房管员、儿童家庭教师、警察、引座员、传达员、保姆。

SRC：护理员、护理助理、医院勤杂工、理发师、学校儿童服务人员。

SIA：社会学家、心理咨询者、学校心理学家、政治科学家、大学或学院的系主任、大学或学院的教育学教师、大学农业教师、大学法律教师、大学工程和建筑课程的教师、大学数学、医学、物理教师大学社会科学、生命科学教师、研究生助教、成人教育教师。

SIE：营养学家、饮食学家、海关检查员、安全检查员、税务稽查员、校长。

SIC：描图员、兽医助手、诊所助理、体检检查员、娱乐指导者、监督缓刑犯的工作者、咨询人员、社会科学教师。

SIR：理疗员、救护队工作人员、手足病医生、职业病治疗助手。

（资料来源：https：//wenku. baidu. com/view/eea73e29a56e58fafab069dc5022aaea998f41c7）

# 自尊量表(SES)

1. 我认为自己是个有价值的人，至少与别人不相上下。
   (1)非常同意　(2)同意　(3)不同意　(4)非常不同意
2. 我觉得我有许多优点。
   (1)非常同意　(2)同意　(3)不同意　(4)非常不同意
3. 总的来说，我倾向于认为自己是一个失败者。*
   (1)非常同意　(2)同意　(3)不同意　(4)非常不同意
4. 我做事可以做得和大多数人一样好。
   (1)非常同意　(2)同意　(3)不同意　(4)非常不同意
5. 我觉得自己没有什么值得自豪的地方。*
   (1)非常同意　(2)同意　(3)不同意　(4)非常不同意
6. 我对自己持有一种肯定的态度。
   (1)非常同意　(2)同意　(3)不同意　(4)非常不同意
7. 整体而言，我对自己觉得很满意。
   (1)非常同意　(2)同意　(3)不同意　(4)非常不同意
8. 我要是能更看得起自己就好了。*
   (1)非常同意　(2)同意　(3)不同意　(4)非常不同意
9. 有时我的确感到自己很没用。*
   (1)非常同意　(2)同意　(3)不同意　(4)非常不同意
10. 有时我觉得自己一无是处。*
   (1)非常同意　(2)同意　(3)不同意　(4)非常不同意

＊号表示是反向记分测量

总分范围 10~40 分，分数越高，自尊程度越高。

(资料来源：https：//wenku. baidu. com/view/5e47792ff311f18583d04964 9b6648 d7c0c70847. html? from=search)

# 大五人格测量表

指导语：请仔细阅读以下问题，每个问题从非常不符合到非常符合有 5 种选择。

如果该描述明显不符合您或者您十分不赞同，请选择“1”；

如果该描述多数情况下不符合您或者您不太赞同，请选择“2”；

如果该描述半正确半错误，您无法确定或介于中间，请选择“3”；

如果该描述多半符合您或者您比较赞同，请选择“4”；

如果该描述明显符合您或者您十分赞同，请选择“5”。

| 项目内容 | 完全不同意 | 不太同意 | 有些同意 | 同意 | 完全同意 |
|---|---|---|---|---|---|
| 1. 我无忧无虑 | 1 | 2 | 3 | 4 | 5 |
| 2. 我喜欢周围人多 | 1 | 2 | 3 | 4 | 5 |
| 3. 我不喜欢幻想 | 1 | 2 | 3 | 4 | 5 |
| 4. 我尽量有礼貌地对待遇到的每个人 | 1 | 2 | 3 | 4 | 5 |
| 5. 我将自己的物品保持得干净整齐 | 1 | 2 | 3 | 4 | 5 |
| 6. 我常常觉得不如别人 | 1 | 2 | 3 | 4 | 5 |
| 7. 我很容易发笑 | 1 | 2 | 3 | 4 | 5 |
| 8. 我发现哲学争论很无聊 | 1 | 2 | 3 | 4 | 5 |
| 9. 我常常跟家人或同事起争执 | 1 | 2 | 3 | 4 | 5 |
| 10. 我善于安排，以便如期完成事情 | 1 | 2 | 3 | 4 | 5 |
| 11. 当我处于巨大压力下，有时我觉得自己快要崩溃 | 1 | 2 | 3 | 4 | 5 |
| 12. 我并不认为我自己心情非常愉快 | 1 | 2 | 3 | 4 | 5 |

续表

| 项目内容 | 完全不同意 | 不太同意 | 有些同意 | 同意 | 完全同意 |
|---|---|---|---|---|---|
| 13. 艺术及大自然中的各种图案经常让我感到着迷 | 1 | 2 | 3 | 4 | 5 |
| 14. 有些人认为我自私和以自我为中心 | 1 | 2 | 3 | 4 | 5 |
| 15. 我不是个做事很有条理的人 | 1 | 2 | 3 | 4 | 5 |
| 16. 我很少觉得孤单或忧郁 | 1 | 2 | 3 | 4 | 5 |
| 17. 我真的很喜欢与人交谈 | 1 | 2 | 3 | 4 | 5 |
| 18. 我相信让学生听具有争议性的演讲，只会混淆和误导他们 | 1 | 2 | 3 | 4 | 5 |
| 19. 如果要选择和他人合作或者竞争，我宁愿和他人合作 | 1 | 2 | 3 | 4 | 5 |
| 20. 我试图认真地完成交代给我的所有工作 | 1 | 2 | 3 | 4 | 5 |
| 21. 我常常觉得紧张或神经过敏 | 1 | 2 | 3 | 4 | 5 |
| 22. 我喜欢付诸行动的过程 | 1 | 2 | 3 | 4 | 5 |
| 23. 诗歌对我没有或极少有影响力 | 1 | 2 | 3 | 4 | 5 |
| 24. 我常会怀疑他人意图 | 1 | 2 | 3 | 4 | 5 |
| 25. 我有一套清晰的目标，并以有条理的方式朝它迈进 | 1 | 2 | 3 | 4 | 5 |
| 26. 有时我觉得自己毫无价值 | 1 | 2 | 3 | 4 | 5 |
| 27. 我通常宁愿独立做事 | 1 | 2 | 3 | 4 | 5 |
| 28. 我常常尝试新奇的、外国的食物 | 1 | 2 | 3 | 4 | 5 |
| 29. 我相信如果你允许他人占你便宜，大多数人会这么做 | 1 | 2 | 3 | 4 | 5 |
| 30. 我在安定下来做工作前浪费很多时间 | 1 | 2 | 3 | 4 | 5 |
| 31. 我很少觉得害怕或紧张 | 1 | 2 | 3 | 4 | 5 |
| 32. 我常常觉得自己似乎充满能量 | 1 | 2 | 3 | 4 | 5 |

续表

| 项 目 内 容 | 完全不同意 | 不太同意 | 有些同意 | 同意 | 完全同意 |
|---|---|---|---|---|---|
| 33. 我很少注意到不同环境所引起的气氛或感觉上的差异 | 1 | 2 | 3 | 4 | 5 |
| 34. 我认识的大部分人喜欢我 | 1 | 2 | 3 | 4 | 5 |
| 35. 我为达到我的目标不懈努力 | 1 | 2 | 3 | 4 | 5 |
| 36. 我常常对他人对待我的方式生气 | 1 | 2 | 3 | 4 | 5 |
| 37. 我是个快活、精力充沛的人 | 1 | 2 | 3 | 4 | 5 |
| 38. 某些音乐能够引发我无限的想象 | 1 | 2 | 3 | 4 | 5 |
| 39. 有些人认为我很冷漠，精于算计 | 1 | 2 | 3 | 4 | 5 |
| 40. 当我开始从事某件事或者承诺做某件事时，我总会坚持把事情做完 | 1 | 2 | 3 | 4 | 5 |
| 41. 当事情出错时，我常觉得沮丧，想要放弃 | 1 | 2 | 3 | 4 | 5 |
| 42. 我不是个乐观主义者 | 1 | 2 | 3 | 4 | 5 |
| 43. 有时当我阅读诗歌或欣赏艺术作品时，我会感到震撼和激动 | 1 | 2 | 3 | 4 | 5 |
| 44. 我这人任性，不轻易改变自己的态度 | 1 | 2 | 3 | 4 | 5 |
| 45. 有时候我不是那么值得信赖或依靠的 | 1 | 2 | 3 | 4 | 5 |
| 46. 我很少悲伤或沮丧 | 1 | 2 | 3 | 4 | 5 |
| 47. 我的生活节奏很快 | 1 | 2 | 3 | 4 | 5 |
| 48. 我没什么兴趣思索宇宙或人类的本质 | 1 | 2 | 3 | 4 | 5 |
| 49. 我一般情况下比较细心且为他人着想 | 1 | 2 | 3 | 4 | 5 |
| 50. 我是个办事效率高并且总能完成工作的人 | 1 | 2 | 3 | 4 | 5 |
| 51. 我常常觉得无助，并希望其他人来解决我的问题 | 1 | 2 | 3 | 4 | 5 |
| 52. 我是个很活跃的人 | 1 | 2 | 3 | 4 | 5 |

续表

| 项目内容 | 完全<br>不同意 | 不太<br>同意 | 有些<br>同意 | 同意 | 完全<br>同意 |
|---|---|---|---|---|---|
| 53. 我有很强烈的求知欲 | 1 | 2 | 3 | 4 | 5 |
| 54. 如果我不喜欢他人，我会让他们知道 | 1 | 2 | 3 | 4 | 5 |
| 55. 我从不感到自己做事有头绪 | 1 | 2 | 3 | 4 | 5 |
| 56. 我有时感到羞愧，以至于想要躲起来 | 1 | 2 | 3 | 4 | 5 |
| 57. 与其领导他人，我宁可走自己的路 | 1 | 2 | 3 | 4 | 5 |
| 58. 我常常喜欢用理论或抽象的概念 | 1 | 2 | 3 | 4 | 5 |
| 59. 假如必要的话，我会利用别人以达成我的目的 | 1 | 2 | 3 | 4 | 5 |
| 60. 对于所做的每件事我都努力做到最优秀的 | 1 | 2 | 3 | 4 | 5 |

计分方法：

没有常模，直接采用原始分，参照其五级评分等级标准来进行评价。

1. 神经质（Neuroticism）量表：1、6、11、16、21、26、31、36、41、46、51、56。其中1、16、31、46为反向计分。

2. 外向性（Extraversion）量表：2、7、12、17、22、27、32、37、42、47、52、57，其中12、27、42、57为反向计分。

3. 开放性（Openness）量表：3、8、13、18、23、28、33、38、43、48、53、58。其中18、23、28、33、48为反向计分。

4. 顺同性（Agreeableness Facets）量表：4、9、14、19、24、29、34、39、44、49、54、59。其中9、14、19、24、39、44、54、59为反向计分。

5. 严谨性（Conscientiousness）量表：5、10、15、20、25、30、35、40、45、50、55、60。其中15、30、45、55为反向计分。

1. 神经质：

| 题号 | 1 | 6 | 11 | 16 | 21 | 26 | 31 | 36 | 41 | 46 | 51 | 56 | | | 累计 |
|---|---|---|---|---|---|---|---|---|---|---|---|---|---|---|---|
| 得分 | | | | | | | | | | | | | | | |

2. 外向性：

| 题号 | 2 | 7 | 12 | 17 | 22 | 27 | 32 | 37 | 42 | 47 | 52 | 57 | | | 累计 |
|---|---|---|---|---|---|---|---|---|---|---|---|---|---|---|---|
| 得分 | | | | | | | | | | | | | | | |

3. 开放性：

| 题号 | 3 | 8 | 13 | 18 | 23 | 28 | 33 | 38 | 43 | 48 | 53 | 58 | | | 累计 |
|---|---|---|---|---|---|---|---|---|---|---|---|---|---|---|---|
| 得分 | | | | | | | | | | | | | | | |

4. 顺同性：

| 题号 | 4 | 9 | 14 | 19 | 24 | 29 | 34 | 39 | 44 | 49 | 54 | 59 | | | 累计 |
|---|---|---|---|---|---|---|---|---|---|---|---|---|---|---|---|
| 得分 | | | | | | | | | | | | | | | |

5. 严谨性：

| 题号 | 5 | 10 | 15 | 20 | 25 | 30 | 35 | 40 | 45 | 50 | 55 | 60 | | | 累计 |
|---|---|---|---|---|---|---|---|---|---|---|---|---|---|---|---|
| 得分 | | | | | | | | | | | | | | | |

问卷共有 60 题，采取五级评分，包括五个分量表，每个分量表各有 12 个条目，主要内容如下：

1. 神经质(Neuroticism)量表：评估的是情感的调节和情绪的不稳定性。神经质得高分的个体倾向于有心理压力、不现实的想法、过多的要求和冲动以及不适应的应对反应。虽然这个方面的高分并不预示着存在临床上的障碍，但患有临床综合征的个体往往会在这个量表上得高分(Costa & Widiger，1994)。其中1、16、31、46为反向计分。

2. 外向性(Extraversion)量表：表示人际互动的数量和密度、对刺激的需要以及获得愉悦的能力。这个维度将社会性的、主动的、具有个人定向的个体和沉默的、严肃的、腼腆的、安静的人作对比。这个方面可由两个品质加以衡量，即人际的卷入水平和活力水平。前者评估个体喜欢他人陪伴的程度，后者反映个体个人的节奏和活力水平。

3. 开放性(Openness)量表：对经验的开放性是评鉴对经验本身的积极寻求和欣赏以及对不熟悉情景的容忍和探索。这个维度将那些好奇的、新颖的、非传统的以及有创造性的个体与那些传统的、无艺术兴趣的、无分析能力的个体作比较。在大五因素中，这一维度是最充满争论的，对它的探索也是最少的，就其在语言上的描述而言，对它的解释也是最少的。

4. 顺同性(Agreeableness Facets)量表：考察个体对其他人所持的态度，这些态度既包括亲近人的、有同情心的、信任他人的、宽大的、心软的，也包括敌对的、愤世嫉俗的、爱摆布人的、复仇心重的、无情的。

5. 严谨性(Conscientiousness)量表：评估个体在目标导向行为上的组织、坚持和动机。这个维度把可信赖的、讲究的个体同懒散的、马虎的个体作比较，同时反映个体自我控制的程度以及延迟需求满足的能力。

(资料来源：https：//wenku.baidu.com/view/d39fc470988fcc22bcd126fff705cc1754275f06.html？from=search)

# 参 考 文 献

著作：


[1][澳]阿尔弗雷德·阿德勒. 自卑与超越[M]. 曹晚红，译. 北京：中国友谊出版公司，2017.

[2][美]M. 斯科特·派克. 少有人走的路：心智成熟的旅程[M]. 于海生，译. 长春：吉林文史出版社，2007.

[3][德]埃克哈特·托利. 当下的力量[M]. 曹植，译. 北京：中信出版社，2007.

[4][美]欧文·戈夫曼. 日常生活中的自我呈现[M]. 周怡，译. 北京：北京大学出版社，2016.

[5][美]雪莉·特克尔. 群体性孤独：为什么我们对科技期待更多，对彼此却不能更亲密？[M]. 周逵，刘菁荆，译. 杭州：浙江人民出版社，2014.

[6][美]查尔斯·库利. 人类本性与社会秩序[M]. 包凡一，王湲，译. 北京：华夏出版社，2015.

[7]星云大师 . 一切现成[M]. 北京：中华书局，2015.

[8][意]乔瓦尼·弗契多 . 情绪是什么：如何用神经科学解释七情六欲[M]. 黄珏苹，译. 杭州：浙江人民出版社，2018.

[9][美]丹尼尔·戈尔曼 . 情商[M]. 杨春晓，译. 北京：中信出版社，2018.

[10]江光荣，梁宇颂．大学生心理健康教育[M]．武汉：华中师范大学出版社，2012.
[11][美]阿尔伯特·埃利斯．理性情绪[M]．李巍，张丽，译．北京：机械工业出版社，2014.
[12][美]乔·卡巴金．正念此刻是一枝花[M]．王俊兰，译．北京：机械工业出版社，2015.
[13][美]芭芭拉·弗雷德里克森．积极情绪的力量[M]．王珺，译．北京：中国人民大学出版社，2010.
[14][美]维吉尼亚·萨提亚，等．萨提亚家庭治疗模式[M]．聂晶，译．北京：世界图书出版公司，2018.
[15][美]马歇尔·卢森堡．非暴力沟通[M]．阮胤华，译．北京：华夏出版社，2018.
[16][美]Richard J. Light，等．穿过金色阳光的哈佛人[M]．范玮，译．北京：中国轻工业出版社，2001.
[17][美]亚伯拉罕·弗莱克斯纳，等．现代大学——美英德大学研究[M]．徐辉，陈晓菲，译．北京：人民出版社，2001.
[18][美]卡尔·罗杰斯．论人的成长[M]．石孟磊，等译．北京：世界图书出版公司北京公司，2015.
[19][美]安德斯·艾利克森，[美]罗伯特·普尔．刻意练习：如何从新手到大师[M]．王正林，译．北京：机械工业出版社，2016.
[20]谢安邦．高等教育学[M]．北京：高等教育出版社，1999.
[21]吴才智，蒋湘祁．大学生心理健康教育[M]．上海：华东师范大学出版社，2013.
[22]孙华．高等教育学概论[M]．北京：高等教育出版社，2012.
[23][美]亚伯拉罕·马斯洛．动机与人格(第3版)[M]．许金声，等译．北京：中国人民大学出版社，2012.
[24][意]弗朗西斯科·西里洛．番茄工作法——有效地使用每一点时间和脑力[M]．廖梦韡，译．北京：北京联合出版社，2019.

[25]李开复．做最好的自己[M]．北京：人民出版社，2005.
[26][美]凯利·麦格尼格尔．自控力[M]．王岑卉，译．北京：印刷工业出版社，2012.
[27][美]罗兰·米勒．亲密关系[M]．王伟平，译．北京：人民邮电出版社，2015.
[28][美]埃利希·弗洛姆．爱的艺术[M]．孙依依，译．北京：工人出版社，1986.
[29][美]托马斯·J. 斯坦利，[美]萨拉·斯坦利·弗洛，财富自由[M]．陈子倩，译．北京：东方出版中心，2019.
[30]李笑来．财富自由之路[M]．电子工业出版社，2017.
[31]林崇德．发展心理学[M]．浙江教育出版社，2000.
[32][美]雪莉·特克尔．群体性孤独：为什么我们对科技期待更多，对彼此却不能更亲密？[M]．周逵，刘菁荆，译．杭州：浙江人民出版社，2014.
[33][英]阿兰·德波顿．爱的进化论[M]．孟丽，译．上海：上海译文出版社，2017.
[34]Edward L. Deci; Richard M. Ryan. Handbook of Self-Determination Research. University of Rochester Press, 2004.

## 论文：

[1]方晓义，沃建中，蔺秀云．中国大学生适应量表的编制[J]．心理与行为研究，2005(32).
[2]贾晓明，郭潇萌．大学生分离个体化与其亲密关系适应的关系研究[J]．北京理工大学学报(社会科学版)，2015，17(1).
[3]郭潇萌，贾晓明．大学生青春期心理分离个体化过程质性研究[J]．学理论，2013(24).
[4]戴柔儿，贾晓明．亲属寄养儿童分离与个体化发展的个案研究[J]．中国临床心理学杂志，2012，20(6).

[5]谢国安．我国大学生公民意识现状及教育对策探析[J]．理论学刊，2009(10)．
[6]郑杭生．从政治学、社会学视角看公民意识教育的基本内涵[J]．学术研究，2008(8)．
[7]肖宝华，张燕翔．论“思想道德修养与法律基础”课中大学生公民意识的培养[J]．思想教育研究，2013(2)．
[8]张永平．大学生公民意识教育的现状及对策研究[J]．学校党建与思想教育，2013(8)．
[9]李源．我国公民公德意识研究[D]．郑州：郑州大学，2016.
[10]高静．当代大学生公民意识教育的研究[D]．太原：山西师范大学，2017.
[11]冯友梅．高校学生社团的特点及其作用[J]．学校党建与思想教育，2004(5)．
[12]段兴利，张军成，孙伟国．高校学生社团与新生的入学适应[J]．甘肃社会科学，2004(5)．
[13]王逸鸣，张天然，陈晓威．中美高校学生社团对比研究[J]．思想教育研究，2014(4)．
[14]张林，马旭东，党鹏．高校学生社团的功能与建设[J]．西南民族学院学报(哲学社会科学版)，2001(1)．
[15]孟庆恩．高校学生社团及其教育功能的实现[J]．国家教育行政学院学报，2011(4)．
[16]李旭，钱铭怡．青少年归因方式与父母教养方式的关系研究[J]．中国临床心理学杂志，2000，8(2)．
[17]大学班级人际关系研究——整体网视角[J]．王彭鹏，范艳萍．河海大学学报(哲学社会科学版)，2010 (4)．
[18]刘晨，詹星雅．大学生宿舍人际关系现状及矛盾化解策略探析[J]．卫生职业教育，2019(24)．
[19]邱刚，刘洁纯．新媒体环境下“90 后”大学生人际交往模式新特点

[J]. 北京教育(德育), 2010 (5).
[20]戴长澜. 全国首份“90 后”大学新生调查报告公布[N]. 中国青年报, 2008-11-12.
[21]张旭东. 高校学生人际交往的个体社会化[J]. 函授教育, 1997 (2).
[22]许兴, 陈永强. “90 后”大学生人际信任状况及原因分析[J]. 心理研究, 2009 (6).
[23]董增云. 大学生人格特征、社会支持与学校适应的关系[J]. 中国临床心理学杂志, 2010, 18(5).
[24]王禧. 大学生建立亲密关系的过程研究[J]. 中国青年研究, 2014 (4).
[25]余鹏, 李建伟. 我国大学生爱情故事的内涵及特点[J]. 中国特殊教育, 2012(4).
[26]Jhony Choon Yeong Ng, 高梦茹, 谭清美. 扎根理论视角下大学生的恋爱过程[J]. 海南热带海洋学院学报, 2018(4).
[27]梁凤华, 叶鉴伟, 胡俊华. 大学生亲密关系经历与自我概念的关系[J]. 中国学校卫生, 2010(2).

# 后　记

2019 年 8 月，慕课“你好，大学新生”上线，1 个月内学习访问量突破 18 万，这说明该课程内容正是我们准大学生、大学新生所需要的。为了更好地引导学生了解大学、了解自我、了解环境，树立生涯规划意识，更快适应大学生活，武汉纺织大学马克思主义学院组织慕课授课老师着手编写了本书，希望它能和大学新生们在成长的心路上一路相随。

本书延续慕课的大纲和体例，分为 8 个章节，分别为“大学，我来了”“我，不止一面”“学霸进化论”“我的生活我做主”“我的‘美团’”“我与你和 TA”“在最美的年纪谈谈爱情”“修炼情商，与情绪共舞”。每章分为 4 个部分，第一部分内容导入，以大学新生们关注的主要问题为切入点。第二部分内容正文，针对大学新生出现的生活与环境适应、人际适应、学习适应、自我适应等方面的问题，做了理论介绍和实践训练，即结合心理学阐述了基本知识，也选取大量的阅读材料，方便学生学习，有效引导学生适应大学生活，学会处理各种关系，实现自我成长。第三部分师生问答，结合慕课线上答疑中学生比较集中的困惑给出系统的解答。第四部分课外拓展，结合各章内容作者推荐了丰富的书籍和影视作品供学生阅读赏析，激发学生的兴趣。本书有理论、有实践，有思想观念、有训练方法，有故事、有案例，有讲解、有互动，具有较强的针对性、实用性、操作性、指导性、可读性、趣味性。

本书是集体智慧的结晶，作者均为长期从事心理健康教育理论教学和咨询服务的专业教师和辅导员，有着丰富的实践经验和扎实的理论功

底。金艳负责本书策划和统稿。各章的执笔人为：方芳(第一章)、李艳鸽(第二章)、严蔷薇(第三章)、张万里(第四章)、徐莺(第五章、第七章)、江秋玮(第六章)、林凡(第八章)。

本书在编写过程中，查阅和参考了大量的文献资料，借鉴了很多优秀的研究成果，我们向各位作者表示由衷的感谢。

我们衷心希望本书的出版能够帮助大学新生做好从中学向大学的过渡衔接，也热切祝愿每一位大学生在大学期间快乐成长，健康生活，学有所获，描绘美丽人生！

2019 年，慕课“你好，大学新生”是我们首次针对准大学生的前延性教育，在此基础上的书籍出版离作者们心目中的完美仍存在距离，我们要走的路还很长。同时限于水平与能力，本书存在的缺点与不足在所难免，敬请广大读者批评指正。

**编者**

2020 年 3 月 28 日于武汉纺织大学